法律通识

李红勃 著

云南出版集团

云南人民出版社

果麦文化 出品

致读者

在过去相当长的时期，法律只是法官、检察官、律师等专业人士才需要掌握的知识。但在当今法治时代，法律已经成为每个人参与社会生活都应具备的常识。

人类越是向前发展，法律就越是复杂。我们每个人都毫无选择地身处法网之中，从摇篮到坟墓，从个人的烟火日子到国家的经贸外交，都要受到法律的约束。因此，了解法律的基本内容，认识法律的主要制度，有助于我们理性参与社会生活，维护自己的合法权益。这本书，将带你系统领略当代法律的基本体系，见识法律王国的全景风貌。

法律是社会规范，表现为枯燥的法律条文，然而，这些条文绝非立法者任意编造的，它们背后有着人性的基础，有着现实生活的依据，蕴含着精妙而深邃的法理。了解法律，不仅要知道法律是什么样，还要明白法律为什么会这样，要理解那些隐藏在法律背后、制约着法律内容的因素。这本书，将阐释法律背后的原理，帮助你理解法律的内在逻辑。

法律的生命在于实施，抽象的法律条文需要与鲜活的生活事件相互结合。在漫长的法律史上，法官、检察官和律师曾面对各种复杂的案件，最后运用法律智慧进行了公正的审判。这些经典判例不仅实现了个案的正义，更推动了法律的进步，从而成为我们学习法律、理解法治的绝佳素材。这本书，将通过对经典判例的描述，展现法律的现实运用及其生活意义。

法律赋予我们权利，并在这些权利遭受侵害时为我们提供救济；法律是社会交往规则，厘清了人和人、个人和政府之间的边界，引导我们在行使权利的时候不给他人带来冒犯和伤害，在享受自由和福利的时候要承担起社会责任，对公共事务要有热情，对社会公义要有行动。这本书，将引领你认识自己的权利及其边界，从而过上理性、体面和有尊严的生活。

法律的历史源远流长，法律的世界千姿百态。这本书，愿意充当法律王国的一个导游，与你一起追溯法律的起源，探索法律的变迁，最重要的是感受法律的理性与温情，体会到法治对美好生活的价值和意义。

目 录

第四篇　　走进法治时代

第一篇 法学导论

法者，所以兴功惧暴也；律者，所以定分止争也；令者，所以令人知事也；法律政令者，吏民规轨绳墨也。

——《管子》

法律不能使人人平等，但是在法律面前人人是平等的。

——[英]波洛克

第一章 写在羊皮纸上的学问

"法学是什么？"这是每一个即将进入法学殿堂的人都必须面对和思考的问题。在著名的古罗马法律教科书《法学阶梯》中，法学家盖尤斯说："法学是对神和人的事务的认识、关于正义和不正义的科学。"[1]与其他学科不同，法学研究法律规则，它以人类社会中形形色色的法律现象为对象，目的在于引领人们过理性、良善、正义的生活。

在人类庞大浩瀚的知识体系中，法学是一门古老的学问，自从人类开始有了简陋的权利义务规则时，人们关于法律的追问和探索就从未停止过；法学也是一门高贵的学问，它强调理性和秩序，追求善良与公正，曾被人们尊称为"写在羊皮纸上的学问"。历史的洪流一日千里，奔涌不息，千百年来，立法者的创造、司法官的裁判和法学家的思考推动了法学的发展和进步。在今天，法学已经成为现代社会科学中一门显赫的学问，为维护社会秩序、实现公平正

1　[古罗马]优士丁尼：《法学阶梯》，徐国栋译，中国政法大学出版社2005年版，第11页。优士丁尼又译查士丁尼，"法学阶梯"一词取自罗马帝国鼎盛时期大法学家盖尤斯同名著作。

义、推动人类发展提供着智慧资源和理论指导。"问渠那得清如许，为有源头活水来。"在开始法学旅行的第一步，让我们穿越时空，到漫长的历史隧道中去追寻法学留下的一串串足迹。

第一节 从远古走来的法学

一、法学的产生

中国古代典籍《礼记·曲礼上》中说："鹦鹉能言，不离飞鸟；猩猩能言，不离禽兽。"人和动物的根本区别，不在于能否掌握和运用语言，而在于是否会按照理性规则而非生物本能去生活，并且努力去过一种有意义的生活。

像蚂蚁和蜜蜂一样，人也是群居的动物，无法离开群体独立生存，群体性的社会生活必须要有规则，否则暴力将取代公平，混乱将代替秩序。事实上，当人类从丛林中走出来开始经营群居生活时，他们就尝试为自己建立法律制度，以规范人们的言行，维护共同体的利益。可能就是在原始人的山洞中和篝火旁，孕育和产生了最早的法律。法律，也许是人类历史上仅次于性爱起源的最早社会现象。

大约在公元前三千年，人类创造了历史上第一个法律体系——奴隶制法律，或者叫"远古法律"。奴隶制法律是在远古时代先民们的生活习惯基础上发展起来的，有的有明确的文字记载，有的仅通过口头讲述，代代相传。在两河流域，即底格里斯河和幼发拉底河流经的美索不达米亚地区，美尔人制定了《乌尔纳姆法典》[1]，据说这是世界上第一部成文法典，而古巴比伦王国颁布的《汉穆拉比法典》则是楔形文字法中最具有代表性的一部法典；东亚的黄河流域，智慧的华夏民族早在夏商时期就已经创造了成文法律，"夏有乱政，而作禹刑；商有乱政，而作汤刑"（《左传·昭公六年》），这些湮没在历史尘埃中的法律曾在中华文明的发源时期起到了重要作用；在南亚的古印度，集婆罗门法大成的《摩奴法典》既是印度最古老的宗教、哲学和文学作品的汇编，也是古印度最重要的法律文献。约公元前 450 年，共和时代的古罗马人制定了著名的《十二铜表法》，这部法律被铭刻在十二块铜板上，公布于罗马广场。以《十二铜表法》为代表的罗马法，是古代欧洲最完善的法律，标志着西方奴隶制法律发展到了巅峰时代。

人类智力发育和社会文明程度的不断提高，促进了人类对法律现象的思考，法律制度也日益复杂和精细。越来越多的思想家开始关注法律问题，研究法律现象，探讨如何推进法律的完善和进步——法学作为一个专门学问开始萌芽和成长。

实际上，法学的产生取决于法律的发展和社会治理的需求，诚如法学家所描述的："在昔唐虞之世，垂拱而治。……当是时，不但国与国之交际寡，即一国之内，交通运输之便未开，商工等业，亦未

1　《乌尔纳姆法典》是由古代西亚乌尔第三王朝（约公元前 2113—前 2006年）创始者乌尔纳姆颁布的。法典原件由 30—35 块泥板组成，大多数未能保存下来。法典包括序言和正文 29 条（传下来的只有 23 条）两部分，内容涉及政治、宗教和法律等多个方面。序言宣称，是神授予乌尔纳姆统治权力，乌尔纳姆在人世间的行为是按照神意进行的，目的在于确立"正义"和维护"社会秩序"。

发达。人民散居，各为部落，仅营晨业以供生计，自耕自织，俯仰自足。人事朴素，故无细密之法律。……及社会渐进，运输交通之途开，商工贸易之事起，人事日趋于复杂。民间争诉，亦因之而繁。至是法律不得不加密，一人之心力，不能尽记忆矣。至于近世，文明之利器，益行于天下。诸种法律，日趋繁杂，乃自然之势也。……人之财力有限，凡百法令，势难一一识记，则必研究法学。"[1]

总之，社会进步促使法律日渐严密，而法律的复杂与精密推动了专门的法学研究的产生。自法学产生以来，作为一种关于人类正义及善良生活的科学，它不仅指导着法律制度的制定与实施，引导着人类生活的正确方向，还逐步发育成长为一种特别的法律文化现象。在不同的国家和地区，人们创造出了具有各自地方特色的法律制度和法律文化，包括埃及法律文明、犹太法律文明、希腊法律文明、中华法律文明、印度法律文明、美索不达米亚法律文明以及后期欧洲的大陆法文明和普通法文明等。所有民族的法律文化在阳光下迎风闪烁，千姿百态，构成了全人类共有的文明财富。

二、中国：从百家争鸣到律学的一统天下

在古代中国，夏、商、周时期文明辉煌灿烂，尽管许多文献典籍在历史尘埃中已经灰飞烟灭，但躺在陕西博物馆和故宫博物院中泛着冷光的青铜器默默无言地向后人展现着那个时期的文明进程。夏、商、周时期的先民们不仅有能力铸造精美的青铜器，也有能力

---

1 [日本] 矶谷幸次郎：《法学通论》，王国维译，中国政法大学出版社 2006年版，第21页。

制定完备的法典，创造先进的法律学问。

　　夏商之后的春秋战国是一个烽火连天的时期，长期的战争使人民如蹈水火，但诸侯争霸求生存的政治环境却为学术尤其是政治法律学说的发展提供了绝好的条件。在这一时期，中国历史上出现了罕见的学术繁荣，史称"百家争鸣"。儒、法、道、墨、兵、名、农、阴阳、纵横、杂家等学术流派百花齐放。

　　儒家的政治追求是在红尘俗世中建立一个等级有序、和谐有礼的"道德理想国"。"为人君，止于仁。"在儒家看来，统治者必须以"仁"为政，"仁"就是至善，就是将美好的德性推己及人，使天下大治。因此，在治国模式上，儒家选择了"礼治"或"德治"。孔子指出："礼乐不兴则刑罚不中，刑罚不中则民无所措手足。"（《论语·子路》）法律只能矫偏救失，解决已然问题，而道德却能正人心，防患于未然，建立良好的社会秩序，因此，道德才是治理国家的根本手段。道德的具体表达就是"礼"，礼是维护血缘宗法关系和政治等级制度的一系列精神原则及行为规范的总称。礼有两层含义：第一，礼是一套抽象的精神原则，可归纳为"亲亲"与"尊尊"两个方面。"亲亲"要求在家族范围内，每个人都应按自己身份行事，不能以下凌上、以疏压亲，其中尤其强调"亲亲父为首"，全体亲族成员都应以父家长为中心，以"孝"为本；"尊尊"要求在社会范围内，尊敬一切应该尊敬的人，君臣、上下、贵贱都应恪守名分，其中尤其强调"尊尊君为首"，一切臣民都应以君主为中心，以"忠"为本。第二，礼又是一套具体、详细的礼仪形式和行为规范，主要包括五个方面，通称"五礼"：吉礼，即祭祀之礼；凶礼，即丧葬之礼；军礼，即行军打仗之礼；宾礼，即迎宾待客之礼；嘉礼，即饮宴婚冠之礼。总之，儒家的观点是，在家庭生活和社会交往中，人人皆应知礼行礼，用礼的标准规范自己的言行，这样社会就会和谐，国家就会强盛。孔孟的思想固然美好，可惜却生不逢时，在春秋战国那个礼崩乐坏的时代，孔子带着他的学生，"知其不可而为之"，风尘仆仆地奔走在往来列国的大道上，为他的政治理想做着孤独而固执的呼号。

与儒家的贵族情结不同，墨翟出身平民，曾自称"贱人"，他所创立的墨家基本反映了当时小生产者的要求与愿望。墨家的弟子曾"充满天下"，他们自称"墨者"，既是一个影响深远的学术流派，又是一个纪律严格的民间团体。墨家提出"兼相爱，交相利"，这构成他们整个政治法律思想的基础。所谓"兼相爱"，就是人和人之间不分贵贱贫富，不论亲疏远近，应一视同仁地相互关心和帮助；所谓"交相利"，就是人和人之间应互相尊重对方利益，"投我以桃，报之以李"，进行等价交换。在此基础上，墨家提出了"杀人者死，伤人者刑"的法律标准，并把它作为所有"墨者"必须遵守的集体纪律。墨家弟子身穿褐衣，行色匆匆，在春秋战国的历史上留下了一道特别的风景。

道家以老子和庄子为代表，因其以"无为而无不为"的"道"作为万物的本源而得名。在老子看来，"道"是宇宙的本体，是最高的原则，道法自然，君王只有顺应自然，才能维护自己的统治。因此，最理想的治国方法就是"无为"，而最完美的治国境界就是无为而治下的小国寡民："虽有舟舆，无所乘之；虽有甲兵，无所陈之；使民复结绳而用之。甘其食，美其服，安其居，乐其俗，邻国相望，鸡犬之声相闻，民至老死，不相往来。"（《老子》第八十章）老子之后，庄子把道家的思想推到了另一个阶段，他主张"天人合一"和"清静无为"，否定法律、道德的价值，在他的心中，只有原始的才是美好的，而社会的发展只不过是对自然的破坏和离弃。庄子生活贫穷困顿，却鄙弃荣华富贵、权势名利，力图在乱世保持独立的人格，追求逍遥无恃的精神自由。"昔者庄周梦为胡蝶，栩栩然胡蝶也，自喻适志与！不知周也。俄然觉，则蘧蘧然周也。不知周之梦为胡蝶与，胡蝶之梦为周与？周与胡蝶，则必有分矣。此之谓物化。"（《庄子·齐物论》）

与其他学派相比，法家思想呈现出浓烈的现实主义风格。法家的头面人物多为当时大权在握的政治家，包括李悝、吴起、商鞅、韩非、李斯等人。法家反对孔孟的"礼治"与"德治"，主张通过严刑峻法实现天下大治。在韩非子看来，对国家而言，"奉法者强则国强，奉法者弱则国弱"，唯有崇奉法律，国家才能强盛，而若不奉法律，君主肆意妄为，就可能导致动乱从而亡国。[1]法律制定出来之后，应当向老百姓公布，做到人人皆知，在此基础上，还必须通过严格执法来维护法律权威，"刑过不避大臣，赏善不遗匹夫"。为实现自己的政治理想，法家主持和推动了许多重大的法律改革。李悝编撰了我国历史上第一部系统的封建法典——《法经》，为后世立法确立了通行的模式，而商鞅则在秦孝公的支持下在秦国进行了大刀阔斧的政治、法律改革，通过法律实现了富国强兵，为原本积贫积弱的秦国夯实了横扫六合、统一天下的实力和资本。"道家认为，人本来完全是天真的；法家认为，人本来完全是邪恶的。道家主张绝对的个人自由，法家主张绝对的社会控制。"[2]在那个弱肉

1　任剑涛：《政治：韩非四十讲》，广西师范大学出版社 2021 年版，第 56—57 页。

2　冯友兰：《中国哲学简史》，北京大学出版社 1996 年版，第 141 页。

强食的战乱年代，无论是儒家的文质彬彬还是道家的遁世无为，似乎都解决不了国家的危机和民生的艰难，倒是撕破了温文尔雅面纱的法家思想，为诊断和治疗时代的顽疾提供了一剂有效的猛药。

大秦帝国之后，曾被冷落的儒学在孔子谢世多年之后终于获得历史的垂青，并借助董仲舒的文笔和西汉皇帝的权杖走上了政治中心。"罢黜百家，独尊儒术"，在儒家的意识形态指导之下，传统中国的主流法学——律学——开始形成。律学是在中国古代政治法律土壤上生长发育起来的本土法学，这种法学将注释和完善国家成文律法视为自己的本职使命，它并不重视对国家法律提出意见和进行评价，而是兢兢业业地对法律条文进行注释分析，研究法律操作的技巧，以帮助司法官员准确揣摩王法的本意，并通过司法审判贯彻和推行忠孝、仁义等王道价值。

西汉之后，中国法制史上涌现出了一大批律学大家，比如张斐、杜预、长孙无忌、薛允升、沈家本等人。张斐和杜预对《晋律》的注释被史家称为"张杜律"，长孙无忌等人对唐《永徽律》所作注释汇集而成的《唐律疏议》是大唐法制的基石和中华法系的代表性文献，薛允升著有《读例存疑》《汉律辑存》《唐明律合编》《薛大司寇遗集》等律学经典，而沈家本则在清光绪年间主持了著名的"清末修律"，首启西法东渐之先河，拉开了中国一百多年法制现代化的序幕。

作为传统中国法学中的"国学"，律学主导中国法律思想史上千年，伴随和见证着中国封建法制的创立和发展，并成就了古代东亚地区影响深远的法律文明——中华法系。

三、欧洲：从古希腊到中世纪

纵观西方文明的历史，中心在欧洲大陆，故乡在古希腊，因此，论及西方文化，无论是科技还是法学，都必须从古希腊谈起。

古希腊是一个哲学繁荣甚至早熟的时代。在那个时候，法学还没有从哲学的怀抱中脱离出来，因此，诚如美国法学家庞德所说："与许多其他科学一样，法律科学也植根于古希腊哲学。较为具体地讲，法律科学的起源之一乃是有关正义和社会秩序的古希腊哲学理论。"[1] 正是因为受到哲学思维的影响，希腊人很早就提出了"法律的二元论"观点。在希腊人看来，人世间存在着两种法律：一种是国家制定的"实在法"，即国王或执政者颁布的看得见摸得着的法律，一旦违反，将会受到其制裁；另外一种则是"自然法"，它存在于人心之中，虽没有明确的文字表述，但却是适用于万事万物的永恒而普遍的法律本源，它高于国家法并指导着国家法。希腊历史上著名的悲剧"安提戈涅之怨"，便形象地展现了自然法与国家法的二元存在的极其复杂的关系。

> 安提戈涅的哥哥普雷尼克因犯叛国罪，被依法判处死刑，并禁止任何人将其埋葬。但是，希腊人一直把埋葬死者视为生者即家属的神圣义务，死者若得不到埋葬，便无法渡过冥河去往彼岸。因此，安提戈涅基于血缘和人伦，按当时的通行仪式埋葬了她的哥哥，公然挑战城邦的法

1　[美] 罗斯科·庞德：《法理学》（第一卷），邓正来译，中国政法大学出版社 2004 年版，第 26—27 页。

律。在安提戈涅看来，埋葬自己的兄弟确实违法，但只是违反了克瑞翁国王的法律，而不是那种更高的法律，这种最高法律，"它们既不属于今天，也不属于昨天，永恒地存在着"，"它们永不消亡，也无人知道它们何时起源"，这就是高于国家法的自然法。

早在柏拉图和亚里士多德之前的几百年里，古希腊的哲学家就认为人世间的法律是有其更高基础和依据的。前城邦时代出现了以神话为载体的自然法思想的萌芽。在《荷马史诗》中，女神狄凯和忒弥斯都是法律和正义的象征。史诗通过描述两位女神之间的关系表述了正义和习惯法之间的主从关系，正义作为神人共守的秩序，是习惯法的基础，而习惯法作为人间的秩序，则是正义的体现和化身。米利都学派的哲学家阿那克西曼德认为世间之物皆有其原因，它们之所以变化，是命运（必然性）使其然，万物所由之而生的东西，万物消灭后复归于它，这都是命运规定了的，这种观念被誉为"西方最古老的法律思想"。百年之后，赫拉克利特指出："人类的一切法律都因那唯一的神的法律而存在。神的法律从心所欲地支配着，满足一切，也超过一切。"[1] 这里所说的"神的法律"，就是必然的、客观的规律或自然法，它是万法的根源和依据。

天赋自然法的理论由苏格拉底首创，并为后世思想家继承。柏拉图在苏氏哲学的基础上，构筑了理念论哲学：世界由现象世界和理念世界两部分组成，理念是现象的本质，现象是理念的影子。法

1　转引自郑永流：《法哲学是什么？》，载郑永流主编《法哲学与法社会学论丛》（一），中国政法大学出版社1998年版，第3页。

律也是如此，可以将其分为"作为理念的"自然法与"作为现象的"实在法两个层次。只有理念中的自然法才是本质意义上的法律，其他的法律都应以自然法为原型，与其保持一致。在柏拉图看来，实存的万物，皆是理念的摹本，世间存在的法律都有一个共同的理念，那就是自然法，它是一种恒定不变的最高准则。

到亚里士多德时，希腊自然法学说达到了历史高峰。在亚氏的观念中，法是与正义同名的，法是自然的、和谐的，是合乎公道而朝向良善的。立法者创造的法律，必须以一种更高的东西——正义或自然法——为标准和依据。当现实中人们制定的法律与正义不相符合时，就应当依公道对其进行修改。亚里士多德的自然法理论是一种城邦自然法："法律的目的就是按有序的方式维护一种理想化的社会现状。法律秩序就是对人们进行规制，以使每个人都位于按政治方式组织起来的一个理想的希腊城邦社会中被指定的位置之中。正当和法律（right and law）的基础乃在于那种寓于事物本性之中的和谐或相宜。正当和法律独立于人的意志而在，而且还具有普遍的效力。"[1]

西方法学繁荣的第二个时期是古罗马时期。在这一时期，基于庞大的罗马帝国国家管理的现实需要，罗马人创造了古代欧洲最发达的法律制度——罗马法。罗马法以民事法律为主体，包括了人法、物法、程序法等部分，是一个结构严谨、内容丰富的法律体系。与法律的发达相伴随，罗马出现了历史上较早的法律职业家集团——一群以讲授和研究法律为职业的贵族，他们研究罗马法，著

1　[美]罗斯科·庞德：《法理学》（第一卷），邓正来译，中国政法大学出版社2004年版，第28页。

书立说，讲授辩论技巧，参与立法和诉讼活动，在罗马政治舞台上呼风唤雨，其中最具代表性的是"五大法学家"，包括帕比尼安、保罗、乌尔比安、盖尤斯和莫迪斯蒂努斯等。公元426年，罗马皇帝颁布了《引证法》，规定五大法学家的著述具有法律效力，其理论观点可以成为法庭裁判的法律依据，法学家在当时地位的显赫可见一斑。公元6世纪，东罗马皇帝查士丁尼成立了法典编纂委员会，对罗马帝国的法律制度和法学作品进行了全面整理，编撰了著名的《国法大全》，它包括《查士丁尼法典》《法学阶梯》《学说汇编》和《查士丁尼新律》四个部分。《国法大全》是罗马法律智慧的集中展现，它的问世标志着罗马法发展到最发达、最完备的阶段。

中世纪是欧洲的封建时代，曾被称为"黑色年代"（Black Age）。这一时期，神灵和教会主导了一切，人匍匐在神的阴影中无法自拔，源自古希腊的哲学、理性以及对人和城邦的关注和认可被一扫而空。法学，如同哲学、伦理学乃至数学和物理学一样，皆被神学所统辖，成为神学的奴仆。在早期经院法学派代表人物奥古斯丁那里，国家和法律，都不过是人堕落的产物，没有什么正面价值。世俗生活只是通往天上之城的过渡，国家的法律寄托不了人生意义，也解决不了终极问题，法律和政治只有回归于神灵，才能澄清其来源和本质，才能得到正确的理解和安置。奥古斯丁之后，生活在意大利文艺复兴前夜的托马斯·阿奎纳是推动神学思想转向的重要人物，他把古希腊的"理性"引入神学体系，用"自然法则"来论证"君权神圣"。托马斯认同亚里士多德"人是社会的动物"的观点，指出人是天然要过政治生活的，他生来就是社会或政治的存在，生来就要同自己的伙伴一起生活在社会中。既然社会生活是自然和正当的，那么，维护社会秩序的国家和法律也是自然和正当的，国家和法律既不是原罪的产物，也不是个人主义的结果，它的建立乃是为了实现"公共的善"。在继承亚里士多德的基础上，托马斯·阿奎纳完善了神学理论，提出了永恒法、自然法、人法、神法的划分，在一定程度上解决了中世纪神学、法学面临的困境和危机。

第二节 星辉灿烂的近现代法学

漫长的中世纪之后，西方法学迎来了百花齐放的春天，法学的繁荣不仅为欧洲资本主义制度的建立和发展立下汗马功劳，而且逐步传播到了其他地方，为古老的东方带去了异域的法律思想。17世纪以来的三百多年里，无论东方或西方，法学的天空可谓是群星闪耀，光辉灿烂。

一、西方三大法学派

近代以来的西方法学史上，法学家们创造了一个思想的江湖，上演了几百年的大戏，舞台上的主角不断更换，其中最有影响的是三大法学派——自然法学、实证法学和社会法学，如同三根大理石柱，它们支撑起了西方法学巍峨的大厦。

自然法学的思想最早可以溯源到古希腊，17世纪以来更是得到了空前的发展。当时，欧洲很多一流的法学家都参与到自然法命题的讨论之中，形成了一个影响深远的法学流派，即"古典自然法学派"，其代表人物包括格劳秀斯、霍布斯、洛克、孟德斯鸠、卢梭等人。在自然法学派看来，国家和公民之间的关系并非一种统治和被统治的关系，而是一种平等的契约关系，根据这份"社会契约"，公民应该遵守法律，接受政府的管理，而国家应该不忘初心，以"为社会成员谋福利"为宗旨。在一个主权国家里，公民应该享有充分的自由与人权，这些权利并非来自政府的恩赐，乃是源于人的本性，即"天赋人权"。既然国家存在的目的在于实现人民的幸福，那么政府制定的法律就必须尊重公民的自然权利和本性需求，也就是说，国家的制定法（positive law）必须符合更高的自然法（natural law），自然法代表了公平、人权、自由和正义。如果国家颁布的法律违反了自然法的原则和标准，它就失去了正当性和合法性，就属于"恶法"（false law），而邪恶的法律不是真正的法律，即"恶法非法"，人民没有义务去遵守它。在西方法学史上，自然法学派对国家制定的法律始终保持着警惕，强调法律必须符合道德和人性，自然法学倡导的"人生而自由""人人平等""自然权利""人民主权"等理论，对封建传统法律和政治构成了致命的冲击，为资本主义的政治、法律体制确立了基本原则和根本目标。

在西方法学史上，实证法学是以反自然法的面目出现在历史舞台上的，其创始人一般被认为是英国19世纪的法学家约翰·奥斯丁，在他之后，凯尔森、哈特、拉兹等人先后扛起实证主义法学的大旗，把它推向更高的阶段。与自然法学关注法律内容的善恶不同，实证法学主张法学研究要抛开价值判断，要像自然科学家做实验一样，对国家制定的法律进行客观的语言、逻辑、结构、技术分析。在实证法学家看来，法律就是国家的一种命令，法律和道德在内容上尽管常常相似，但在逻辑和本质上并不存在必然联系，因此，法律归法律，道德归道德，法律即使违背了道德，它依然是法律，依然需要得到遵守。法学家应当关注国家的制定法而非虚无缥缈的自然法，应该分析法律术语，探究法律命题在逻辑上的相互关系，而不是空洞地讨论法律的公平正义，正义的问题没有标准，也不会有答案，只能成为永无休止的众声喧哗而已。总之，严格意义上的法学关心的是"法律是什么"的问题，而不是"法律应当是什么"的问题，后者涉及价值判断，是伦理学家而不是法学家应当考虑的事。在西方法学史上，实证主义法学明确了法学的研究对象是"国家法"而非"自然法"，强调对国家的制定法进行价值中立的技术解剖和形式分析，从而大大提高了法学的科学性和实践性。

如果说自然法学关注法律的价值，实证法学关注法律的形式，那么社会法学关注的则是法律的实效问题，即"白猫黑猫，能抓住老鼠的就是好猫"。社会法学派强调运用社会学的方法来研究法律问题，其兴趣不在于讨论法律的内容是否良善、逻辑是否严谨，社会法学家更关心的是法律在社会生活中通过何种方式得到实施，其作用和效果如何，法律与社会之间存在着怎样的关系，等等。社会法学存在欧洲和美国两个大的分支：在欧洲，社会法学的代表人物包括德国的耶林、奥地利的埃利希、法国的狄骥等；在美国，霍姆斯、卡多佐和庞德均属于社会法学的领军人物。埃利希指出："在当代以及任何其他的时代，法的发展的重心既不在于立法，也不在于法学或司法判决，而在于社会本身。"[1] 在他看来，法学家除了要研究国家的制定法外，还要关注那些在社会生活中客观存在、真实有效的民间法，如风俗习惯、宗教戒律、行业规范、团体纪律等。庞德发表在《哈佛法律评论》上的论文《社会学法学的范围和目

1　[奥地利] 欧根·埃利希：《法社会学原理》，舒国滢译，中国大百科全书出版社 2009 年版，作者序。

的》提出了社会法学的纲领和目的，被视为社会法学崛起的宣言。庞德提出，作为一种社会控制工具，法律的目的在于维护社会利益，它使人在其合作本能与利己本能之间保持均衡。在法学史上，社会法学打破了自然法学和实证法学在法律之内研究法律的局限，将法律与社会连接起来，引导法学家走出象牙塔，开展田野调查，关注真实的纠纷解决，使得法学有了人间烟火气，有了更宽广的视野和更现实的关怀。

除上述三大法学派之外，西方法学界还先后出现过功利主义法学、历史法学、马克思主义法学、经济分析法学、批判法学、女权主义法学、法律与文学运动等思潮，各个学派相互辩论彼此竞争，使得法学领域呈现出百家争鸣、百舸争流的繁荣景象。

二、中国近现代法学思想

中国古代的传统法学，在经历了春秋的勃发、秦汉的统一、大唐的鼎盛、宋元的衰落之后，到了明清时期，迎来了一个变革的时代。"明清之际是中国封建社会后期一个'天崩地裂'的大动荡时期"[1]，在这个时代，经济领域开始出现了资本主义萌芽，学术界则涌现了一大批叛逆的启蒙思想家，其中最重要的人物包括黄宗羲、王夫之、顾炎武、沈家本、康有为、梁启超等人。

与明代以前的律学家不同，晚明社会的启蒙思想家在被独裁专制的现实百般蹂躏和折磨之后，决绝而无奈地提出了"限制君权"的激进思想。在黄宗羲看来，政治腐败和人民受苦的最大祸根就

---

1 张国华：《中国法律思想史新编》，北京大学出版社1998年版，第231页。

在于君主的专制独裁，"为天下之大害者，君而已矣"（《明夷待访录·原君》）。唐甄则不无激愤地说："自秦以来，凡为帝王者，皆贼也。"（《潜书·室语》）传统理论认为："普天之下，莫非王土；率土之滨，莫非王臣。"这样的观点在启蒙思想家看来是落后和过时的。事实上，天下并不是一家一姓的私人财产，而是天下人共同的天下，所以正确的理解应该是"天下为主，君为客"。为了限制君权，黄宗羲提出了设置宰相并提高相权、主张学校议政以及地方自治等思路。在法律方面，启蒙思想家反对维护君主专制的法律，要求立法为"公"，立法必须兼顾平民的利益，也就是用"天下之法"代替君主的"一家之法"。虽然这些思想在当时的历史环境下无法实施，但它如同暗夜中的一缕晨光，给封建专制的晚明社会带来了一种别样的启迪与希望。

大约在两百年后，清王朝沉寂的思想池塘再次被乍然来风吹起波澜，中国近代法学史上迎来一个气象万千的时代。

晚清法律领域最重大的争论发生在第二次鸦片战争后。清朝统治集团内部出现了两股势力：一派是以曾国藩、李鸿章、左宗棠、张之洞等封疆大吏为代表的洋务派；另一派是以王韬、薛福成、郑观应等学者和资本家为代表的资产阶级改良派。前者主张"中学为体，西学为用"，治国应该宽猛相济、刚柔结合，但必须维护以"三纲"即"君为臣纲、父为子纲、夫为妻纲"为核心的封建礼教；后者在提出"富国富民""商战固本"的同时，要求革新政治，实施民主，建立君主立宪的政治制度。朝廷下诏立法后，沈家本担任首任修律大臣，在花甲之年临危受命，主持制定了《大清新刑律》《大清民律草案》《大清商律草案》《刑事诉讼律草案》《民事诉讼律草案》，对中国法律现代化转型做出了卓越贡献。"戊戌变法"时期，资产阶级改良派的理论由于受到光绪皇帝的支持，一度几乎成为大清的治国指导思想。康有为、梁启超、严复、谭嗣同等思想家不仅撰写、翻译了介绍西方宪制、法治、民主的作品，而且还行走于庙堂之上参与政治活动，他们主张立宪法、设议院、开国会，甚至主张仿行西方搞权力分立与制衡，通过变法，用资本主义的法律制度代替封建主义的法律制度，再造一个强健、富足、独立、自主的大清帝国。

然而，在严酷的政治环境下，康、梁等人的激情与理想，很快就被慈禧太后等保守派的权杖击得粉碎，菜市口飞溅起来的鲜血凝固成暗红的印迹，改良派通过温和改革实现国家富强、民族独立、人民幸福的梦想完全破灭。"戊戌变法"的失败让资产阶级革命派走上了历史舞台的中心。资产阶级革命派的代表人物包括孙中山和宋教仁等。孙中山提出了以民族、民权、民生为内容的"三民主义"，并在辛亥革命胜利后将其奉为中华民国立法的基本原则和指导思想。资产阶级革命派的政治法律思想，集中体现在宋教仁起草的《中华民国临时约法》中，这是中国历史上第一部资产阶级宪法性文件。《临时约法》规定："中华民国之主权属于国民全体"，"中华民国人民一律平等，无种族、阶级、宗教之区别"。为保护公民的基本权利和自由，防止权力腐败和政治专制，《临时约法》确立了参议院、总统、国务总理及司法机关之间的分权制衡机制。《临时约法》虽然没有得到真正的实施，但却值得被永远铭记。

总之，19世纪以来中国法学界涌现的新思想新观念，不仅敲响了传统封建法制灭亡的丧钟，也预示着法律新时代、新气象的到来。如果要对这一时期法学的发展作一个简单概括，那么可以说这是一个"西法东渐"的时代。这一时期，各个阶层和集团无论出于被迫还是自愿，都希望能从西方资本主义国家法治实践中寻找启发和借鉴，找到一条救亡图存、富国强兵的途径。中国这辆大车终于慢慢驶离封建法制，吱吱呀呀地行进在通往现代民主法治的路上。

第二章 法学院的气质

　　法学院是培养律师、检察官、法官、法学家的地方，不断吸引青年学子的到来。法学院的生活精彩而充实，但求学者们也必须面对巨大的竞争和压力。据说有一年，哈佛大学法学院院长对一年级新生讲了这样一句话：看看你的左边，看看你的右边，你们之中会有很多人坚持不到毕业。在法学院特殊而严格的训练中，有些人会因为无法承受压力而退出，而有些人则因为无法接受法学的价值观和思维方式而选择逃离，比如歌德、托尔斯泰、卡夫卡和泰戈尔等。因此，认识法学的性质，体会法律的思维，了解法学院的气质和精神，是每一个法学院新生必须上好的第一课。

第一节 法学是一门科学吗

　　哈佛大学法学院第一任院长、案例教学法的创始人兰德尔（Christopher C. Langdell）教授曾言："法律被视为一门科学，由特定的原则或学说组成。掌握这些原则或学说，以能够将其持续、简便且确定地适用于永远错综复杂的人类事务，这是成为一名真正的律师所必备的条件。因而，拥有这种能力，乃是每一位认真的法学院学生的功课。"[1]如兰德尔一样，法律界人士喜欢把法学称为"法律科学"（science of law），可是，法学真的是一门科学吗？它和数学、物理、化学一样严密而精确吗？法学上的疑惑可以在实验室里得到求证和解答吗？法学上的结论可以在社会实践中得到统一而无差异的再现和证实吗？

严格意义上的"科学"一般指自然科学，即运用人的理性并借助逻辑和技术工具研究自然世界的科学，科学的目的在于发现绝对的事实和真理，其结论在同等条件下可以反复再现。17 世纪以来，自然科学的进步不仅提高了社会生产力，也深刻改变了人类的思维模式。在自然科学和笛卡尔理性主义的影响下，法学等社会科学也开始宣称具有"科学性"。法学虽然可以建立严谨的逻辑体系、独立的思维方法，但是不同于物理、化学、数学等自然科学，法学永远不可能不受意识形态、阶级地位、政治目标、道德观念、宗教信仰等价值因素的影响，法学家也永远不可能像科学家在实验室做研究那样来面对法学的对象——制度、人、复杂的社会和形形色色的恩怨情仇、矛盾纠纷。所以，虽然"法学是一门古老的学问，无论在中国还是西方，这都是一个不争的事实"，"然而，法学这门古老的学问在其历史的演进过程中一直遭到其他学问（尤其是哲学、自然科学）的挑战、质疑和批判，甚至在很长的时期内被排挤出'科学'（Wissenschaft/science）的殿堂"[2]。要想认识法学独特的个性和

1　Christopher C. Langdell, *Teaching Law as a Science*, 21 American Law Review 123（1887）.

2　舒国滢：《法学的知识谱系》，商务印书馆 2020 年版，第 1 页。

气质，我们必须从法学成为一门学科讲起。

一、法学是关于人和社会的学问

在世界上第一所近代意义的大学——意大利的波伦亚大学（University of Bologna）[1]，据说那里最初只开设了三门主要的专业：神学、医学和法学。在某种意义上，这三个学科之间是具有共性的，它们都是治病的学问：神学解决人精神的危机，医学医治人肉体的病痛，而法学则医治社会疾病，即矛盾和纠纷。因此，如果说自然科学面对的是自然万物，那么法学面对的则是人和社会，换句话说，法学是关于人和社会的学问。法学讨论的问题是：人类如何才能避免冲突与伤害，如何才能过上优良和公正的生活？

泰戈尔在其作品《飞鸟集》中写道："水里的游鱼是沉默的，陆地上的兽类是喧闹的，空中的飞鸟是歌唱的。但是，人类却兼有海里的沉默、地上的喧闹与空中的音乐。"事实上，人是世界上唯一拥有理性的最高等级的生命形态，人的活动构成了世界上最复杂和最难理解的社会现象，因此，以人和社会为研究对象的法学必然不同于其他学科，尤其是自然学科。简单来说，法学缺少自然科学的那种特点和属性，即高度的纯粹性和绝对的客观性。

法学关注人的需求、人的行为以及人与人之间的社会互动，而人的行动和选择要受诸多因素的影响，包括人的个性、情感、利

1　波伦亚大学，也译为"博洛尼亚大学"，被誉为欧洲"大学之母"，是世界上第一所近代意义上的大学，建立于1088年，至今已有近千年的历史。但丁、伽利略、哥白尼等人都曾在这里学习或执教。

益、信仰，也包括社会的道德规范、政治制度和意识形态，等等。孟德斯鸠指出："从最广泛的意义来说，法是由事物的性质产生出来的必然关系"，[1]法律要和国家的自然状态、气候、土地、民众的生活方式、宗教、性癖、财富、人口、风俗、习惯、立法体制等因素发生千丝万缕的关系，而"这些关系综合起来就构成所谓'法的精神'"[2]。诸多因素相互交织相互影响，决定着个人和社会的行动，并导致不同主体行为的差异。世界上找不出两片相同的叶子，也不存在行为方式和价值观念完全一致的人，所以，法学面临的是一个不断变动、充满差异和偶然性的世界，法学要在个体和全体、共性与差异、传统与当下之间进行均衡，尽力寻找到可能被大多数人接受的结论和方案，或者叫"最大公约数"。在这种情况下，法学上的任何一个结论都只能是一个相对较好的方案而非终极真理。自然科学可能会得到一个相对永恒的东西，如牛顿的万有引力和爱因斯坦的相对论，在地球乃至整个宇宙世界都是普遍适用的，然而法学做不到，"唯一正确答案"很多时候并不存在。在不同的时代和不同的地域，法学的标准和结论可能出现差异甚至大相径庭，最根本的原因在于，法学面对的是不同的人群，而这些人群的思想和生活是存在差异的，并且会随着社会发展而不停地变化和运动。因而，法学具有地域性、民族性和时代性。

1　[法]孟德斯鸠:《论法的精神》(上)，张雁深译，商务印书馆1961年版，第1页。

2　[法]孟德斯鸠:《论法的精神》(上)，张雁深译，商务印书馆1961年版，第7页。

二、法学是关于利益协调和价值平衡的学问

据说天堂里是不需要法律的，因为那里没有欲望，没有利益冲突和人际纷争。然而，在红尘俗世，社会和个人时刻都不能离开法律，法律是协调利益关系、维持公共秩序和解决矛盾冲突的最重要手段。法学作为研究法律的学科，必然要面对不同的人生需求、价值选择和利益关系，在这个意义上，法学是一门关于利益协调和价值平衡的学问，它需要提供一套理论、原则、方法，为立法、执法和司法审判提供标准和指引。

在立法过程中，任何一部法案的制定，背后都存在不同利益主张、价值观念的博弈，立法需要全面考虑，进行取舍平衡。比如，为构建和谐的劳资关系，劳动法既要维护劳动者的权利和尊严，同时要保护资本家的产权及其管理秩序；在城市中养宠物的人越来越多的时候，宠物管理的立法一方面需要保障宠物主人的兴趣爱好和生活自由，另一方面也要防范宠物对城市环境及公共卫生带来的危害。

在司法审判过程中，法官依据法律对案件做出裁判，其实质就是对当事人之间的利益关系进行分配和调整。比如，在离婚诉讼中，法官需要对夫妻共同财产进行合理的分割，还需要对未成年子女的抚养问题做出最佳的安排；在房屋租赁合同纠纷中，法官要面对房主按时足额获得房租的要求，也要面对租客在安全舒适的房屋及设施中安静生活的需求；在"民告官"的行政诉讼中，法官需要尊重政府部门依法进行行政管理的权力和利益，也要保护公民的合法权益不受侵害。

功利主义法学派的代表人物边沁曾指出：法律的根本目的是让

大多数人获得最大量的幸福。然而，幸福的标准从来都是因人而异的，有些人认为幸福就是拥有物质财富或者人身安全，而有些人则更看重人格独立和思想自由：我宁可做一个痛苦的哲学家，也不愿做一只幸福的猪。在不同的人群和民族，不同的时代和政治形态下，人们的利益取向和价值选择是存在差异和不断变化的。因而，法学必须关注社会发展，关注人性需求，并以民主、人权、法治等标准为指导，为法律的制定和实施提供价值平衡的方案，为个体的行动和选择提供标准和共识。

三、法学是关于理性生活的学问

在柏拉图看来，人的生命中驻扎着三种东西，即欲望、激情和理性，只有灵魂控制住肉体，理性控制住欲望和激情，人才能趋向完善，城邦生活才能实现公正。法律是一种理性的标准，法学是一种理性的学问，它关注人如何经营理性的生活，从而在个体和共同体之间实现一种和谐正义的状态。

古希腊的斯多葛学派主张，人要服从理性的指引，这样才能过上正当的生活。理性不是压抑和禁锢，不是如宗教那样叫人罪己和禁欲，而是强调人的正当要求必须通过正当的途径和方式得到满足，自由而不放纵，满足和实现自我但不伤害他人，不危害社会。亚里士多德曾言："人在达到完美境界时，是最优秀的动物，然而一旦脱离了法律和正义，他就是最恶劣的动物。"[1]法律就是一种中

1　转引自［美］E.博登海默：《法理学：法律哲学与法律方法》，邓正来译，中国政法大学出版社1999年版，第10页。

道的理性，它作为公共生活的基本规则，目的在于引导人过理性的生活，避免堕落和罪恶。比如，对一个开餐厅的老板来说，用"地沟油"做菜会让成本大大降低，烹调时添加违禁原料会让菜品更好看和更好吃；对于一个大权在握的官员来说，利用职权收受贿赂是一件很容易的事，会让自己和家人很快过上更富足的生活。然而，这些行为都是法律所不允许的，它违反了公共理性法则，破坏了社会交往的公共规则，损害了消费者对商家和公众对政府的信任，会让社会变得混乱和邪恶。

为了维系社会的公平与和谐，法学必须要面对和解决很多问题，为公共生活寻找理想的方案。比如，如何协调个人与个人之间的冲突，如公路上步行者、骑单车者和司机之间的通行矛盾；如何协调私人利益和公共利益之间的冲突，比如企业盈利和环境污染之间的矛盾；如何解决当代人的需求和下一代人的发展需求，比如对自然资源的过度开采和利用；在发生冲突之后，如何选择最佳的纠纷解决方法，应坚持什么样的程序标准；等等。在解决诸如此类社会问题的过程中，法学要按照理性的标准为个人生活和公共生活、为行政管理和司法审判指明方向、确立规矩，引导人们不要被激情、欲望所宰制。

法学是关于理性生活的学问。理性生活，意味着人们在实现自己目的的过程中，必须按照规则办事，所采取的手段和方式必须是正当的，在满足自我需求的同时不损害他人和社会，实现个体利益与社会利益、国家利益的统一。理性生活，意味着每个人要对自己、他人、社会及未来负责。

第二节 法学教育与法学院的精神

一、波伦亚的星火

在古代中国，由于"德主刑辅"的治理传统、司法与行政高度合一等原因，虽有法学研究甚至科举考试中也有法律内容，但实际上并不存在专门的法律职业和独立的法学教育。在西方历史上，严格意义的法学教育是以古罗马法的发现、研究和复兴为发端的。换言之，罗马法的复兴促成了西方近代法学教育的产生。

公元纪年前后五百多年，罗马人凭借武功建立了一个庞大的帝国，而罗马人的文治则创造了精致而近乎完美的罗马法，把欧洲古代法制推到了其他国家当时无法企及的高度。但是，公元5世纪前后，随着蛮族入侵和罗马帝国的灭亡，罗马法在西欧日渐衰落，昔日的辉煌烟消云散。公元12世纪（相传为1135年），有人在意大利北部发现了因战乱而佚失的《国法大全》抄本，这部由查士丁尼皇帝汇集编撰的罗马法文献奇迹般地再现人间。冥冥之中似乎有神灵庇佑，上天不忍罗马的法律瑰宝被历史遗弃，便以这样特别的方式传承给了后人。[1]

1　法学家盖尤斯的著作《法学阶梯》是罗马《国法大全》的重要组成部分，其发现过程很有传奇色彩：1816年，普鲁士驻罗马教廷的使节尼布尔在维罗那图书馆发现一幅写满拉丁文的古代羊皮纸手稿，并看出纸上曾有过其他文字。他用特殊药水进行清洗，被覆盖的文字果然显现。经德国民法学家萨维尼鉴定，这些文字竟是一千多年前的《法学阶梯》——一本流行于古罗马的法学教科书，也是历史上第一本严格意义上的法学著作。参见梁治平《法意与人情》，中国法制出版社2004年版，第310—311页。

古代罗马法文本的发现，很快引起了当时欧洲一流法学家的关注。大约是在 11 世纪 70—90 年代，在意大利波河平原东南部宁静的波伦亚小镇，一群教师和学生开始对罗马法进行注释和研究，有一个叫佩普的教师专门讲授查士丁尼的《法典》和盖尤斯的《法学阶梯》，而另一位教师伊尔内留斯则主要讲授《法律大全》，这个教学区就是学术史上赫赫有名的"波伦亚大学"的前身。到了 12 世纪，波伦亚小镇已经成为欧洲罗马法和教会法的研究中心，成为爱好法律的学生心中的圣地。在欧洲，很多学生不远万里来到波伦亚读书求学，随着人气日渐兴旺，波伦亚学派开始逐步形成。然而，这时候的波伦亚仅仅是一个学生聚居区而不是正式的大学。1158 年，神圣罗马帝国皇帝腓特烈一世颁布了《安全居住法》，通过授予司法特权的方式正式承认了波伦亚大学的法律地位。在波伦亚大学，学生通过两次严格的考试——个别考试和公开考试，就可以获得法学博士学位，这是在大学取得教职的资格。博士学位的授予仪式隆重、庄严而神圣，候选人在众人的簇拥中来到教堂并发表演讲，然后由副主教为他佩戴徽章，给他手指戴上金戒指，头上戴上四角帽，之后人们纷纷上来拥抱并亲吻他，给以衷心的祝福。[1]

波伦亚大学是世界上第一所近现代意义上的大学，它所创造的学术业绩被历史学家誉为"代表着中世纪欧洲知识分子最杰出的成就"[2]。波伦亚大学开创的法学教育传承，如星星之火不断燎原，成

1　David S. Clark, The Medieval Origins of Modern Legal Education: Between Church and State, *The American Journal of Comparative Law* , Vol. 35, No. 4 （Autumn, 1987), p653—719.

2　H. Rashdall, *Universities of Europe in the Middle Ages*, Vol.1, ed. F. M. Powicke and A. B. Emden, Oxford, 1936; reprint, Oxford, 1988. p254.

为后世西欧法学教育的原型和模板。自波伦亚以后，西方法学教育不断繁荣兴旺，法学教育的薪火连绵不断。在欧洲大陆，以教会为主体的教育机构培养了一代又一代的法律人才，而在海洋彼岸的英格兰，以林肯、格雷、内殿和中殿四大律师学院为代表的法律教育机构，培养了大量精通普通法的律师。17 世纪以后，更多的大学开始设立法学专业，成为法学教育的主角。1620 年起，乌普萨拉大学开始讲授瑞典法；1679 年，巴黎大学设立了法国法讲座；1707 年，维登堡大学开始讲授德意志法；1758 年牛津大学、1800 年剑桥大学开始讲授英国法。[1]自波伦亚大学开设法学专业后，法学教育从中世纪一路走来，传播着法律公平正义的理念，培养和造就了一个重要的社会群体——法律职业家，并通过这个职业家群体，推动了法学和法治的发展。

清朝末期，政府被迫仿效西方推行"新政"，伴随着"预备立宪"和"清末修律"等法律改革，专业的法学教育在中国开始萌芽。清末法律改革的主帅沈家本、伍廷芳认为："法律成而无讲求法律之人，施行必多阻隔，非专设学堂培养人才不可。"1895 年，盛宣怀筹划的天津中西学堂自举办时起，就在学堂的章程中写入了"律例学门"，类似于今天的法学专业。律例学门在课程的设置方面，除了"万国公法"即国际法外，还包括"大清律例""法律通论""罗马律例""英国合同法""英国罪犯律""商务律例"等法学科目。1901 年至 1902 年间，各省筹办了山东大学堂等 18 所省级大学堂，很多学堂都开设有法律方面的课程。与此同时，专门的法科学校开始出现，最早的就是沈家本创立的京师法律学堂，之后，清

1 　王健：《中国近代的法律教育》，中国政法大学出版社 2001 年版，第 295 页。

政府又模仿日本，设立司法速成学校，举办法政学堂，法学教育的内容更为细致与专业。民国时期，法学教育非常繁荣，最著名的法科大学就是北平的朝阳大学和苏州的东吴大学，人称"北朝阳，南东吴"，它们培养了大批的法律人才和法学学者，为民国的立法、司法和法学研究做出了不可磨灭的贡献。

民国时期东吴大学法学教授孙晓楼认为，合格的法律人才需要满足三个条件："（1）要有法律学问，（2）要有社会常识，（3）要有法律道德。"[1] 法治实践需要合格的法律人才，而法律人才的培育仰赖成熟和专业的法学教育。纵观世界各国，法治发达的国家，莫不是以良好的法学教育为前提和基础的。法学兴则法治兴，法学败则法治败——法学教育与其说是在培育和训练律师和法官，不如说是在孵化和催生一个民主与法治的现代社会和国家。

二、法学院的精神

在欧洲很多小城市，法院一般建在城市的最中间，如同恒星围绕着太阳。法学院在大学中也是独特的存在，有着别样的气质和精神。法学院的精神不在默默无语的建筑身上，而主要体现在法学院的主人身上，即法学院的学生和教师们。事实上，当你走进法学院，就不仅是继承了一门知识和手艺，还继承了一种传统和文化，一种生生不息的法学精神，就像德国法学家拉德布鲁赫所说的："法不仅是生活所需，而且也是一种精神；法律学术，不仅是一门

---

[1] 孙晓楼：《法律教育》，中国政法大学出版社 1997 年版，第 9 页。

手艺，而且也是一种陶冶价值。"[1]

法学院的精神表现为自由精神。古罗马法学家西塞罗说："为了自由，我们愿意做法律的奴仆。"而诗人裴多菲则说："生命诚可贵，爱情价更高。若为自由故，两者皆可抛。"追求自由的渴望源于人的本性，拥有自由是实现自我价值的唯一途径，因此，保障自由就成为现代法律的根本使命。法律人应该是一个呵护自由和珍视自由的人，而法律之下的自由意味着行使自己权利，尊重他人权利，维系生活和观念的多元化。在法学院中，不管来自哪里，每个人都受到宪法和法律的庇佑，都享有公民的基本权利；在法学院中，每个人都拥有充分的发言权和参与权，尊重他人的选择，愿意听取不同的尤其是批评的声音。因为如此，法学院才别开生面，充满了生机和活力。

法学院的精神表现为民主精神。民主意味着自己做自己的主人，不把命运寄托于神灵或权贵。民主是法治的政治温床，没有民主，就无以抵制权力，如果不能约束权力，法律的权威便会荡然无存。法学院的主人应当是民主的开创者、推动者和践行者，应当认识到自己是社会和国家的主体而非客体，对于我们自己的事务，我们不仅有权利参与，而且有义务和有责任参与。这个世界并不美好，公共生活中还有很多的问题，所以需要每个公民尤其是法律职业者的参与，发出自己的声音，采取务实理性的行动。面对不公不义，如果连法律职业者都欠缺变革的勇气和呐喊的激情，那么这个社会必然是没有希望的一潭死水。

---

1 ［德］古斯塔夫·拉德布鲁赫：《法律智慧警句集》，舒国滢译，中国法制出版社 2001 年版，第 131 页。

法学院的精神，最集中的体现就是对法治矢志不渝的信仰和坚守。人类走过了漫长的人治时代，直到近现代，我们才迎来了法治的春天。法治社会，意味着法律的地位高于任何权力和财富，法律作为最高的权威，统治和保护着它的所有公民。如果说在专制国家里最高的权威是国王，那么在法治国家中，法律就是国王，它是保障自由、平等、人权和幸福生活的国王。我们每一个人，不仅在时间和死亡面前平等，而且在法律面前平等，平等地享有权利，平等地履行义务，平等地拥有人的尊严，没有任何人可以例外，即使是高高在上的国王或者总统。当我们走进法学院，我们就要去亲近和接受法律的统治，并且把传播法治的信念、维护宪法和法律的权威当作自己的职业使命。我们坚信：尽管法律时有不妥，常常僵硬和不近人情，但与其他治国模式相比，法治依然是最不坏的选择。

拉德布鲁赫说："法学对人的智识乐于提供也许是最好的科学思维技巧的训练，——任何人，当他从法学转向其他科学时，都会感激曾有过这种法学的润养。"[1] 当然，法学院对于每一个法律人的启迪与润养，不仅有智识和思维，还包括气质、信念和价值观。当你走进法学院的大门，就意味着要继承一项事业，负起一份责任，要把法学院的知识、理念、传统和精神不断传承并发扬光大。你会有一段漫长辛苦但又奇妙精彩的旅程，希望你一路行来，有和风清泉相伴，内心信奉着善和正义，保存着爱和感激。

1　[德]古斯塔夫·拉德布鲁赫：《法律智慧警句集》，舒国滢译，中国法制出版社 2001 年版，第 138 页。

第三章 学会像律师一样思考

在以美国法学院学习生活为素材的电影《平步青云》（*The Paper Chase*）[1] 中，肯斯·菲尔德教授对他的法学院新生们说过这样一句话："你们带着满脑子的糨糊来到这里，而离开时你们会像律师一样思考（Thinking like a lawyer）。"[2] 教会学生"像律师一样思考"，这被认为是法学教育的目的。从一个懵懂的法学院新生，到成为一名称职的法律职业人，要经过一个漫长的学习和训练过程，如同毛毛虫变成花蝴蝶，这个过程有挑战、有困惑，需要浴火重生，方能修成正果。

1　《平步青云》，美国导演詹姆斯·布里奇斯（James Bridges）的电影作品，又译为《力争上游》，1973 年上映。这部导演和演员阵容都并不豪华的电影，后来一直被美国法学院的学生视为"第一堂必修课"。

2　关于法律人正确的法律思维，可参见 Frederick Schauer, *Thinking Like a Lawyer: A New Introduction to Legal Reasoning*, Harvard University Press, 2012。

第一节 汲取法学的智慧

一、课堂与讲座：聆听法学的声音

在法学院的学习生涯中，优秀的法学教师如同燃灯者，会在暗夜中帮你照亮前路、找到方向，会教给你法学知识和法律原理，提升你分析和解决问题的方法和能力。据说，美国法哲学家罗尔斯每次讲课结束后，学生都要站起来集体鼓掌，他人都走远了，而掌声还不停息。学生们说，就是想让老师在很远处，还能听得到学生的赞赏和感激。勤奋的学生遇到智慧的老师，双方都能体会到教育和学术的乐趣和魅力。

法学学习的第一站是课堂。法学体系博大精深，课程众多，不同的课程在培养优秀法律人的工程中扮演着各自的角色，承载着独特的功能。有些课程重在传授法学理论，扩展学生的视野，训练学生的思维，如法理学、法史学、比较法学等；有些课程重在介绍具体法律制度，引导学生全面准确地把握法律体系，如民法学、刑法学、行政法学、诉讼法学；有些课程则重在培养法律操作的技能和方法，比如证据学、法律文书写作、法学方法论、法律逻辑学等。法学院的学生要像一只贪吃的羊，永不满足、不停地去学习各类课程，还要像一只好奇的猫，勇于尝试，对新知识新领域充满兴趣，不断扩展自己的视野和格局。

法学学习的第二站是图书馆。法学课堂不像数学那样有许多的练习题，也不像化学那样要做无数的实验，但是，这绝不意味着法学院的学习就很轻松。事实上，课堂学习只是法学学习过程中的一个环节和开始，在课堂之外，学生还要去图书馆做很多的功课。比如，法理学老师会指定一些经典书目，要求学生去阅读、思考、做笔记，形成自己的观点，然后进行课堂研讨；合同法老师会安排学生去查阅和研究若干经典判例，厘清案件的焦点问题，分析法官的裁判逻辑，然后在课堂上进行报告评析。在某种意义上，图书馆是教室的延伸，课堂上的听讲和图书馆里的阅读研究密不可分。

除了常规的课程学习之外，听讲座是法学院学生的另一门必修课。如果把本校老师比作寺庙的常住和尚，那么请来做讲座的教授则是外来云游僧人。外来和尚会念经，也常常能够念出精彩的好经。讲座跟课堂不同，课堂要按照教学计划，一板一眼，系统地介绍一个学科的全貌，而讲座则是聘请教授、法官、律师就其擅长的特定主题进行集中呈现。俗话说：外行听热闹，内行听门道。讲座不会是来传播常识，一般是探讨学术前沿问题或重大争议话题，所以，要提高听讲座的效率，并真正有所收获，就要根据自己的兴趣和能力有所选择并提前做准备。比如，听讲座之前了解一下讲座人的学术背景，研究一下讲座的主题及内容，必要的时候还要提前阅读相关的背景材料。只有具备一定的学术条件和做好准备，才能跟上讲授者的思路，并与其进行有意义的对话和交流。

一般而言，法学院的声誉越好，地位越高，就越有机会邀请到最一流的专家学者来访，为学生提供营养丰富的学术大餐。因此，听讲座不要局限于本院本校，任凭兴趣驱使，做个旁听和偷听的人，也自有一番乐趣。另外，受邀开讲的学者来自五湖四海，其中不乏外国学者，作为听众最好具备一定的外语听力水平，否则就只能看看热闹了。2002 年 5 月，法理学大家罗纳德·德沃金曾来北京做讲座，偌大的讲堂挤满了学生，甚至窗户上和过道里都人头攒动，盛况空前，一时传为佳话。

二、阅读经典：跨越时空的对话

杜甫说："读书破万卷，下笔如有神。"法学尽管不要求写诗，但在知识习得、能力培养的方法和途径上，倒有可借鉴之处，那就是要多阅读，尤其是阅读经典。

上课用的教科书，仅仅提供基础性知识，如同一张地图，可以告诉你山水在哪里，但无法让你真正体会到山水之美。因此，在对法学的基本知识有了初步掌握之后，你应主动去寻找和接近那些具有学术含量和思想品位的学术精品和经典作品，以扩展自己的知识视野，提高自己的理论素养。

读书没有规矩，但要尽量阅读好书和经典作品，书中未必有黄金屋、颜如玉，但好书如同天上明月，理性之光普照，心灵因此澄明。对于法学院的学生而言，在课堂之外，一定要充分利用图书馆的资源，多读书，读好书，不断扩展知识的外延，增加思想的厚度。阅读，是心的旅行，是赴智者的思想盛宴。

清末以来，"西法东渐"的一百多年里，中国的法学家创造出了许多汉语法学著作，为读者提供了高品质的阅读文献。瞿同祖先生的《中国法律与中国社会》，是以社会学方法分析中国传统法律的重要成果；蔡枢衡先生的《中国刑法史》、钱端升先生的《比较宪法》、李浩培先生的《条约法概论》等，都是各个部门法里的经典著作。20 世纪 80 年代之后，法学薪火重新点燃，新一代的学者成长起来，出版了大量法学论著，为读者提供更多的阅读选择。

在西方漫长的法学史上，出现过许多伟大的思想家和伟大的法学著作，都值得法学院学生用心阅读。古希腊柏拉图的《理想国》、亚里士多德的《政治学》、古罗马西塞罗的《法律论》、查士丁尼的

《国法大全》，都是欧洲早期的法学杰作。近代以来，恩格斯的《家庭、私有制和国家的起源》、美国法学家霍贝尔的《原始人的法》、英国法学家梅因的《古代法》，属于了解人类法律进化的首选著作；孟德斯鸠的《论法的精神》从地理、环境、人口、风俗和宗教等多维度研究法律，被誉为法社会学的"圣经"；洛克的《政府论》反对"君权神授"思想，第一次系统地提出"天赋人权"学说；卢梭的《社会契约论》及《论人类不平等的起源》提出了国家是人民通过社会契约而创制的，国家必须尊重和保障人民的权利和尊严；意大利贝卡里亚的《论犯罪与刑罚》提出了罪刑法定、罪刑相适应、刑罚人道等现代刑法原则，它的出版标志着刑法学的诞生；德国萨维尼的《现代罗马法体系》、英国戴雪的《英宪精义》属于相关领域的精品著作。《奥本海国际法》流行了一百多年，是学习国际法的必读著作，其作者拉萨·奥本海被誉为"现代国际法之父"。

当然，很多法学经典作品，都是由距今几百年甚至上千年的思想家写的，对法学初学者而言，存在时空、思维、语言上的隔阂，阅读起来多少会有困难。因此，阅读应该由浅入深，循序渐进，可以先读简单的，再读复杂的；先读部门法，再读法哲学。尤其是在阅读国外经典作品之前，可以先看看国内学者写的相关导读性、评价性文章，对作品的内容有了初步了解后，就比较容易进入正文。读经典不必逐字逐句，有些部分应当精读，有些部分应当泛读，而有些内容，包括非常陌生、无法理解的部分，可以直接略过。读书如同旅行，每个人眼里的美景是不一样的，只要自心愉悦就行了。

在某种意义上讲，读书也有风险，尤其是思想性强的作品，它有可能改变你惯常的思维方式，让你对曾经熟悉的世界感到陌生，它引导你用别样的方式看待那些你曾习以为常的、从未怀疑过的东西，它会让你纠结、迷茫甚至痛苦。但是，恰恰就是在这个过程中，当熟悉变得陌生，当对世界开始不解和怀疑，你会有冲动，要尝试去分析，去比较，去证明，寻找让自己可以接受的答案，在这个过程中，你会拥有自己的判断力，分辨出谁在胡说八道。因此，如同运动是对肌肉的锻炼，读书是一种心智和思想的锻炼，它有助于一个人拥有健康的、独立的、不迷信的头脑。

苏格拉底曾批评雅典人只顾喂养自己的肉身，却忘记了喂养自己的灵魂。读书就是喂养灵魂的行为，它让人的精神世界丰盈和饱满。哈佛大学的校训之一是："与柏拉图为友，与亚里士多德为友，更要与真理为友。"读书的过程是快乐的，阅读一本好书，就是在和柏拉图、亚里士多德这些良师益友进行思想交流，就是不断追求和接近真理的过程。

三、案例研究与法律检索

在英美法系国家，"遵循先例"是司法的基本传统，判例法构成了法律的基础渊源，因此，法学院的教学长期以来非常重视案例教学。在英美国家大学里学习过的人可能对法学院的课堂印象深刻：教授对法律问题的讲解并不是从法典阐释而是从案例研究开始，一些著名的案例隐含和承载了法律的智慧和原理，正是通过研究这些经典案例，学生们理解了"法律是什么"以及"法律如何运作"这些基本问题。为了完成课堂作业及处理其中的法律问题，学生需要在图书馆汗牛充栋的判例汇编中不断检索和查找，找到最合适的先例，以处理和解决当下的问题。

在大陆法系国家，法学学习中的案例教学也很普遍和重要。由于国家的法律条文往往简洁、抽象甚至让人不知所云，为了帮助学生准确理解法律的含义，案例教学就显得特别必要。比如，法律规定"经营者没有尽到合理的注意义务而导致他人的人身或财产损害的，经营者要负赔偿责任"，在这里，什么是"合理的注意义务"，当事人注意到什么程度才算合理，这个标准是无法直接从法律条文中找到的，需要结合具体的案件去揣摩和把握。酒店大厅的地面很光滑导致客人滑倒摔伤，餐厅的咖啡很烫却没有采取措施导致消费者的嘴被烫伤，这些案例都是可以用来分析经营者有没有尽到合理注意义务的典型例子，它们会使法律的抽象规定变得具体、清晰和具有质感。

进行案例研究，首先要获得真实的、典型的案例。要获得外国或国际司法机关的案例，除了查阅一些学者汇编的作品外，还可以登录外国司法机关或国际司法机关的官方网站，直接获取详尽的判决书原文；要获得中国的相关案例，可以通过一些专业的数据库进行搜索，比如"中国裁判文书网"；还可以在图书馆查阅《最高人民法院公报》《最高人民检察院公报》以及各省高级法院定期发行的案例汇编等。

与案例研究相伴随的一个问题是法律检索，即为了处理案件而寻找具体的、可适用的法律依据（包括成文法、判例法、习惯法等）。由于现代法律文献复杂繁多，学会法律检索就成为法律学习和办理案件必须掌握的技能之一。在英美国家，很多法学院专门开设了"法律检索"（legal research）的课程，教给学生"找法"的方法和技巧。一般来说，法律检索主要的途径：一是专业出版社出版的法律法规汇编，它具有查阅和携带方便的优点，在法学院的图书馆里，各类法律汇编林林总总汗牛充栋。在英国，如果要寻找法律理论文献，可以查询法律百科全书（如 Halsbury's Laws of England）、法律专著或期刊（如 Law Quarterly Review）；如果要查找案例，可以使用法律报告（如始于 1285 年的 YearB ooks）、权威报纸（如 The Times）及专门报告等。[1]二是专业的电子数据库，电子数据库具有信息量大、法规齐全的特点，是专业人士办理案件不可替代的工具。目前，英美法律领域有很多使用广泛、享有盛誉的电子数据库（比如 Westlaw 和 LexisNexis），这些数据库里包括了历年来主要英语国家的立法、判例，以及重要法学刊物发表的文章，等等，是名副其实的法律百宝箱。在中国，要查询法律、法规，则可以登录全国人大常委会、司法部网站，或者"北大法宝"，使用其提供的法律数据库。

四、法学论文写作

在外语系学习，需要背诵单词，在数学系学习，需要做很多演算，而在法学院学习，除了研究案例，还要花很大精力来完成教授布置的论文。在法学院，写论文，尤其是期末论文和毕业论文，通常是让很多学生头疼的一件事。

　　母亲提过一句令人印象深刻的闽南语俗谚："生一个子，落九枝花。"意思是说，女人生一个孩子，损耗她的青春精力甚巨，当时听了觉得"落九枝花"的形容词很耸动。

1　James Holland and Julian Webb, *Learning Legal Rules: A Students' Guide to Legal Method and Reasoning*, Oxford University Press, Oxford, 2010, p39—53.

现在，当我看到处于写论文阶段的学生时，我常会想起"落九枝花"这个比喻。据我的观察，十个眼睛闪烁着智慧光芒、头上环绕着知识桂冠的学生，会有九个半一旦到了做研究、写论文的"生命阶段"，对自己走学术之路的信心逐渐花果飘零。[1]

尽管论文写作有时候会让学生头疼甚至抓狂，但它却是法学院学生必须掌握的基本技能，通过论文写作，能够培养学生的法律分析、法律论证和法律表达能力，提升学生法学专业水平。

一般来说，法学论文的写作会有一个基本的流程。

第一步是选题，也就是确立一个写作的问题和对象。"质言之，学术论文的名字叫独创。"[2]没有独创性，拾人牙慧，文章必然没有价值。选题应当具有理论意义和现实意义，要选一个真问题和新问题，而非假问题或旧问题，这个问题要么在理论上存在争议，要么在实践中面临着困境，具有研究和写作的价值。对一篇论文而言，选题还要注意题目大小适当：题目过大，容易导致文章空泛，论述如蜻蜓点水，不痛不痒；题目过小，无法铺陈，形不成论文应有的格局和气势。

第二步是搜集和阅读相关资料。论文题目确定后，应当全面搜

1　毕恒达：《教授为什么没告诉我》，法律出版社 2007 年版，第 1 页。
2　关于学术论文的独创性，郑永流教授将其概括为：开辟了学科的新领域，提出了新观点、新解释或新结论，提出了新方法或运用新方法回答了本学科的老问题，进行了新的交叉学科研究，做出了前所未有的高水平综合或描述，等等。参见郑永流《法学野渡》，中国人民大学出版社 2010 年版，第 158—159 页。

集和阅读相关的资料文献，了解该问题的研究现状。"首先是法律文本，即各种立法文件，包括法律法规条文、立法理由书、各种法律草案及其修改记录；其次是司法文本，包括最高法院发布的解释性文件、最高法院公报刊登的判例、各级法院的判决书；当然还有法学文本，包括各种法学专著、教科书、体系书、论文集、学术刊物上的法学论文、已经出版或者未出版的学位论文。"[1] 如果对这些文献资料没有认真阅读和深入把握，就很难实现学术创新，不可能得出真正有价值的研究成果。

第三步是确立论文提纲或框架。法学论文不仅要观点鲜明，内容充实，而且还要讲究逻辑清晰，结构严谨。在动笔写作之前，最好确立一个合理的写作提纲。简单来讲，论文应该有头、身、尾三部分，提出问题、分析问题、解决问题，提纲应该把文章各部分的先后顺序、主次轻重等逻辑关系排列清楚，为文章搭一个漂亮的骨架。

第四步是文章写作和完善。在前期准备工作完成之后，就可以开始具体的写作。法学论文特别注重论证和说理，因此，任何一个观点的提出，都要摆事实讲道理，要拿出可信的依据。文章写作中如果引用他人的研究成果，就必须注明其出处，这是对他人研究的尊重，也有助于增强文章的说服力。注释应当尽量使用第一手资料，避免因转引出现错误，尽量使用权威资料和最新资料，以保证研究的可信度。另外，对他人研究成果的引用必须客观全面，不能断章取义，更不能故意歪曲。文章初稿完成之后，可以请同学或师长提出批评意见，做进一步的修改完善。

写论文不是专属于学者和教授的事，它是每个法科学生都必须

1　梁慧星：《法学学位论文写作方法》，法律出版社 2006 年版，第 37 页。

掌握的基本技能。写论文的实质是在研究和解决问题，在此过程中，你的各种专业能力，包括查找资料、法律论证、逻辑思维、法律表达等，都会得到全面的训练和提高。当有一天离开法学院，独立面对职业的挑战时，你就会真正体会到这种训练的意义和价值。

第二节 在实践中锻炼自己

一、法律的生命在于经验

　　法学是一门世俗的事业，是一门经世致用的学问，它不是躲在书斋中的哲学沉思或艺术想象，它与红尘俗世中普通人的利益、欲望、柴米油盐、恩怨情仇密切相关，与医学院一样，法学院的学习特别强调实践性和操作性。法学学习需要超越课本，进入生活，理论和实践紧密结合才能真正理解法律的真谛。

　　法学家朱苏力在一次演讲中讲道："法律对人生经验是很有需求的。世界各国绝不会有什么少年天才，许多都要 40 岁，甚至 70 岁、80 岁以上才会成为伟大的法官。美国最著名的法官霍姆斯，61 岁才被任命为最高法院法官。从这可以看出，法律是一种实践性很强的活动。这和学自行车一样，我们判断你会不会骑自行车，不是看你能不能像数学家那样把保持平衡的公式写出来，而是把自行车给你，骑给我看！法律也如此，不是看你说什么大道理，而是看你如何办一个案件，裁断一个案件，分析一项法律。你有无知识是通过实践来体现的，只有通过实践才能体现你对法律的把握，而这种把握的能力又是需要长期形成的。"[1]

在法律实施中，逻辑和理论固然是重要的，因为法律本身就是一门具有专业性和技术性的学问，没有经过系统的理论学习和严格的思维训练，是很难掌握法律操作的技能的。但是，如果仅仅具有课堂和书本知识，而缺乏实际操作的锻炼，那就有可能成为"书呆子"，如果只会简单地把理论与逻辑强行套在生活和案件中，那是有可能要闹笑话甚至制造冤案的。如同人们更愿意相信年老的医生一样，人们也更愿意相信年老的法官，毕竟他们职业经验丰富，比刚毕业的年轻人更懂得什么才是真正的生活和当事人想要的正义。

法律中的原理和知识是要从书本和课堂上获得的，而法律中的经验和技能则是要到实际工作中去积累的，所以，在相当长的时期内，英美国家的法律教育一直是学徒式教育，即学生要跟着老律师到警察局、拘留所和法庭上去认识和把握法律。今天，在我们的法学院教学中，也专门设计了一系列实践教学活动，学生可以在老师的指导下，通过模拟审判或者法律援助、法律诊所，去接近真实的法律事务，初步掌握法律操作的方法与技巧。

二、模拟法庭：法学院的精彩大戏

对医学院的学生而言，如果没有在实验室解剖过尸体和在附属医院诊治过病人，你就不配叫医学生；对于法学院的学生来说，如果你都没有参加过模拟法庭，那出门千万别说自己是学法律的。

---

[1]　朱苏力：《如何面对法学》，北大法律信息网：http://article.chinalawinfo.com/Article_Detail.asp?ArticleID=26064，2013 年 9 月 28 日访问。

模拟法庭是法学院一个传统节目，是法学院一出热闹的大戏、一道漂亮的风景。在法学院的建筑和设备中，几乎与图书馆一样重要和不可缺少的就是模拟法庭，它是法学院的实验室，一个个稚气十足的学生穿上法官和律师的长袍，一板一眼地表演和践行着法律，未来法律人的稚嫩、激情和风采在这里得到淋漓尽致的展现和发挥。

模拟法庭的案件挑选、角色分配、庭审组织、裁决书撰写，都要由学生自己承担，教师一般仅给予必要的指导。因此，模拟法庭不同于课堂学习或者撰写论文，它是一种以学生为主角的实践性教学活动。在模拟法庭中，学生被放到了活动的中心位置，他要从自己扮演的法律职业的使命出发，处理一系列琐碎的事务，解决一系列麻烦的问题，为了达到自己目的，他需要与包括法官、律师、当事人、证人等在内的他人进行沟通，开展合作与竞争。模拟法庭活动不仅检验了学生的专业法律知识，同时也提升了学生的动手能力、组织能力和合作能力。通过模拟法庭，学生会对司法审判、法律实施有更全面的理解，会对法律的公平正义有更真切的体会。最重要的是，学生学会了对自己和他人负责。

目前，除了各个法学院自己组织的校内模拟法庭活动外，还存在一系列影响很大的国际、国内模拟法庭竞赛活动，比如，国际性模拟法庭竞赛方面有"杰塞普（Jessup）国际法模拟法庭"和"国际刑事法院模拟法庭"，国内模拟法庭竞赛方面有"贸仲杯"模拟仲裁庭、"理律杯"模拟法庭等。对于法学院的学生来说，能够参加这类竞赛活动，与国内外法学院学生同台打擂，会成为一段特别精彩和难忘的经历，而如果能在这些模拟法庭上获奖，还有可能会被顶级律师事务所看中，有机会跟知名大律师成为同事。

需要特别提及的是，模拟法庭不仅是一种法学院的教学活动，还可能成为一种影响法律决策的社会行动，成为法律人开展法律宣传和表达观点的特殊手段。法律人可以通过对真实或虚拟案件的模拟审判，就特定议题表达自己的看法，引发社会的讨论和思考。比如，有民间团体曾在日本东京举行了"慰安妇案"模拟审判，各国法学家在历届世界法律大会上也曾就国际关注的特定案件举办过模拟审判[1]，这些模拟审判是法学界表达自己态度和声音的特殊方式，往往会对国内和国际立法、决策、裁判产生影响。

三、法律诊所：为贫弱者提供法律援助

法律援助，也叫"法律救助"，是国家对经济困难的社会贫弱者免费提供法律服务的一种保障制度。在现代社会，法律援助是一国司法体系中不可缺少的组成部分，也是一国政治文明和社会进步

---

[1]　世界法律大会历届模拟法庭的主题包括：1971 年，在航天器相撞造成损失案例中，政府所应承担的责任；1973 年，劫持飞机；1975 年，一国对他国的经济损害；1977 年，国际水域深海采矿的法律权利；1979 年，单边反恐营救行动的合法性；1981 年，核事故的国际损害影响；1983 年，劣性出口案件；1985 年，海洋法；1987 年，基因技术；1990 年，战争中被攫取文化遗产的所有权；1991 年，通过卫星技术发现邻国自然资源；1993 年，通过武力大规模驱逐少数民族；1995 年，国际儿童绑架；1997 年，沙漠中的水资源；1999 年，死刑。2005 年，第 22 届世界法律大会的模拟法庭在北京人民大会堂举办，来自英国、莫桑比克、德国、菲律宾等 6 个国家的首席大法官以及来自中国的前南国际刑事法庭法官刘大群组成合议庭，共同审理一起虚拟的国际污染案。

的重要标志。[1]

针对社会贫弱者的法律援助，不仅仅是由政府指派正式的律师来提供，也可以由法学院的学生来提供。实际上，很多法学院都设立了学生法律援助中心，学生以志愿者的身份，为贫弱者提供力所能及的法律帮助，包括法律咨询、代写文书、主持调解，甚至直接代理仲裁和诉讼。与学生的法律援助活动相关联，法学院存在一种法律实践教学模式——"诊所法律教育"（clinic legal education）。

诊所法律教育来自美国。20 世纪 60 年代，在借鉴医学院临床教育的做法后，美国法学教育界兴起了"诊所式法律教育"。教育家蒙台梭利说过："我听见的事情，我忘记。我看见的事情，我记住。我做过的事情，我理解。"诊所法律教育主张在实践中学习法律，其基本模式是：在法学院建立一个面向社会开放的"法律诊所"，即"法律援助中心"，聘请有丰富职业经验的律师担任诊所教师，指导学生在法律诊所中免费为贫弱者办理真实的法律案件。

作为一种将真实案件引入法学教育的实践教学活动，诊所法律教育在培养优秀法律人方面具有独特的价值，对课堂上的法条注释和案例研究形成了重要补充。诊所法律教育给学生提供了动手实践的机会，让他们在办理案件的过程中深刻体会了什么才是真正意

1　正是考虑到法律援助对社会弱者权利保障的重大意义，联合国 1966 年的《公民权利和政治权利国际公约》在第 14 条对此做了专门规定："在判定对他提出的任何刑事指控时，人人完全平等地有资格享受以下的最低限度的保证：……出席受审并亲自替自己辩护或经由他自己所选择的法律援助进行辩护；如果他没有法律援助，要通知他享有这种权利；在司法利益有此需要的案件中，为他指定法律援助，而在他没有足够能力偿付法律援助的案件中，不要他自己付费。"

义上的法律实施，从而对他们的法律学习、思维方式产生了积极影响；诊所法律教育通过为贫弱者提供法律援助，引导学生理解法律人的职业责任。面对社会不公，学生要靠自己的智慧与技艺去帮助受害者，在亲身经历之后，学生对法律人的责任和使命的认知要远远胜过任何说教；诊所法律教育不仅教给学生处理案件的方法和技能，更教给学生自主学习的方法、能力和习惯。在法律诊所里，面对真实而各异的案件，老师不会提供正确答案，学生需要自己去搜集证据，自己寻找法律依据，在各种观点和方案中进行比较判断，自行选择最佳的策略并对其后果负责。在这个跌跌撞撞、摸索前行的自主学习过程中，学生不再依赖别人，也不再畏惧和迷茫，他会慢慢成长为羽翼渐丰的飞鸟，即使在没有扶持的情况下也能自由翱翔。诊所法律教育教给学生的这种习惯和能力，使他在走出法学院之后，无论遇到什么样的问题，都可以靠自己的能力去解决。

诊所法律教育把学生的热情和知识引导到法律援助中来，让他们有机会直面琐碎、粗糙和不完美的法律现实，并在亲身实践中体会到法律职业的滋味。对于法学院的学生而言，如果有机会，选择进入法律援助中心或者法律诊所，这会是提前接触法律实践的一个便捷途径，在这种社会公益法律服务活动中，你会为自己打开一扇窗户，看到不同于课本描述的法律运行的真实景象。

第二篇 法律的原理

法者，天下之程式也，万事之仪表也。

——《管子》

法律的基本原则是：诚实守信，不欺骗，不强迫，给每个人他应得的东西。

——[古罗马]《法学阶梯》

第四章 法律是什么

　　哲学家奥古斯丁曾说：时间是什么，你不问我，我还明白，你一问我，我倒糊涂了。同样，"法律是什么"，这是法学中的基本命题，对于这个问题的追问，或许也会让人感到糊涂和困惑，但它却是我们认识法律绕不开的话题。

第一节 法律是什么：一个希腊式追问

一、众说纷纭：思想家的见解

　　法律是什么，这是一个希腊式问题，它追问的是：法律的本质是什么？决定着法律内容和性质的力量或因素到底是什么？

　　在人类历史的早期，由于人对自然和世界的了解相当有限，所以在关于法律的讨论方面，很多观点带着浓厚的神学色彩。在奴隶社会，关于法律的主流观点是：法律乃是神的意志，是神对于人世间生活的妥当安排。既然法律源于神灵，那么法律的操作和执行就应该由通神之人进行，所以在早期，僧侣阶层往往掌控着法律。与这种法律观念相呼应，"神判"在纠纷解决中被大量应用。在古代中国，据说发生纠纷的双方必须面对一只长着独角、会判断对错的神兽——獬豸，它会用自己的犄角去抵触有过错的一方；在古罗马，法官则常常进行所谓的"水审"，即将被指控者扔进河里，漂浮在水上者有罪，而沉入水中者则无罪，因为水本洁净，只会拥抱和接纳清白之人。在西方，神学的法律观源远流长，一直绵延到中世纪，在大约 1220 年出现的德意志第一部法律著作《萨克森明镜》中，作者还曾写下了这样的句子："上帝即法律本身，故他珍爱法律。"[1]

随着人类文明的进步，人们对法律的认识越来越务实和客观，并最终摆脱了神学法律观的束缚。历史上赫赫有名的自然法学是以反封建、反神权的面目登上历史舞台的，它继承了源自古希腊的自然法观念，认为世界上存在着两种法律：一个是自然法，它是理想的和绝对的完美法律，是一切法律的基础；另一个是实在法，是国家立法机关制定出来的现实有效、客观存在的法律，它要受到自然法的引领和约束。与神学思想不同，自然法学家相信，即使不依赖信仰，仅仅依靠人的理性，人类也可以发现并理解自然法。"神灵不存在，自然法仍将存在。"在古典自然法思想的引导下，学者们以探求"人类与生俱来的法"为业，提出"所有法的课程都是讲授我们的天赋理性之课程""理性就是法的灵魂"等口号，将法的本质归结为人的理性，人的理性创造了自然法，自然法为国家立法提供了模板和原型。显然，在"法律是什么"问题上，自然法学肯定了人的主体地位，在人的身上而非神灵那里寻找到了法律的根源，

1　[美]哈罗德·J.伯尔曼：《法律与革命——西方法律传统的形成》，贺卫方等译，中国大百科全书出版社 1993 年版，第 628 页。

认为法律乃是人的理性的产物。

到了 19 世纪，在哲学方面，实证主义学说处于主导地位。这种学说对人类的认识能力进行了批判性审察，它认为，必须放弃那些超越于人的认识能力之外的形而上学或神学的观念，只有建立在经验基础上的知识才是有意义的。哲学的新发展，深刻影响了法学的思维。在此背景下，自然法学说开始遇到实证分析法学派的挑战。实证分析法学认为，在国家颁布的实在法之外，根本不存在超越性的自然法，自然法就是一个传说，是一个虚无缥缈的概念。在实证分析法学派看来，法律既不是所谓"神灵的意志"，也不是什么"人类的理想"，归根到底，法律不外乎就是主权者的命令，是国家对其公民下达的强制性命令，因为主权者的意志，法律才得以产生，因为国家有制裁的暴力，法律才能得到遵守和执行。所以，决定法律的不是任何形而上学的东西，而是现实的国家主权，一种由国家机关和官员来代表和行使的统治力量。

显然，从神的意志到人的理性再到主权者的意志，人类对法律的认识经过了一个形而下的认知过程。作为这个认识和探索过程的理论总结，马克思主义法学提出：法律，作为国家意志，它并非全民的公共意志，而只能是在该社会中居于强势地位的统治阶级意志的体现，而统治阶级的意志也并非个人思维的产物，它归根到底要由客观的物质生活条件所决定。在马克思主义法学看来，法律是由经济生活决定的，是社会的产物，就像恩格斯指出的："人们首先必须吃、喝、住、穿，然后才能从事政治、科学、艺术、宗教，等等；所以，直接的物质的生活资料的生产，从而一个民族或一个时代的一定的经济发展阶段，便构成为基础，人们的国家制度、法的观点、艺术以至宗教观念，就是从这个基础上发展起来的，因而，也必须由这个基础来解释，而不是像过去那样做得相反。"[1]

事实上，关于"法律是什么"的话题的讨论，它不是一个可以停止和有确定答案的探讨。美国法学家博登海默曾说："法律是一个带有许多大厅、房间、凹角、拐角的大厦，在同一时间里想用一盏探照灯照亮每一间房间、每一处凹角和拐角是极为困难的。"[2]因此，不同的学派从不同的角度来审视和分析法律，提出了形形色色的理论观点，这有助于人类更加全面地认识和把握这个复杂的法律世界。

二、应当的法和实际的法

在关于法律基本问题的讨论中，自然法学派的思想家提出了法律的"二元论"观点，他们把法律分为自然法和实在法，也就是"应当的法"和"实际的法"，这种划分曾深刻影响了人们对于现实法律世界的认识和设计。

古希腊是自然法思想的源头。在人类社会的早期，古希腊思想家并没有对宇宙、自然和人类社会做出明晰的区分。在他们看来，既然宇宙万物是有规律、有秩序的，并且是合理的，那么人类社会也就应当分享着这种规律性和必然性。因此，在各种不断变化和多种多样的实在法之上，一定存在着一个抽象的、普遍的、决定性的"应然法"或"自然法"，它是一切法律的来源，因而也是判断现实

1　《马克思恩格斯选集》(第3卷)，人民出版社1972年版，第574页。

2　[美] E. 博登海默：《法理学：法律哲学与法律方法》，邓正来译，中国政法大学出版社1999年版，第198页。

法律好坏善恶的唯一标准。东罗马帝国拜占庭皇帝查士丁尼下令编写的法学教科书《法学阶梯》指出："自然法是自然界教给一切动物的法律。因为这种法律不是人类所特有，而是一切动物都具有的，不问是天空、地上或海里的动物。由自然法产生了男与女的结合，我们把它叫作婚姻；从而有子女的繁殖及其教养。的确我们看到，除人而外，其他一切动物都被视为同样知道这种法则。"[1]

在思想家和政治家、法学家的共同努力下，西方法学得以形成了一个基本的认识，即：法的终极目标是实现公平正义，带领人们过上良善和有意义的生活；世界上存在着一个理想的和完美的法律，它是一切现实法律的基础。到了 17 世纪，自然法的思想经由资产阶级思想家的继承和发扬，成为当时政治法律领域的主导性思潮和流派。自然法学者认为：国家制定的实在法必须要符合自然法的原则和标准，如果制定法和自然法的准则冲突，那么它就是"恶法"，恶法因为失去了法的品质和法的效力，所以人们没有义务去遵守这样的法律。

事实上，在人的生活中有理想与现实的区别，法律也是如此，人们对于法律的期望总是和法律的现实之间存在距离，而或许正是这种距离的存在，推动着法律一步步前行和发展。但是，在什么是理想的法律这个问题上，人们讨论了很久，但似乎并没有统一的标准和答案。边沁等功利主义学派提出，能够"使最大多数人获得最大量的幸福"的法律就是理想的法律，而在自由主义学派看来，能够全面保障私人自由的法律才符合法律的理想，在马克思主义学派

1　[古罗马]查士丁尼:《法学总论——法学阶梯》，张企泰译，商务印书馆1989 年版，第 6 页。

看来，能够消灭剥削实现共同富裕的法律才是最完美的法律，而在女权主义法学学派看来，现实的法律不外乎是男性霸权的体现，理想的法律必须实现真正的男女平等，并从女性的视角出发对政治、经济、家庭中的男女关系进行妥当的安排。在"何为理想和完美的法律"问题上，人们虽然并没有达成共识，但是，完美的法律，永远是法律人追求的目标和努力的方向。

三、文本上的法与实践中的法

"文本上的法律"（law in book）和"实践中的法律"（law in action），是法学理论上对法律问题的另一个重要的研究视角。在任何一个时代和任何一个国家，写在文本上的静态的法和活跃在实际生活中的动态的法律之间，往往都存在着不同程度的脱节乃至背离，而不认识到这一点，我们便无法理解真实的法律运行。

对"实践中的法律"的特别关注是由社会法学派首先提出来的。实证分析法学学派认为法学只需要研究和了解文本上的法，也就是国家制定出来的、表现为法律条文的成文法；而社会法学派则认为，文本上的法律固然重要，但如果不关注现实生活中法律的实施和运行，法学就不具有实践意义，就有可能成为学者自娱自乐的"文字游戏"。在社会法学学派看来，研究司法审判，研究法律在现实生活中的实施和效果，研究法律与社会之间的相互关系，才是对法律的真正负责和关怀。

在社会法学派看来，关注"实践中的法律"可以包括"非国家的法"和"行动中的法"两个方面。"非国家的法"是指那些并非由国家立法机关制定和颁布，不具有国家法的形式，但却客观存在，并在社会生活中被普遍遵守的行为规范，比如商业习惯、乡规民约、宗教规则等，它们实际上也发挥着法的作用，可以称其为"民间法"或者"活法"（living law）；"行动中的法"指法律从文本进入生活的过程和状态，即现实中的各种法律行为和法律活动，比如公民缔结合约、官员进行管理、法官开庭审理案件等，这都属于法律在实践中的运行和实现。在法律实践中，"文本上的法律"是一回事，"实践中的法律"可能是另一回事，法学一定不可以忽视后者，因为立法者创制得再完美的法律，如果无法被公众接受并对社会生活产生积极作用，那将都是无用和徒劳的。

法社会学对法律含义的界定，反映了它独特而具有启发意义的研究旨趣，它主要关注法律如何受到社会条件的制约、国家制定的法律在多大程度上能够得到实施和影响社会生活、法律运行的效果在多大程度上符合立法的目标和预期，等等。法社会学把法律理解为一个开放的、运动的体系，而不是立法者创立的那个封闭的、静止的规则体系。在法学发展史上，社会法学的兴起为人们了解法律打开了另一扇窗户，通过这扇窗，人们超越了文本上的法律条文，看到了一个更广阔、更真实的法律领域。

第二节　法律的特征

在社会生活中，存在着多种多样的规矩，或者叫"游戏规则"，这些规矩约束着我们的言行，规定我们可以做什么，不可以做什么，违反规定后会有什么样的后果，这些规矩可以统称为"社会规范"，包括道德、宗教、习俗、纪律和法律等，其中法律对人的生活影响最为直接和最为关键，属于第一性、基础性的社会规范。在历史上，法律伴随着人类社会的脚步不断前行，经过了一个从蒙昧到文明、从粗糙到精致、从初级到高级的进化过程。与道德、习俗、宗教等其他社会规范相比，法律有着鲜明的特点与个性。

古巴比伦的《汉穆拉比法典》规定：如果一个人挖出了另一个人的眼睛，他的眼睛也该被挖出来；如果他打碎另一个人的骨头，将打碎他的骨头；如果一个人击落他人的牙齿，他的牙齿也该被同等地打掉。

大唐《永徽疏议》中的《斗讼律》规定：诸奴婢有罪，其主不请官司而杀者，杖一百。

1791年美国宪法修正案第5条规定：凡私有财产，非有相当赔偿，不得收为公用。

《法国民法典》第1134条规定：任何人都可以自由订立契约，自由决定契约的内容、形式，自由选择缔约的对方，以使和他人发生联系，享受权利，履行义务。

《中华人民共和国民法典》第1074条规定：有负担能力的祖父母、外祖父母，对于父母已经死亡或者父母无力抚养的未成年孙子女、外孙子女，有抚养的义务。有负担能力的孙子女、外孙子女，对于子女已经死亡或者子女无力赡养的祖父母、外祖父母，有赡养的义务。

一、法律具有权威性和普遍性

与习俗、宗教、纪律等规范相比，法律具有权威性和普遍性。

法律是由国家立法机关制定和颁布的，代表着国家意志，在国家主权范围内，法律对全部社会成员均具有约束力。

法自国出，是国家对于公共生活的权威安排。在古代社会，代表国家制定法律的一般是国王或皇帝。在现代社会，代表国家制定法律的主要是议会等，同时还有其他法律授权的行政机关。一般来说，国家创制法的方式主要有两种：一是制定法律，二是认可法律。所谓"制定法律"，即享有国家立法权的机关，依照法定的程序将国家的要求和想法直接转化为法律，可以将其称为"发明法律"；所谓"认可法律"，指国家立法机关对社会生活中本来已经存在的社会规范赋予法的效力，可以将其称为"发现法律"。无论是"发明"还是"发现"，法律一旦出台，就代表着国家意志，就具有权威性，遵守法律者会受到法律的保护，违反法律者会受到法律的制裁。

在公共生活中，法律具有普遍约束力。在风俗习惯方面，五里不同风，十里不同俗。在道德观念上，医生的道德与律师的道德截然不同。而在宗教信仰上，你所信奉的神灵，在他人看来可能就是偶像崇拜。在各类社会规范中，法律的普遍性最为突出，尤其体现在两个方面，一是地域或空间的普遍约束力，二是在其适用中平等对待所有人。

其一，法作为一个整体，在一国全部领域内，具有普遍约束力。"普天之下，莫非王土；率土之滨，莫非王臣"，在一个国家之内，法律的约束力及于该国的全部领地，大江南北，长城内外，高山海岛，凡是国家的领土、领空、海洋，就都在法律的覆盖范围之内。

其二，法律要求平等对待每个人，亦即法律面前人人平等，每个人都平等地享有法律权利，平等地承担法律义务，不允许任何人享有特权，也不允许任何人遭受歧视。从古代法到现代法的发展，是一个从等级之法到平等之法的飞跃。在古代社会，虽然声称"王子犯法与庶民同罪"，但真正意义上的法律平等并没有实现，层层叠叠的等级制度把人在法律面前划分为不同阶层，不同阶层享有不同待遇，承担不同义务。到了现代社会，世界上大多数国家都在宪法和法律中确立了"法律面前人人平等"的原则，任何个人、机关、政党和团体都要接受法律的约束，不能超越法律而享有不遵守法律的特权。如丹宁勋爵所说："对这块土地上的每一个臣民来说，不论他多么有权势，我都要用上托马斯·富勒300多年前的一句话：'你绝不是那么高贵，法律在你之上。'"[1]

二、法律具有中立性和确定性

在早期社会，法律一般与道德、宗教存在密切联系，法律往往成为实现道德、宗教目的的工具。比如，在古印度，法律把人分为婆罗门、刹帝利、吠舍、首陀罗四个阶层，维护的是印度教的神学体系和种姓制度；在古代中国，法律必须与儒家道德保持一致，违反"忠孝仁义"伦理的行为要遭受法律的严厉惩罚；在古代欧洲，法律是维护天主教地位和利益的世俗工具，不信上帝、不敬教会的行为会被视为严重的犯罪。与法律要实现特定价值目标这一功能相关联，古代法律的文字表述一般比较模糊，甚至是以习惯法的不成文状态存在的，这就留给执法者非常大的自由裁量权，法律规定如同孙悟空的金箍棒，根据法官判案的需要，一会儿可以变大，一会

1　[英]丹宁:《法律的训诫》,杨百揆等译,法律出版社1999年版,第155页。

儿可以变小。

进入近现代以来，法律开始不断强调和突出其价值中立、表述清晰等形式特点。一方面，法律在一定程度上拉开了与道德、宗教的距离，法律的归法律，道德的归道德，宗教的归宗教。法律逐步独立于其他社会规范，有一套自己的判断标准，这套标准保障了法律的实施可以按照理性的逻辑进行，不受外部价值因素的过多干预。另一方面，法律的形式越来越清晰，法律不再以习惯或粗糙的条文呈现，而是由专业的立法者通过准确、规范、精致的法律条文表达，所有条文之间存在严格的逻辑关系，这样的法律大大限缩了法官任意发挥的空间，使得司法活动变得明确和可控，审判的过程如同数学推演那样严谨而精准。在德国思想家马克斯·韦伯看来，法律的这种中立性、确定性可以被称为"形式理性"，它使得现代法律具有了"可预测性"和"可计算性"的优点，人们可以根据法律的明确规定，指导自己的行为，预测行为的后果，做长远的投资，正是这种"形式理性"的法律，保障了资本主义商品经济的发展，"如没有这样的法律保障，资本主义的事业是不可能进行的"[1]。

在很多问题上，现代法律刻意保持其价值中立，避免与道德、宗教走得太近，比如渣男欺骗女生感情，道德也谴责，宗教也诅咒，唯独法律却保持沉默。对此，人们可能会有不解和存在争议。在有些人看来，法的形式理性意味着法的堕落，因为法律日渐成为冰冷的规则，这种规则既可以成为高尚者实现其高尚意图的工具，也可以成为卑鄙者实现其卑鄙意图的工具，法律再也不神圣了，无

---

1 Max Weber, *Economy and Society: An Outline of Interpretive Socioloty*, ed., by Guenthey Roth and Claus Wittich, University of California Press, 1978, p853.

法寄托和安放终极意义。不同的观点则认为，法律从实质理性走向形式理性，意味着现代法律的成熟，法律是一种中道的行为标准，它仅仅提供行为的约束和指南，不关涉价值和目的，法律不应将特定群体的道德标准或宗教情怀强加给所有人。

事实上，中立性、确定性或形式理性，是现代工商业社会对法律提出的必然性要求。在现代社会，法律如果在内容上过多依赖和考虑道德、宗教、意识形态、社会舆论等因素，法律就有可能成为权力的工具而无法保障平等、自由、人权等价值，法律如果因规定过于模糊而导致其操作实施需要过分依赖执法者的个性化裁量，那么法律不仅不能给当事人提供事先的预测和指导，而且也可能因执法者的德性、智性的差异而产生"同案不同判"，最终导致法律实施的不统一和不公平。

三、法律具有程序性和强制性

西方法谚说："法律是有牙齿的，必要的时候它会咬人。"法律不是小孩子玩过家家的游戏规则，偶尔可以耍赖撒娇，法律是强硬的规则，它以国家强制力为保障，有着严格的实施程序，人人都必须遵守，违法者必须受到追究。

法律的实施，具有严格的程序性。法的程序性意味着法的实施必须遵守一定的方式、方法、手段，受到特定的时间、空间的约束。比如，在行政处罚中，行政执法人员必须出示自己的证件，告知处罚的法律依据，听取被处罚者的申辩，等等；在司法诉讼中，案件审判必须由特定的法院在特定的地点进行，原被告的诉讼活动必须按照一定的顺序和方式展开，遵守一定的时间要求，等等。这就是法律的程序。在现代社会，为了保障法律主体之间——特别是行使公权力的国家机关与其他法律主体之间——能够理性互动和有效合作，法律往往设计了复杂的程序规则，这就使得严格的程序性成为法律区别于其他社会规范的重要特征。相比而言，对于道德和习俗而言，程序并不太重要，因为它不关注过程和方法，更关注的是目的和结果。

除了严格的程序性之外，法律还具有国家强制性，即法律是由特定机关以国家暴力为后盾保障实施的，违反法律者，将要承担法律责任，会遭受法律的惩罚。"徒善不足以为政，徒法不足以自行"，法的遵守不可能始终和完全依赖公民的自觉自愿，同时还需要依靠强制力，而"没有强制力的法律如同一封无人收启的死信"[1]。法律的强制性是与军队、警察、法庭、监狱等专门机构相关联的，这种强制性保障了法律的有效实施并使它与其他社会规范有所不同。道德、宗教等规范也具有强制性，但这种强制性往往是一种内在的强制，主要凭靠人的内在良知或信仰的力量来发挥作用，与国家制裁无关。法律的背后是国家强制，这使得法律与道德、宗教和习俗相比，具有更大的威力，具有更高的权威。执法的警察和审判的法官，会对每一个违法行为进行追究，通过法律责任和法律制裁，让违法者为自己的行为付出代价，并在此过程中感受到法律的威严。

---

1 [英]彼得·斯坦、约翰·香德：《西方社会的法律价值》，王献平译，中国人民公安大学出版社1990年版，第57页。

第三节 法律的分类

一、成文法与不成文法

从法律的历史看，人类最早的法律，往往是当地的习惯法，当地人都熟悉，没有人刻意去制定，也缺乏清晰的法律条文的记载。到了近现代社会，法律主要出自国家，立法机关根据一定的标准设计出法律，并将其写成法典，从而可以更方便传播，更准确地被人理解。因而，人类法律的发展，大致经历了一个从不成文法到成文法的过程。

成文法是现代法律的最主要形式，指由特定的国家机关制定和公布的、以规范化的文字形式表现的法，又称"制定法"。成文法中的法律条文，表述严谨，用词准确，有特定的名称，有严格的体例结构。

在西方法制史上，古罗马的《十二铜表法》是比较早的成文法，包括第一表《传唤》，第二表《审判》，第三表《求偿》，第四表《家父权》，第五表《继承及监护》，第六表《所有权及占有》，第七表《房屋及土地》，第八表《私犯》，第九表《公法》，第十表《宗教法》，第十一表为前五表之补充，第十二表为后五表之补充；在中国法制史上，战国初期魏国人李悝制定的《法经》开创了中国成文法的先河，这部法律共包括六篇，分别为《盗法》《贼法》《囚法》《捕法》《杂法》《具法》，其中《盗法》和《贼法》是最重要的关于犯罪行为的规定，《囚法》和《捕法》是关于缉捕罪犯的程序性规定，《杂法》是其他一些罪名，而《具法》相当于后世的法律总则，是关于刑法一般问题的规定。可见，《法经》是一部民、刑、刑诉诸法合体，但以刑为主的封建法典，《法经》在中国历史上具有重要地位，它的体例结构深刻影响了后世成文法的制定。法国1804年制定的《拿破仑民法典》是大陆法系成文法的杰出代表，"其行文流畅明快，司汤达为了获得其韵律，每天必读数节的故事被传为佳话，而保尔·瓦莱利甚至将其称为'法国最伟大的文学著作'"[1]。

不成文法一般是指并非立法机关制定、不具备规范的法律条文形式，但经国家认可并赋予其法律效力的法律规范，主要包括习惯法、判例法两种。习惯法是传统社会中法律的重要表现形式，比如欧洲中世纪的日耳曼习惯法、犹太人的习惯法等；判例法是英美国家法律的传统形式，指高级法院做出的判决对后来的类似案件具有约束力，后来的法官必须"遵循先例"。

习惯法与习惯并不相同，一项习惯要成为习惯法至少应满足以下要件：它在事实上得到了人们的遵守，人们相信该习惯具有法的效力，该习惯的内容不违背公序良俗。[2]换句话说，当社会中存在某种普遍常行的习惯，这种习惯的内容符合公正和善良风俗的要求，同时许多人都确信应当遵守这种习惯，就像应当遵守法律一样时，该习惯才会在实质上获得法的资格，就像古罗马《法学阶梯》所说的："不成文法来自习俗确认的规范。事实上，经使用者的同意确认的持久的习惯，扮演了法律的角色。"[3]同样，判例法与判例也存在差异。如果法院的前一个判决能够产生约束法官此后审理类似案

1　[日本]大木雅夫：《比较法》，范愉译，法律出版社2006年版，第179页。

2　黄茂荣：《法学方法与现代民法》，中国政法大学出版社2001年版，第6—7页。

3　[古罗马]优士丁尼：《法学阶梯》，徐国栋译，中国政法大学出版社2005年版，第21页。

件行为的效力，那么这种先例就具有了法的约束力，就可以被称为"判例法"，有时候也叫"法官法"（judge-made law）。如果法院的判决仅仅只能对其现在审结的案件有效力，并不能成为以后其他类似案件的判决依据，那么这种判决就不能被称为"判例法"，只能算判例，它可以对后来法官的裁判提供参考，但没有约束力和强制性。

相比而言，不成文法在适用上会存在一些局限。第一是记载和传播的困难。比如习惯法，往往没有书面文字记载，主要靠口耳相授进行记忆和传播，难免出错甚至失传。在古代的挪威、瑞典等北欧国家，曾经有一种职业叫"法律讲述官"（law speaker），他们的工作就是帮助当地人记忆本地的法律，并在开庭时负责向法官描述法律的内容。[1]第二是审判中的模糊和不统一。由于缺乏清晰的法律条文，不同人对习惯法或判例法会有不同的理解，这既影响了法的实施效果，也会导致司法不统一。在现代社会，基于国家治理对法律确定性和统一性的要求，成文法成为法律的主体，不成文法的地位日渐下降。

二、公法与私法

从法律结构看，公法与私法的划分是大陆法系国家所特有的一种法律传统。依照这种划分方法，一国的法律体系在整体上被分成具有不同属性的两大类别，这两类法律分别调整不同的法律关系，遵循不同的法律原则。

1　许冬妮、李红勃：《古代北欧的法律讲述官》，《人民法院报》2014 年 8 月 8 日，第 8 版。

一般认为，公法与私法的区分始于古罗马。古罗马法学家乌尔比安的名言"公法是涉及罗马国家的关系，而私法是涉及个人的利益"至今仍是公法与私法的经典划分根据。中世纪，公、私法划分的基本原则在罗马法研究著作和罗马法课程的讲授中得以进一步确立。但是，当时学者们对罗马法的研究主要集中于其私法部分，公法部分的内容一直不能引起他们的兴趣。在当时地方政体的法律制度中，公法与私法的界限也并不十分明显。[1]

　　随着资本主义革命的胜利以及崇尚个人权利的古典自然法学说的崛起，公与私之间——国家与个人之间——二元分立的观点得到了特别强调。人们认为，调整统治者与被统治者、政府与个人之间关系的法律是"公法"，它不同于调整被统治者之间即私人与私人之间关系的"私法"，换句话说，公法处理的是官与民之间的纵向管理关系，而私法处理的则是民与民之间的横向交往关系。19世纪时，公法与私法的二元化模式逐步成为大陆法系各国建构资本主义法律制度的基础。与此相适应，法学研究也牢牢扎根于公私法的二分法之中。"19世纪末，当法学家们开始认真研究现存的法律规范和制度时，公、私法的划分就成了他们重建法律制度的基础。公、私法划分不断演进和发展的历史，使这种划分产生了极大的权威，并与大陆法系各自的文化交融在一起，这样，法学家们在几个世纪中所创造和发展的公法、私法概念，就成为基本的、必要的和明确的概念了。"[2]

1　[美]艾伦·沃森：《民法法系的演变及形成》，李静冰等译，中国政法大学出版社1992年版，第207—211页。

2　[美]梅利曼：《大陆法系》，顾培东、禄正平译，法律出版社2004年版，第97页。

一般而言，在大陆法系国家，公法主要由宪法和行政法两个主要部分构成，宪法规定国家机关组织及其活动的原则，行政法调整对公共事务的行政管理以及行政机关与私人之间的关系。与公法相对应，私法主要由处理私人事务的民法和商法组成，民法处理民事活动，即老百姓过日子的事情，商法规范商事行为，即公司做生意的事情。不过，现实情况中各国对公法和私法的理解要比理论上的划分复杂得多。比如在法国，公法主要包括宪法、行政法、财政法、国际公法，私法主要包括民法、商法、民事诉讼法、刑法等；在德国，宪法、行政法、税法、刑法、刑事诉讼法、民事诉讼法、破产法、教会法、国际公法都属于公法，而私法则包括民法、商法、公司法、票据法、版权法、竞争法、专利法、商标法、新型设计法以及国际私法等。

简单来说，公法的目的主要在于规范和约束国家机关的职权行为，而私法的目的主要在于维护私人活动的自由。因此，有一句话也许可以概括两者的差别：在公法上，对国家机关而言，法无授权即禁止；而在私法中，对公民而言，法无禁止即自由。

三、程序法与实体法

翻开《中华人民共和国民法典》，我们可以看到关于自然人、法人的各种民事权利和义务的规定；翻开《中华人民共和国民事诉讼法》，我们会看到关于民事权利受到侵害时如何进行诉讼的步骤和方法的规定。两法相比，前者规定权利义务，属于实体法，后者规定纠纷解决，属于程序法。

一般认为，实体法主要指规定了当事人有关实体权利和义务的法律，如民法、刑法、行政法等。实体法的基本功能在于界定法律主体在法律上的地位和待遇，通过实体法，国家赋予公民一系列实体的权利，包括人身权、财产权等，同时也确定公民对社会和国家应尽的义务，包括纳税、服兵役、遵守合同、抚养子女等。比如，民法作为实体法，详细地规定了公民的各类民事权利，如生命权、身体权、健康权、姓名权、肖像权、名誉权、隐私权、财产权、知识产权等；而刑法作为实体法，主要规定了公民的法律义务，包括不可盗窃、不可抢劫、不可放火、不可杀人、不可贪污受贿等。

与实体法相对应，程序法是为保障公民权利和义务的实现而规定的有关方法、步骤、模式的法律。法律格言云："无保障的权利不是权利。"程序法的基本功能就在于保障当事人的实体权利、义务通过适当的方式得以实现。法律上的程序包括立法程序、执法程序、司法程序、仲裁程序等，一般意义上的程序法主要是指关于司法审判程序的法律，它对打官司中涉及的包括当事人资格、诉讼管辖、开庭审理、上诉、裁决的执行等问题均做了清晰的规定。在我国，《民事诉讼法》《刑事诉讼法》《行政诉讼法》《海事诉讼法》等都是典型的司法程序法。

从法律发展的历史看，程序法的兴起相对要晚一些。在古代社会，司法审判比较重视结果，为了追求结果公正，裁判者可以采用各种手段，甚至包括欺骗和刑讯逼供。因此，在古代法律体系中一般没有独立而发达的诉讼法。到了近现代，考虑到不受约束的司法权往往会带来冤假错案和对当事人人权的侵害，司法审判开始强调和推崇程序正义，必须严格遵守正当的法律程序。在此背景下，程序法开始获得独立地位并不断成长，并最终成为与实体法同样重要的法律部门。

四、国内法与国际法

在中国，远在春秋战国时期，就已经出现了国家之间相互交往的法律规则，比如两国交战不斩来使；在西方，古罗马时期就专门制定了针对外国居民的万民法。但是，真正意义上的国际法诞生于16世纪，打破了国内法一统天下的格局，成为与国内法同样重要的现代法律形态。

国内法与国际法是按照法律的创制主体与适用范围等标准对法律所做的分类。从创制主体上看，国内法是由特定的主权国家创制的，它仅在该国主权范围内适用，对处于本国领土内的自然人、社会组织有约束力；国际法的创制主体主要是参与国际交往的不同主权国家以及像欧洲联盟、联合国等国际组织，国际法一般也只适用于参加或者缔结该公约的国家、政治实体和国际组织。换句话说，国内法是单个国家制定的，主要约束自己国家的公民，如《日本刑法典》和《德国民法典》，而国际法是多个国家或国际组织制定的，主要约束参与这个法律的各国政府，如《欧洲联盟条约》和《联合国海洋公约》。

随着国际交往的日益频繁，国际法的调整范围不断扩张，从政治、军事领域扩展到国际民事、经济领域，国际法的家族也不断壮大，包括国际条约法、国际战争法、国际海洋法、国际人权法、国际私法、国际经济法等内容。尤其是在1945年联合国成立后，国际法在国际社会中发挥了越来越重要的作用，为维护国际秩序与世界和平提供了有力的法律保障。

第五章 法律的形式与效力

生物的世界种类繁多，相互依存又相互竞争，共同维系着这个世界的生态。同样，法律的世界也不单调，各种形式的法律共生共栖，不断成长，就像春天的原野，呈现出一幅姹紫嫣红、色彩斑斓的图景。

第一节 法律的形式和模样

一、法的形式或法的渊源

法的形式，在法学上也叫"法的渊源"，简单来说，就是在一个国家中，法律的外在表现形式都有哪些，或者说，什么样的东西才能被称为"法律"。政治家说，我要依法治国，法官说，我要依法裁判，这就首先要搞清楚法律在哪里，它以什么形式表现出来。

在不同的历史阶段，在不同的国家里，由于立法和司法体制的差异，法律的形式或渊源是多姿多样、不断变化的。

在古罗马，法律的形式包括议会制定法、皇帝敕令、元老院决议、法学家注释及习惯法等，它们是罗马法律的不同表现形态，是社会活动和司法审判必须遵守的法律规则。

在中世纪的英国，法律的形式主要包括制定法以及普通法和衡平法，前一种是由国王制定的成文法，后两种则是法院在审判活动中创造出来的判例法。而在今天的英国，法律的三大来源或形式则包括议会立法、法官造法和欧盟法。[1]

在有些伊斯兰国家，除了国家颁布的各类法律之外，《古兰经》、圣训以及伊斯兰教法学家对《古兰经》的注解也是有效的法律形式。其中，《古兰经》被认为是直接来自真主的法律，通过使者启示于人间，圣训则是真主的使者穆罕默德确立的法律规范。

在古代中国，法律文明高度发达。在秦代，国家法的主要形式包括一般的法律、皇帝的诏令、法律解释（法律答问）以及法庭的判例（廷行事）等。唐朝时期形成了丰富多样、条款完备的成文法，包括律、令、格、式等不同形式，律是指国家颁布的基本法，如《贞观律》《永徽律》等；令是指皇帝颁布的单个命令，格和式则主要指官府公文程式。自明朝开始，由于"律文有尽而情伪无穷"，明朝皇帝开始在成文法典之外将以往的判例归纳提升，编纂为"条例"，以弥补普通法律的不足。

到了现代社会，根据社会治理的需要，拥有立法权的国家机关创制了各种形式和模样的法律，包括宪法、议会立法、政府立法及判例法等。同时，随着国际交往的日益频繁，国际法开始成为一种越来越重要的法的形式，一个国家只要参加或缔结了某一国际公

1　　James Holland and Julian Webb, *Learning Legal Rules:A Students' Guide to Legal Method and Reasoning*, Oxford University Press, Oxford, 2010, p7.

约，则该公约就成为对这个国家有效的法律。

关于法的形式或渊源，在法学上有一个重要的分类，即正式渊源与非正式渊源，或者叫"正式的法"和"非正式的法"。

一般认为，由国家专门的立法机关创制的、可以直接作为处理法律问题依据的法律形式，属于法的正式渊源，主要指国家立法机关制定的各种规范性法律文件，如宪法、民法典、刑法典、刑事诉讼法等。这种法律出自权威的国家机关，具有强制约束力，是当事人、政府、法官、律师都必须遵守的有效规则。

与正式渊源相对应，法的非正式渊源指的是那些并非出自法律创设机关、不能作为处理法律问题的必要和充分根据，但对于法律活动具有一定影响和参考价值的法的形式，可以将其称为"准法律"，最典型的就是习惯、判例和法律学说等。法的非正式渊源属于"法的半成品"，尽管不具有正式法的强制约束力，但对法律活动尤其是司法审判又不是完全没有意义的，当国家正式的法律存在漏洞或者含混不清时，它能够发挥积极作用，引导和帮助法官做出正确的裁判。

二、当代中国法的正式渊源

中国是一个大国，地域辽阔，人口众多，各地发展不平衡，这样的现实国情决定了我国独特的立法体制，即中央和地方均享有不同程度的立法权，而这样的立法体制直接导致了我国正式法律渊源的多样化和复杂化。

1. 宪法

在我国，宪法为首要法源，它是国家的根本法，对国家治理和公共生活中最重要、最根本的事项做出了最权威的规定。中华人民共和国第一部宪法产生于 1954 年，后经过多次修改，现行宪法是 1982 年修改后的宪法。宪法的内容涉及国家的基本构架，涉及国家权力与公民自由，它是治国理政的总宪章，在国家法律体系中具有最高效力，任何法律都不得与宪法相冲突、相抵触。

2．法律

宪法之下是狭义的"法律"，专指由全国人民代表大会及其常务委员会制定的规范性法律文件，其名称一般就叫"中华人民共和国某某法"。在我国正式的法律渊源中，法律由最高立法机关——全国人大及其常委会制定，调整的对象属于非常重大和基本的法律事务，其地位和效力仅次于宪法。在日常生活中，公众比较熟悉的法律包括《民法典》《刑法》《治安管理处罚法》《刑事诉讼法》《民事诉讼法》等。

3．行政法规

行政法规是指由国务院制定的关于行政管理方面的规范性法律文件，属于政府立法，行政法规的名称一般为"某某条例"，比如《信访条例》《物业管理条例》《音像制品管理条例》《化妆品监督管理条例》等。在法的效力等级中，行政法规的效力低于宪法、法律，但高于一般的地方性法规，在全国范围内普遍有效。

4．监察法规

国家监察委员会根据宪法和法律制定的规范性法律文件是监察法规。监察法规可以就下列事项做出规定：为执行法律的规定需要制定监察法规的事项，为履行领导地方各级监察委员会工作的职责需要制定监察法规的事项。监察法规不得与宪法、法律相抵触。2021 年 9 月，国家监察委员会公布了《中华人民共和国监察法实施条例》，这是国家监察委设立以来制定的第一部监察法规。

5．地方性法规

地方性法规是有立法权的各级地方人民代表大会及其常务委员会，在不违背上位法即宪法、法律、行政法规的前提下，根据本地区的具体情况和实际需要制定的规范性法律文件，如《北京市公园条例》《吉林省大气污染防治条例》《杭州市智慧经济促进条例》《武汉市志愿服务条例》《郑州市文明行为促进条例》等。从效力等级上看，地方性法规的效力低于宪法、法律和行政法规；从效力范围上看，地方性法规具有地方性，其效力范围仅限于本地行政区域内。

6．自治条例和单行条例

在我国，民族自治地方（包括自治区、自治州、自治县）的人民代表大会有权依据当地民族的政治、经济、文化的特点制定自治条例和单行条例，可以统称为"民族自治法规"，如青海《海西蒙古族藏族自治州自治条例》、四川《凉山彝族自治州自治条例》、贵州《黔东南苗族侗族自治州自治条例》、海南《白沙黎族自治县自治条例》等。其中自治条例是一种综合性法规，内容比较广泛，单行条例是关于某一方面具体事务的规范性文件，针对性较强。民族自治条例和单行条例可以对国家法律的有关内容进行变通性规定，经过有关上级国家机关批准后在本自治区域范围内实施。

7．规章

国务院各部委以及设区的市以上的地方人民政府，可以行使一定程度的立法权，其制定的法律就是"政府规章"。根据制定主体不同，政府规章分为两种：部门规章和地方政府规章。

部门规章是国务院各部、委员会、中国人民银行、审计署和具有行政管理职能的直属机构在其职权范围内制定的规范性文件，比如人力资源和社会保障部《外国人在中国就业管理规定》、交通运输部《道路运输从业人员管理规定》、公安部《公安机关人民警察佩带使用枪支规范》等。

地方政府规章指的是省、自治区、直辖市和设区的市、自治州的人民政府依照法定程序制定的规范性文件，比如《江苏省土地利用总体规划管理办法》《西藏自治区大型宗教活动管理办法》《青岛市社会医疗保险办法》等。

8. 国际条约

国际条约是我国同国际组织、其他国家缔结或参与的双边、多边协议和其他具有条约、协定性质的文件。条约生效后，根据"条约必须遵守"的国际准则，对缔约国的国家机关、团体和公民就具有法律上的约束力，因而国际条约也是我国法律的正式渊源之一。但需要注意的是，在我国，除有特殊规定外，一般不直接适用国际条约，往往需要通过立法，将国际条约的内容转化为国内法。

除了以上这些最主要的法律形式或渊源外，在我国还有一些特殊形式的正式法源，包括中央军委制定的军事法规、军事部门制定的军事规章；香港、澳门特别行政区立法会制定的特别行政区法规；深圳、珠海、汕头等经济特区根据全国人大及其常委会授权而制定的经济特区法规等。

三、当代中国非正式的法

除正式的法外，在我国还存在一些不同形式的法的非正式渊源，它们主要表现为各类非官方的规则，这些规则尽管不是出自立法机关，也不具有法的名分和效力，但在社会管理和司法审判中却发挥了补充官方法律不足的独特作用。

1．政策

政策，一般是指特定的政党或政治组织在处理国家事务、公共事务中制定的调整各种社会关系的路线、方针、规则和措施的总称。在我国，最重要的政策是中国共产党的政策，尤其是中共中央和国务院联合发布的政策，比如《中共中央国务院关于实施乡村振兴战略的意见》《中共中央国务院关于营造更好发展环境支持民营企业改革发展的意见》等。执政党的政策虽不是国家法律，但作为一种非正式的法律渊源，它具有前瞻性和灵活性等优点，不仅可以指导立法和法律实施，而且能够补救成文法的不足。

2．习惯

西方法谚云："习惯是法律的最佳阐释者。"在人类社会的早期，调整社会关系的主要手段就是习惯，因此，习惯在某种意义上是近现代法律、道德、宗教的源头。在中国传统社会，"习惯法乃是由乡民长期生活与劳作过程中逐渐形成的一套地方性规范；它被用来分配乡民之间的权利、义务，调整和解决他们之间的利益冲突。习惯法并未形诸文字，但并不因此而缺乏效力和确定性，它被在一套关系网络中实施，其效力来源于乡民对于此种'地方性知识'的熟悉和依赖，并且主要靠一套与'特殊主义的关系结构'有关的舆论机制来维护"[1]。

风俗习惯并非只是与古老的乡土生活联系在一起，即使是在现代社会和城市生活中，人们依然可以看到各种各样的习惯。比如，

1　梁治平：《清代习惯法：社会与国家》，中国政法大学出版社 1996 年版，第 166 页。

在欧洲，在餐厅吃饭要给服务员"小费"，在中国，结婚前男方家要给女方家"彩礼"，这都属于习惯，人们应当遵守和尊重。

美国文学家马克·吐温曾说："法律是沙子，习惯是岩石。法律可以被违反，刑罚也可被规避掉，但公然违反习惯的人才会获得真正的惩罚。"[1]风俗习惯对法律的影响主要表现在两个方面：第一，习惯作为一种民间法，它具有一定的合理性，得到社会的普遍认可，会对国家立法产生重要的影响，很多国家法律的内容就直接来自民间习惯；第二，在司法审判中，尤其是在民事审判中，如果国家的制定法存在漏洞或者含义不明，则风俗习惯可以作为一种非正式的法源，引导法官做出既合法又合理的裁判结果。因而，很多国家的民法都规定：民事审判，有法律依法律，无法律则依习惯。

3. 法理

法理，即权威和主流的法律学说。在历史上，法学家的主流理论学说往往是法的渊源之一。比如，中国古代的儒家学说就对封建法律制度产生了深远的影响，法官审判时常常要参考和引用儒家的"四书五经"，而在古罗马，盖尤斯等五大法学家的著述对司法审判具有直接的约束力。到了现代社会，理论学说一般不再被看作是法的正式渊源，法官也不再直接将某一法学理论、法律学说作为审判的法律依据。但是，权威的法律学说在法律实践中依然发挥着重要的补充作用，能够指导法律职业者分析法律问题，为其法律论证和法律推理提供学理论据。

4. 指导性案例

中国不存在判例法，但有最高人民法院和最高人民检察院发布

1　转引自陈新民：《公法学札记》，中国政法大学出版社2001年版，第305页。

的指导性案例，指导性案例属于法的非正式渊源，各级人民法院和检察院在处理类似案例时应当参照。

最高人民法院设立了专门机构，负责指导性案例的遴选、审查和报审工作。法院系统的指导性案例在全国生效裁判中进行征集和挑选，由最高人民法院审查后发布，能够入选的案例一般要符合以下条件：社会广泛关注的，法律规定比较有原则的，具有典型性的，疑难复杂或者新类型的，其他具有指导作用的案例。最高人民法院审判委员会讨论决定的指导性案例，统一在《最高人民法院公报》、最高人民法院网站、《人民法院报》上以公告的形式发布。

第二节　法律有效力，国家便昌盛

与温和的道德、宗教、习俗相比，法律是强硬甚至蛮横的：它在一定的时间和空间范围内，对所有人都具有无可争辩的约束力，每个人都要接受法律的管辖。西方法谚曰："法律有效力，国家便昌盛。"法律正是凭借其普遍的约束力规范着社会主体的言行，维护了公共生活的公正、安全和繁荣。

一、法的对象效力：法律为谁而定

在现代社会，法律是为人而定的，其调整对象是人，这里的"人"，既包括自然人，也包括公司、国家机关和民间社团等组织。也就是说，在现代社会，只有人才需要遵守法律。

但在古代法律中，由于受到宗教、神学的影响，某些动物甚至也被赋予了一定的法律人格，因而也就成为法律约束的对象。换句话说，这些动物也享有法律上的权利，负有守法的义务，一旦违反法律，还会受到制裁。例如，猫在古埃及，白象在暹罗就受到法律的尊重和保护，享有与人一样的权利；美国人类学家霍贝尔在《初民的法律》一书中讲道：家畜在伊富高人眼中具有法律上的人格，恶意杀死一头家畜与杀人相类似，需要支付一种称为"拉波得"（labod）的赔偿金，该赔偿金与一桩杀人案中支付的赔偿金额相同。[1]与伊富高文化相似，科曼奇人认为马匹，尤其是好马具有准人格，因此故意杀死他人心爱的坐骑，是一种近似杀人的行为，尤其当这匹马是马主人最好的朋友在弥留之际的遗赠之物时，更是如此，对此进行复仇的方式不是去杀死违法者的坐骑，而是杀死其本人。[2]在法国，波尔多地区种葡萄的农民，有一年曾把一种叫"象鼻虫"的小昆虫告上了法庭，因为这种虫子未经许可吃掉了农民的葡萄叶子，导致葡萄歉收。为了保护被告"象鼻虫"的合法权益，法院还专门为它们聘请了律师。

另外，在古代法律中，奴隶不具有人的资格和权利，在法律上被视为主人的财产即"会说话的牛马"，而妇女及外国人的法律地位也会受到诸多方面的限制，不能被算作完整意义上的人，比如《十二铜表法》就规定：

---

1   [美]霍贝尔：《初民的法律——法的动态比较研究》，周勇译，中国社会科学出版社1993年版，第129页、第133页。

2   [美]霍贝尔：《初民的法律——法的动态比较研究》，周勇译，中国社会科学出版社1993年版，第145页、第154页。

第五表 继承和监护

一、除维斯塔贞女外，妇女终身受监护。

第六表 所有权和占有

五、外国人永远不能因使用而取得罗马市民财产的所有权。

第八表 私犯

三、折断自由人一骨的，处300阿斯的罚金；如被害人为奴隶，处150阿斯的罚金。

十四、现行窃盗被捕，处笞刑后交被窃者处理；如为奴隶，处笞刑后投塔尔佩欧岩下摔死。

第十表 宗教法

六、禁止：对奴隶的尸体用香料防腐；举行丧事宴会、奢侈地洒圣水、长行列的花环、用香炉焚香。

近代以来，"法律面前人人平等"成为法律的基本原则和价值目标。法国1789年《人权宣言》宣称："在权利方面，人们生来是而且始终是自由平等的。"而1804年《法国民法典》第8条明确规定："所有法国人都享有民事权利。"随着法律的进步，奴隶制被彻底废除，男人和女人也享有同等的法律地位。

与此同时，随着法人制度、公司制度的日益完善，法律的主体范围不断扩大，不仅包括自然人，还包括法律上拟制的人——法人。法人是具有独立法律人格，能以自己的名义享有权利并承担义务的组织，最典型的法人就是公司，它已经成为市场经济最重要的法律主体。

最近几十年来，随着人工智能技术的飞速发展，智能机器人越来越像人了，不仅能劳动，甚至还会思考。因此，机器人算不算是人，要不要接受法律的约束，如果机器人做了坏事，要不要受到法律的制裁，这开始成为法律上的一个热点问题。

当前，机器人不仅被大量安排在工厂工作，还承担起个人护理和医疗手术等任务，这引发了公众对人类失业、财富分配不均等问题的担忧。2016年，欧洲议会的一份提案指出，机器人越来越智能，越来越独立，因此需要重新思考各种问题，比如机器人是否需要纳税和承担法律责任等。该提案呼吁，欧盟委员会至少应该将那些最先进的自动化机器人视为"电子人"，赋予它们特定的权利和义务，应该建立智能机器人注册登记制度，类似人的户口登记一样，还应成立专门的基金会，来承担机器人做了坏事后的赔偿责任。（据2016年6月23日新浪科技讯《欧洲议会提议把机器人当作人 须缴纳社会保险》整理）

法律为人而定，人需要遵守法律，那么，什么人、在什么情况下才需要遵守法律，外国人来到其他国家，需要遵守该国的法律吗？对于这个问题，历史上世界各国的做法存在差异，大体上有这么几种模式。其一是"属人主义"，即法对人的效力以其国籍为准，法律仅适用于本国公民，不适用于外国人。本国人无论是身在国内还是在国外，本国法律均对其有效。其二是"属地主义"，即法对人的效力以地域为准，不论本国人或外国人，凡身在本国领域内，则一律适用本国法。其三是"保护主义"，即以维护本国国家利益为目标，不管是哪个国家的人，不管是在哪里做出的行为，只要你侵害我的国家的利益，我的法律就适用于你。在法律史上，"保护主义"管辖的著名案例是法国"荷花号"案。

> 1926年，法国"荷花号"邮船与土耳其的一艘运煤船在公海上发生碰撞，导致土耳其船舶沉没，8人死亡。"荷花号"在事故发生第二天到达伊斯坦布尔，土耳其法院依据本国法律对案件进行了刑事审判，判处"荷花号"上负责瞭望的戴蒙上尉8天拘留和22镑罚款。
>
> 法国政府对此提出抗议，认为土耳其法院无权审讯戴蒙上尉，因为碰撞发生在公海，"荷花号"船员应交由船旗国即法国的法院来审理。但土耳其法院认为，根据土耳其刑法规定，外国人在外国做出侵害土耳其或其国民的罪行时，可以按照按土耳其法律进行惩罚。
>
> 法国不服，把土耳其告上了国际常设法院，国际常设法院审判后驳回了法国的请求，判定土耳其的行为没有违背国际法。

二、法律的时间、空间效力

法律也有自己的存活时间和效力期限。法律的时间效力，主要涉及法律何时生效、何时失效的问题，生效和失效之间的时间，就是法律的生命周期。一般来说，越健康的人寿命越长，而越公正、科学、合理的法律，其生效的时间也就越长。

关于法律的生效时间，世界各国的做法不太一致，在过去交通不发达的时候，法律一般以送达到某一地区的时间为生效时间。比如，英国国王的法律可能在伦敦是月初生效，而到了爱丁堡则是月底生效。在现代，如果没有特别规定，法律一般自公布之日或其规定的日期开始生效。与生效对应，法律的失效意味着法律的死亡和终结。一般来说，某一领域新的法律开始实施后，则该领域原有的法律就会被废止。比如，我国《民法典》第1260条规定："本法自2021年1月1日起施行。《中华人民共和国婚姻法》《中华人民共和国继承法》《中华人民共和国民法通则》《中华人民共和国收养法》《中华人民共和国担保法》《中华人民共和国合同法》《中华人民共和国物权法》《中华人民共和国侵权责任法》《中华人民共和国民法总则》同时废止。"

如果说法的时间效力涉及法的寿命长短，则法的空间效力涉及法的管辖地面大小。法律的空间效力，指法律在哪些地域有效、适用于哪些地区的问题。一般来说，一国的法律适用于该国主权范围所及的全部领域，包括领土、领水、领空，以及作为领土延伸的本国驻外使馆、在外船舶及航空器等。

在比较大的国家，享有立法权的机关比较多，中央立法机关和地方立法机关制定的法律，在其空间效力方面会存在一定差别。具体说来，一国国内法的空间效力主要包括下列两种情况。

第一种是法律在全国范围内生效。这种法律一般是由国家最高立法机关制定的，所以适用于全国范围内。在美国，联邦议会制定的法律适用于美国各州；在我国，宪法以及全国人大及其常委会制定的法律、国务院的行政法规等均在全国范围内生效。但是，由于我国实行"一国两制"，在香港、澳门等地区，中央立法机关制定的法律并不必然在这些地区有效。

第二种是在局部地区生效。凡是地方国家机关制定的法规就只能在制定机关所管辖的范围内生效。例如，我国各省、自治区、直辖市人民代表大会制定的地方性法规、自治条例、单行条例等，就仅在相应地区生效，河北省的规定到了河南就是无效的；在实行联邦制的美国，各州均拥有一定范围的立法权，亚拉巴马州的婚姻法就仅适用于本州，到了亚利桑那州就无效了。

第六章 法律的制定与遵守

古罗马人有一句格言："只要有社会就会有法律。"这句话阐释了法律与社会生活之间不可分离的关系。人是社会的动物，为了过安居乐业的生活，人们不但要为自己修筑漂亮的城市，还要为自己制定优良的法律，并且通过各种方式推行和实施这些法律，以维系社会的安全与秩序，保障共同体的利益与福祉。

第一节 立法：比火药更伟大的发明

一、法的创制

人类生活在法律之中，法律伴随着我们从摇篮到坟墓的整个生命过程。然而，法律并非天然的存在，亦非大自然的馈赠，法律是人类理性设计的产物，是人类伟大的制度发明。立法的活动，就是人类为自己创制法律规则的活动。在古今中外的历史上，曾经出现过许多智慧的立法者和伟大的立法活动，他们制定的法律不仅造就了一个国家和时代的辉煌，还影响和改变了人类的历史。

在中国，据说周公制"五礼"，为华夏民族确立了行为规范和道德标准，并深刻影响了中国人看待现世和自然所持有的价值观；春秋战国时期，郑国子产铸造刑鼎，开创了成文法的先河，打破了贵族阶层对法律的垄断，商鞅变法大刀阔斧地革除了旧制度和旧体系，不仅实现了秦国的富国强兵，而且催生和迎接了一个新的历史时代；唐高宗李治主导制定的《唐律疏议》，条款明确，内容完备，立法技术高超，格局大气磅礴，不仅从制度上支撑了大唐盛世的繁华，还成为中华法系的法律经典，被东亚多国学习模仿；明太祖朱元璋的《大明律》承前启后、革故鼎新，继承和总结了历代法典编纂的优良传统，对清代乃至近代中国立法均产生深远影响。

在欧洲，早期立法的经典作品有罗马皇帝查士丁尼的《国法大全》，它奠定了罗马法的历史地位，后期则有《法国民法典》和《德国民法典》。拿破仑的伟大不是因为他在战争中的胜利——那些战功随着滑铁卢一败早就灰飞烟灭了，而是1804年的《法国民法典》才使他千古留名。在德国，耗费了好几代法学家聪明才智的《德国民法典》在1900年开始施行，它被奉为世界民法典中最杰出的作品，其中的新理念和新制度，宣告了资本主义发展到一个新的阶段。在美国，1787年费城会议制定了人类历史上第一部成文宪法，它所确立的权力制衡制度、联邦制度和人权保障制度，具有开创意义，被很多国家的宪法所吸收和借鉴。

从国家治理的角度讲，立法是国家的重要职权活动，为社会交往、行政管理和司法审判提供了前提条件，因此，立法的好坏直接影响到社会和国家各项事务的开展。一部好的法典，会让一个国家繁荣稳定，而一部坏的法典，可能会带给国家灾难甚至导致其灭亡。因此，英国思想家哈耶克指出："立法，即审慎地制定法律，已被恰如其分地描述为人类所有发明中隐含着最严峻后果的发明之一，其影响甚至比火的发现和弹药的发明还要深远……立法正被人们操纵成一种威力巨大的工具。"[1]

确实，在某种意义上讲，立法是比火药更伟大的发明，火药的发明给人类提供了威力巨大的用于互相杀戮的武器，有可能让这个世界变得更加危险，而良好的立法则会创制出公平、合理、文明的行为规则，它能够抑制个人的冲动，约束官方的行为，引导人们有序生活、和谐交往，促进社会稳定与世界和平。

二、立法的基本原则

北宋时期政治家王安石曾说："立善法于天下，则天下治；立善法于一国，则一国治。"考虑到立法的好坏优劣将直接影响着社会生活和国家管理，因此确立一些指导立法的基本原则就显得非常重要。

1．立法的法治原则

法治是相对于人治而言的现代治国模式，它强调法律至上、人权保障和权力制约。立法是实施法治的前提和基础，因此必须坚持法治的原则。

立法中的法治原则，主要包括三层含义：立法活动必须严格依法进行。立法者应在法律规定的范围内行使职权，不可越权立法，立法还要按照法定程序进行，每个环节都不可忽略；立法的内容要

1　Hayek, *Law Legislation and Liberty*, The University of Chicago Press 1973, vol.1.ch.g.ch.4.

符合宪法，符合现代法治的基本精神，也就是说，立法应当体现平等、公正、自由、人权、民主等法律价值，有助于实现国家利益、社会利益和个人利益的统一，有助于促进社会进步和人的全面发展；另外，立法还要注意维护国家法律体系的统一，下位法不能违反上位法，普通法不能违反根本法即宪法，各个法律之间应当形成和谐共处、相辅相成的关系，避免法律之间出现矛盾和冲突。

2．立法的民主原则

现代立法和古代立法的本质区别就在于是否坚持了民主原则。在古代社会，主权在君，法自君出，皇帝往往独揽着立法大权，可以按照自己的意愿来创设和改变法律。在现代社会，主权在民，所有立法活动都必须有人民的参与和同意，就像卢梭所说："凡是不曾为人民所亲自批准的法律，都是无效的；那根本就不是法律。"[1]

在立法中要实现民主原则，一方面要保障立法主体的民主性。无论是西方的议会议员，还是中国的人大代表，作为立法主体，他们必须由民主的程序选举产生，能够代表选民，并对选民负责。另一方面还要开门立法，引导社会公众通过特定的方式进行立法参与和发表意见。比如，立法机关可以采取座谈会、论证会、听证会等形式了解普通公众对有关法律问题的看法，也可以将法律草案在媒体上公布，向社会各界征求意见，将其中合理的建议和要求吸纳到法律之中。

3．立法的科学原则

坚持立法的科学原则，就是要把立法当作一门科学来对待，运用科学的理论指导立法实践，保证制定出来的法律既贴近现实生活，

1　[法]卢梭：《社会契约论》，何兆武译，商务印书馆1980年版，第125页。

得到社会的认同，又符合社会发展的规律，具有一定的前瞻性。

为了达到这个目的，立法应当以历史为参考，对以往立法实践中的经验和教训进行客观分析和认真总结，"立法者不仅要从现有法律学说中，而且还要（在法学家帮助下）从以往立法者所制定的法律规范中发现真理，尤其是要从以往的基本法典中找出可用的东西"[1]；立法应当脚踏实地，以当下真实的社会生活为基础，从生活出发，以生活为归宿。德国法学家萨维尼指出，好的法律不是自以为是的立法者仅凭激情和自信就可以制定出来的，不是立法者，而是民族的历史所凝聚和沉淀的这个民族的内在信念与外在行为方式，决定着法律的形式与内容。孟德斯鸠在谈到法律的精神时指出，法律和国家的气候、土地、宗教、财富、人口、风俗习惯等因素之间存在千丝万缕的联系，立法者如果对法律赖以产生的社会现实和制约因素漠然无视，就不可能制定出高质量的法律，其立法产品就有可能遭到社会的抵制和抛弃。在美国法律史上，20世纪初出台的"禁酒令"就是一个深刻的教训。

> 19世纪中期，美国一些地方的居民因为讨厌酗酒行为，开始寻求以法律手段制裁酒徒，这种呼声渐渐得到全国范围的呼应，以维护传统家庭价值为己任的妇女组织更是其中的主力军。终于，1919年美国国会通过了宪法第十八修正案，也就是《全国禁酒令》。根据这项法律，制造、售卖和运输酒精饮料的行为皆属违法；公民在自己家里喝酒不算犯法，但与朋友共饮或举行酒宴则属违法，最

1　[美]梅利曼：《大陆法系》，顾培东等译，法律出版社2004年版，第85页。

高可被罚款1000美元及监禁半年。

这个修正案的出台，显然没有考虑这样的社会现实：喝酒是美国普通民众的日常饮食习惯，酒文化是美国文化中不可或缺的一部分，而酒的制造和销售，在美国经济体系中扮演着重要角色。这些客观现实，不会因为一部立法而改变。立法的草率很快便引发了严重的社会后果："禁酒令"根本无法遏制人们喝酒的欲望和需求，因为正规酒市场被禁止，导致地下黑市得到了飞速发展。更严重的是，在"禁酒令"实施之前，因为没有稳定的经济来源，美国的黑社会波澜不兴，但在"禁酒令"之后，依靠私酒贸易的暴利，美国的黑社会开始发展壮大，与此同时警察也日益腐败，导致犯罪率不断攀升。

十多年后，经济大萧条到来，酒成为人们慰藉苦闷心灵的灵丹妙药，罗斯福在其总统竞选纲领中明确提出废除"禁酒令"。1933年，美国国会通过了宪法第二十一修正案，宣告"禁酒令"全面废止。当天，很多美国人兴高采烈，载歌载舞，为"禁酒令"的撤销频频举杯。

在美国宪法史上，"禁酒令"可能是最短命的一条宪法修正案，它因其内容与社会现实的脱节及引发的严重负面效应，成为美国法律史上的笑话，也留给后来的立法者许多的警示和启发。

三、良法的标准

人的美，在于两个方面：一是外在的身体之美，清新、健康，有活力；二是内在的灵魂之美，聪慧、善良，既有智性，又有德性。法律也是如此，优良法的法律，既要有形式方面的完备、清晰，符合逻辑，也要有内容方面的公平、正义，体现法治精神。

1. 良法的形式标准

"立法起草者有维护法治的义务。作为这个义务的一部分，起草者必须注意，法律的形式与法律清楚性、明确性和一致性要相适应。"[1]缺乏好的外在形式，立法便无法承载和实现法治的内容和目标。

首先，法律的体系要协调统一，下级立法要与上级立法保持一致，程序性法律要与实体性法律配套，前者可以理解为"上下一致"，后者可以理解为"左右协调"。一个国家法律的总体结构会呈现出一个金字塔的格局，处于塔尖和顶端的无疑就是宪法，任何法律，在原则、精神、目的上必须与宪法一致，在宪法的统辖之下，各个法律之间有着内在的逻辑关联和功能互补，共同组成一个分工合作、有条不紊运行的法律体系。

其次，法律的条款要兼顾确定性和灵活性。明确的法律条款可以有效指引公民及国家机关的行为，防止出现不知所措和任意妄为，从而维护和体现了法的"可预测性"。与此同时，法律条款如过于确定也容易导致僵化，无法恰当处理新问题或特殊个案，因而，法律条款还应保持一定程度的灵活性，通过赋予执法者必要的自由裁量权，实现案件处理的合理、公正。

最后，法律的语言表述要规范、准确和易于理解。法律是通过

1　[美]安·赛德曼、罗伯特·鲍勃·赛德曼、那林·阿比斯卡：《立法学：理论与实践》，刘国福、曹培译，中国经济出版社2008年版，第330页。

语言表达出来的，法学家边沁指出："如果说法典的风格与其他著作的风格有什么不同的话，那就是它应该具有更大的清晰性、更大的精确性、更大的常见性。"[1]法律语言要"规范严谨"，应选择通用的合乎文法的语言，避免使用模糊、生僻和罕见的语词；法律语言要"准确肯定"，应当用专业、清楚、具体、没有歧义的语言来表述权利、义务以及法律责任；法律语言还要易于理解，即法律中使用的文字要平实朴素、明白易懂，不使用艺术化的句式，不用隐语、诙谐语或双关语，不用地方语言、古语等不易理解的语言。孟德斯鸠曾说："法律的体裁要精洁简约。《十二铜表法》是精简谨严的典型，小孩子们都能把它背诵出来。查士丁尼的《新法》是繁冗散漫的，所以人们不得不加以删节。法律的体裁要质朴平易；直接的说法总是要比深沉迂远的词句容易懂些。"[2]

2.良法的实质标准

英国思想家霍布斯曾说："良法就是为人民的利益所需而又清晰明确的法律。"[3]从实质内容的角度讲，良法在内容上应当以追求公平正义为目标，以保障公民人权和自由为核心，以公众的利益和幸福为归宿。

第一，法律的内容既要合法，也要合理。法律的合法性，最重要的就是法律的内容应符合和体现现代法治的精神。比如，法治的

---

1 [英]边沁:《立法理论》，李贵方等译，中国人民公安大学出版社2004年版，第191页。

2 [法]孟德斯鸠:《论法的精神》(下)，张雁深译，商务印书馆1963年版，第296页。

3 [英]霍布斯:《利维坦》，黎思复、黎廷弼译，商务印书馆1985年版，第270页。

目的之一在于限制和约束国家公权力，因此，相关立法在权力授予方面就应做到：授权的内容和界限要明晰、防止官员自由裁量权过大、规定合理的办事程序、保持权力运行的透明度、建立严格的问责制度等；法律的合理性，最重要的就是要协调好各种不同的利益关系。任何立法都会涉及不同利益的分配，这就需要按照正义的标准谨慎对待。比如，城市市容管理的立法，需要协调好市民生活、商贩经营和政府管理各方面的利益；环境保护的立法，需要处理好企业生产、群众生活、可持续发展等多方面的利益。

第二，法律的内容要注意适应性与创新性相协调。"艺术源于生活，高于生活"，这句话也可以用于国家立法，国家立法既要保障法律和社会生活的衔接，又要有一定程度的创新性和前瞻性。立法必须从社会现实出发，其内容是社会可以接受的，其措施是具有可操作性的。如果立法者对民众生活一知半解，对社会现实漠然无视，闭门造车，则其法律注定得不到良好的实施。与此同时，立法还要有一定程度的创新性和开拓性，要顺应改革和发展的方向，适当引进新的制度，确立新的生活方式，引导和推动社会进步。在中华人民共和国建立之初，国家颁布了新婚姻法，推翻了几千年来男尊女卑的传统制度，彻底实现了男女平等；在改革开放初期，国家颁布了行政诉讼法，推动了政府管理理念和管理模式的现代化转型。

第二节 法的遵守：公民的神圣义务

一、守法是公民的神圣义务

公民这个概念，始于古希腊和古罗马，在当时这是一个神圣而光荣的称号。承认你是一个雅典或罗马的公民，就意味着你是城邦和国家的主人，城邦或国家有了大事，公民需要到广场参加投票做出决定，城邦和国家有了战事，公民需要骑上马带上刀冲锋陷阵保家卫国。

在今天，"公民"是拥有一国国籍的自然人的法律身份。在生活中，我们可能会有很多个身份，比如一家公司的职员，一个机关的公务员，一所大学的学生，一个村庄的村民，一个小区的业主，一个俱乐部的成员，等等，但是，在所有这些身份中，我们最重要的身份或名称就是"公民"，它表达了一个个人和自己的国家之间的最基本的关系。当你拥有一个国家的公民身份时，就意味着你是这个国家的主人，你受到这个国家法律的保护，享有公民的基本权利，与此同时，也意味着你必须接受这个主权国家的统治和管理，要自觉承担起遵守和维护宪法法律权威的公民义务。

公民不同于"臣民"，臣民匍匐在权贵的脚下，被动接受命运的安排，而公民则是自己事务和公共事务的主人，他需要按照公共生活的规则即法律做出决定，并对自己的决定负责；公民也不同于"暴民"，暴民从自己的个人利益出发，为了目的可以不择手段，而公民则能将自己的利益与他人利益、社会利益进行兼顾和平衡，按照法律规则，行使权利但不越界，追求自我利益但不伤害他人、国家与社会。因为法律，我们才成为公民，因为我们是公民，所以必须遵守法律。就像卢梭所说："我愿意自由地生活，自由地死去。也就是说，我要这样地服从法律：不论是我或任何人都不能摆脱法律的光荣的束缚。"[1]

公元前399年的春天，有三个雅典公民控告了思想家苏格拉底，指控的罪名是"渎神"和"败坏青年"。苏格拉底是清白无辜的，没有做过任何违法的事情，因此在法庭上，他不肯做丝毫的妥协，也拒绝遵照习惯将他的妻子儿女们带到法庭上哭哭啼啼以博取陪审团的同情。最终，陪审团被他的态度和言辞所激怒，判处他死刑。苏格拉底的弟子克力同等人不满法庭的判决，安排他越狱出逃，但苏格拉底坚决不肯接受。

苏格拉底说："假定我们准备从这里逃走，雅典的法律就会来这样质问我：苏格拉底，你打算干什么？你想采取行动来破坏我们法律，损害我们的国家，难道能否认吗？如果一个城邦已公布的法律判决没有它的威慑力，可以为私人随意取消和破坏，你以为这个城邦还能继续生存而不被推翻吗？"

苏格拉底又站在雅典法律的角度上说："如果我们（指雅典法律）想要处死你，并坚信这样做是公正的，难道你以为你有特权反对你的国家和法律吗？你以为你可以

1   [法]卢梭：《论人类不平等的起源和基础》，李常山译，商务印书馆1962年版，第51页。

尽力摧毁你的国家及其法律来作为报复吗？"[1]

苏格拉底认为，陪审团按照法律对一个案件做出了裁决，这个裁决体现的就是法律的意志，因此，即使裁判本身是错误的，但它依然有法律效力，作为公民，没有权利去抗拒裁判和破坏法律。毕竟，维护法律的权威，乃是公民应尽的基本义务。面对死亡，苏格拉底从容地接过狱卒手中的毒酒一饮而尽，履行了一个雅典公民最后的守法义务。

在古代社会，守法的主体主要是普通民众，贵族和皇帝往往可以在很大程度上不受法律约束，譬如中国古代的"八议""官当""上请"等制度就为特权阶层逃避法律约束开辟了渠道；在现代社会，守法的主体则包括一切公民、法人、国家机关、政党和社会组织，没有任何人可以不受法律的约束，没有任何人可以享有法律之上的特权。人人都要守法，尤其是官员，更要遵法、守法、依法办事，虽然你手握大权，高高在上，但是，"你绝不是那么高贵，法律在你之上"[2]。

对于公民而言，守法意味着依法行使自己的权利。法律赋予公民各项权利，这些权利使我们可以按照自己的设想，活出自己想要的样子。然而，权利有边界，自由非绝对，每个人在行使自己权利的同时，必须考虑别人的感受，不能把自己的幸福建立在他人痛苦的基础之上。因此，享有自己的权利，但同时要尊重他人的权利，要维护社

1   [古希腊] 柏拉图：《苏格拉底最后的日子——柏拉图对话集》，余灵灵等译，上海三联书店 1988 年版，第 97—99 页。
2   [英] 丹宁：《法律的训诫》，杨百揆译，法律出版社 1999 年版，第 155 页。

会公序良俗，维护公共利益和国家的利益；守法还意味着依法履行自己的义务。权利和义务是一个硬币的两面，不可分离。在行使言论自由的时候，要履行保守国家机密和尊重个人隐私的义务，在行使经营自主权开公司做生意的时候，要履行给员工按时支付劳动报酬和给国家依法纳税的义务。总之，每个公民都要自觉遵守法律，依法行使权利，依法承担义务，在现代社会，"遵守法律不单单是出于功利的考虑，它本身乃是人之为人的一种道义担当"[1]。

二、违法：特殊意志对普遍意志的违背

虽然我们努力追求着"全民守法，路不拾遗，夜不闭户"的理想状态，但现实的情况是，有阳光的地方就有阴影，有法律的地方就有违法，违法是任何一个时代和国家都不可能彻底消除的客观现象。在现代社会，违法行为主要包括民事违法、行政违法和犯罪等，其中犯罪是最严重的违法活动，因此遭受的惩罚与谴责也是最严厉的。按照黑格尔的理解，违法属于个人的特殊意志对作为社会普遍意志的法的意志的违背。[2]

违法是一种客观的社会现象，背后的原因可能是多种多样的。具体来说，导致人们违法尤其是犯罪的因素主要包括三个方面。

其一是环境的因素，可分为自然环境和社会环境。自然环境，包括地理、气候等都会影响到人的行为，比如夏天的时候性犯罪比较多，原因之一是天气燥热，人们衣服暴露且性欲冲动；社会环境

1　赵明：《正义的历史映像》，法律出版社 2007 年版，第 16 页。

2　[德]黑格尔：《法哲学原理》，范扬等译，商务印书馆 1961 年版，第 90 页。

包括经济状况、就业率、政治民主化、宗教信仰等，比如在经济萧条时期，违法犯罪率往往要比平时高很多，因为失业者无所事事且心情苦闷。

其二是法律的因素。如果法律的规定符合社会需求，能给公众带来公正和幸福，守法的比率就会提高，相反，如果法律以剥夺者和奴役者的面目出现，维护特权阶层而伤害社会底层，违法犯罪率必然会增长；如果法律实施机制健全，法律职业人员守法敬业，则违法犯罪率就降低，相反，如果执法人员贪污腐败，司法不公，监督不力，则违法行为自然就会增长。

其三是行为人本身的因素，包括行为人的受教育程度、道德观念、法律意识、宗教信仰等。除此之外，行为人的身体状态、心理状态也会影响其法律行为。在西方犯罪学史上，意大利一个叫龙勃罗梭的学者就专门研究人的生理结构与违法犯罪之间的关系，他在进行了大量的死刑犯尸体解剖的基础上，提出了一种"天生犯罪人"的理论。

1870年12月，在意大利帕维亚监狱，龙勃罗梭打开了意大利著名的土匪头子维莱拉尸体的头颅，发现其头颅枕骨部位有一个明显的凹陷处，它的位置如同低等动物一样。龙勃罗梭得出结论：这种情况属于真正的蚓突（vermis）肥大，可以说是真正的正中小脑。这一发现触发了他的灵感，由此他认为，犯罪者与犯罪真相的神秘帷幕终于被揭开了，原因就在于原始人和低等动物的特征必然要在我们当代重新繁衍，龙勃罗梭因此提出了他的天生犯罪人理论，该理论包括四个方面的主要内容：（1）犯罪者通过许多体格和心理的异常现象区别于非犯罪人；
（2）犯罪人是人的变种，一种人类学类型，一种退化现
象；（3）犯罪人是一种返祖现象，是蜕变到低级的原始
人类型；（4）犯罪行为有遗传性，它从犯罪天赋中产
生。龙勃罗梭还对天生犯罪人的特征做了详细描述：在生
理特征方面，表现为扁平的额头、头脑突出、眉骨隆起、
眼窝深陷、巨大的颌骨、颊骨同笞、齿列不齐，非常大或
非常小的耳朵，头骨及脸左右不均，斜眼，指头多畸形，
体毛不足等；在精神特征方面表现为痛觉缺失、视觉敏
锐、性别特征不明显、极度懒惰、没有羞耻感和怜悯心、
病态的虚荣心和易被激怒、迷信、喜欢文身、惯于用手势
表达意思等。[1]

龙勃罗梭从人的生理和心理方面去寻找犯罪的原因，这种方法
有一定的启发意义，但并不科学和严谨。在今天，随着犯罪学的不
断发展，人们对犯罪现象的认识更为准确和全面，因而可以采取对
应的预防和矫正措施，最大程度减少犯罪的发生。

为了预防和减少违法犯罪，一方面，国家应该构建更公平的社
会制度，给每个人提供全面发展的机会和资源，让人们可以自由地
参与平等的竞争，要建立社会保障制度，让社会贫弱者不会因为困
顿、匮乏而陷入无助和绝望；另一方面，国家和社会应当开展广泛
的法律宣传和法治教育，培养社会成员的守法观念和法律意识。法
律教育要从青少年开始，用孩子喜闻乐见的方式，引导他们从小形

1　　陈兴良：《刑法的启蒙》，法律出版社 2003 年版，第 162—175 页。

成正确的权利观、义务观和价值观。柏拉图在其《理想国》中指出："我们的孩子必须参加符合法律精神的正当游戏。因为，如果游戏是不符合法律的游戏，孩子们也会成为违反法律的孩子，他们就不可能成为品行端正的守法公民了。"[1]

三、违法的后果：法律责任

一般来说，守法行为，自然会受到法律的保护，而违法行为，就可能导致相应的惩罚性后果，即法律责任。

法律责任主要包括四类：刑事责任，即被告人因实施犯罪行为而承担的严厉的法律惩罚，包括死刑、无期徒刑、有期徒刑、管制、拘役等；民事责任，是因侵犯他人人身权或财产权而承担的补偿性责任，比如赔礼道歉、恢复原状、排除妨害、支付违约金、赔偿金等；行政责任，是因违反行政性法律而承担的惩罚性责任，包括警告、罚款、吊销证照、行政拘留等；违宪责任，主要是国家机关及其官员因违反宪法而承担的政治性责任，包括罢免其职务、宣告其行为无效、撤销违法决定等。

尽管违法行为的发生是承担法律责任的前提，但是，并非所有实施了违法行为的人都要承担法律责任。一般来说，只有具有相应法律责任能力的人，才应当对自己的行为负责并承担相应的法律责任。对于公民而言，根据其年龄、精神状态等因素，法律上把公民分为完全责任能力、无责任能力以及限制责任能力等不同类型。

1　[古希腊]柏拉图:《理想国》，郭斌和、张竹明译，商务印书馆1986年版，第140页。

在民事方面，根据民法的规定：十八周岁以上的公民是成年人，具有完全民事行为能力，可以独立进行民事活动。十六周岁以上不满十八周岁的公民，以自己的劳动收入为主要生活来源的，视为完全民事行为能力人；八周岁以上的未成年人和不能完全辨认自己行为的成年人是限制民事行为能力人，可以进行与他的年龄、智力相适应的民事活动，其他民事活动则由他的法定代理人代理，或者征得他的法定代理人的同意；不满八周岁的未成年人和不能辨认自己行为的成年人是无民事行为能力人，由他的法定代理人代理实施民事法律行为。

在刑事方面，我国秦代曾以身高来确定刑事责任能力，身高六尺以上的人犯了罪才要负刑事责任，大概是因为当时没有准确系统的身份登记制度，家里孩子也多，犯罪者到底多大年纪，估计连他爸妈都忘了，所以只好用身高去评断。当前，我国刑法对刑事责任能力的规定是：已满十六周岁的人犯罪，应当负刑事责任；已满十四周岁不满十六周岁的人，犯故意杀人、故意伤害致人重伤或者死亡、强奸、抢劫、贩卖毒品、放火、爆炸、投放危险物质罪的，应当负刑事责任；已满十二周岁不满十四周岁的人，犯故意杀人、故意伤害罪，致人死亡或者以特别残忍手段致人重伤造成严重残疾，情节恶劣，经最高人民检察院核准追诉的，应当负刑事责任；精神病人在不能辨认或者不能控制自己行为的时候造成危害结果，不负刑事责任，间歇性的精神病人在精神正常的时候犯罪，应当负刑事责任。

在我国，根据法律的规定，对尚未达到刑事责任年龄的未成年人行凶作恶的，虽然不会面临坐牢的惩罚，但并不意味着其恶行是免费的。事实上，他们依然要付出代价。一方面，对该未成年人负有监护义务的父母必须承担民事责任，对受害人进行经济赔偿，有时候这个数额很大，会让他们倾家荡产；另一方面，该未成年人本人可能要受到刑罚之外的其他惩戒，比如被送进专门学校进行特殊的矫治教育，这就意味着他不能像其他小伙伴一样在家庭中享受父母宠爱，在学校里自由自在地学习玩耍，他必须得在指定的场所和专门的学校接受强制性的特殊教育；在英国，法律规定，对于十周岁以下实施犯罪行为的人，可以处以本地宵禁（Local Child Curfew），即警察可以禁止该儿童在特定时间段内在公共场合出现，除非由成人陪同，这项禁令可以持续好几个月之久。

第七章 司法：正义的最后防线

司法审判，俗称"打官司"，是司法机关按照法定职权和程序，依据事实和法律裁判案件的活动。美国法学家德沃金曾指出：在法律的帝国里，法院是帝国的首都，而法官则是帝国的王侯。在现代法治社会，司法具有特殊的地位，它是法律实施的重要途径，是最权威的纠纷解决方式，它被称为"正义的最后防线"。

第一节 司法：最权威的纠纷解决机制

一、司法模式的历史演变

在中国传统法律文化中，司法的标志是一只威严的神兽獬豸，它有锐利的眼光，能够分清是非，惩罚邪恶；在西方法律文化中，司法的代言人是正义女神，她身穿白裙，一手持剑，一手持天平，评判人类行为的对错，呵护着人间的公平正义。"法律有时入睡，但绝不死亡"，人们相信，只要存在公正的司法，正义和公道就会万古长青，永不死亡。

在人类历史上，当发生纠纷和冲突时，最早的纠纷解决方法是自力救济，包括复仇和决斗等。在中国古代，复仇是一个被主流观念认可的现象，荆轲刺秦、赵氏孤儿的故事被人们传唱千百年；在欧洲，决斗一直是人们处理个人恩怨的常规选择，尤其是在法国和俄罗斯这些决斗成风的国家，男人们常常为了一些微不足道的纠纷而拔剑相向，比如俄罗斯诗人普希金，在作诗之余就经常和人决斗，1837 年，因为和一个法国籍军官争风吃醋，在决斗中受伤，不治身亡，年仅 38 岁。

近现代以来，随着国家主权的崛起及其对社会生活的全面介入，公力救济逐步取代了私力救济。法律规定：发生纠纷之后，个人不得付诸暴力，如果无法通过温和的方式如和解、调解得以解决，则应将纠纷提交给国家来处理。在国家提供的各种公力救济手段中，司法是最权威、最重要的救济机制。

古代中国的诉讼模式大致上属于纠问式诉讼的范畴，原告提起诉讼，被告进行答辩，大老爷高坐堂上，明镜高悬，负责辨别是非，做出裁判。在证据认定方面，司法官员常常采用"五听"和刑讯逼供的方法。"五听"指法官判断当事人口供真实性的五种方法，包括辞听、色听、气听、耳听、目听。具体说来，辞听者听其出言，不直则烦；色听者观其颜色，不直则赧然；气听者观其气息，不直则喘；耳听者观其听聆，不直则惑；目听者观其眸子，视不直则眊焉。[1] 简单来说，就是法官通过"眼神是否坦荡、呼吸是否匀称、脸色有无变化、表述前后是否一致"等因素，判断当事人在法庭上说的话是真是假。同时，刑讯逼供是古代诉讼中常用的取证手

1　梁治平：《法意与人情》，中国法制出版社 2004 年版，第 215 页。

段，即使是在包拯的大堂上，刑讯逼供也是家常便饭，而戏剧中的窦娥就是因为屈打成招引发了六月飞雪的惊天冤案；在审判程序方面，古代法律建立了详细的上诉制度、"京控"（告御状）制度、死刑复奏制度、会审制度，等等。比如，在唐代，各地判决的死刑案件一般要经过皇帝的三次复奏才可以定案处决；在明清时期，每年霜降之后在京城举行的"秋审"，是最隆重的死刑复核审判，在京的公侯高官都来参加，以求最大程度减少冤假错案的发生。

1949 年之后，中华人民共和国的诉讼制度经历了一个由传统向现代转型的过程，处在这个过渡阶段的诉讼模式以"马锡五审判方式"为典型代表。马锡五是中国共产党抗战时期的一位法官，曾担任陇东分区专员兼陕甘宁边区高等法院陇东分庭庭长。马锡五在长期办案中形成了一套特殊的审判模式：下乡办案，调查和了解案情；引导群众参与案件审理，尊重群众的意见；审判采用"座谈式"而不是"坐堂式"，方便群众诉讼，重视调解，手续简便，不拘形式。在马锡五审理的众多案件中，甘肃华池县的"封捧儿婚姻案"是其中一个典型案例。

> 1942 年，华池县农民封彦贵因贪图彩礼，准备以"婚姻自主"名义解除女儿封捧儿同青年张柏此前订好的婚约，然后将捧儿暗中许给他人，后因张柏父亲张金才告状而未果。次年，封彦贵又准备将捧儿暗中卖给庆阳县的朱家，捧儿发现后坚决不从，明确表示自己愿与张柏维持婚约并结为夫妻。张金才得知此事后，怕夜长梦多，遂纠集 20 多人携带棍棒趁夜将捧儿从封家抢回与张柏成婚。封彦贵将张家告到县司法处，司法处未经详细调查便给出判

决：张金才抢婚判处徒刑6个月，封捧儿与张柏的婚姻无效。而对于封彦贵多次出卖女儿的不法行为，司法处却未予追究。封捧儿与张柏不服判决，徒步赶到七八十里外的庆阳县城，向陇东专署专员兼陇东分庭庭长马锡五告状，诉说自己的遭遇和苦楚。

马锡五受理此案后，先是向当地干部详细询问实际情况，并深入当地进行走访，了解群众的看法和态度，同时还征求了捧儿的意见。通过前期调查了解到：当地许多群众认为此案处理不公，而捧儿也坚决表示只愿与张柏结婚。随后，马锡五召集当地群众举行公开审判会。在会上，马锡五讯问了当事人各方的要求和理由，征询在场群众的意见，最后做出判决：（1）张柏与封捧儿的婚姻，根据婚姻自主的原则，准予有效；（2）张金才深夜聚众抢亲有碍社会治安，判处短期徒刑，对其他附和者给予严厉批评；（3）封彦贵以女儿为财物，反复出售，违犯婚姻法令，判处劳役，以示警诚。法庭宣判后，受罚者均表示自己罪有应得，口服心服；群众认为该判决是非分明，表示赞同；封捧儿与张柏的婚姻得到法律的认可和保障，小两口终成眷属，更是欢天喜地。

马锡五处理的"封捧儿婚姻案"很快传遍边区，马锡五成了家喻户晓的"马青天"。1944年3月，《解放日报》发表社论《马锡五同志的审判方式》，通过典型案例总结了马锡五审判方式的经验，在抗日根据地引起了强烈反响。中华人民共和国成立后，以"封捧儿婚姻案"为原型的评剧《刘巧儿》被拍成电影，为新《婚姻法》的宣传做了不少贡献。[1]

中华人民共和国建立后的近半个世纪中，"马锡五审判方式"一直是司法的主流模式，它吸收了中国古代司法的优良传统，同时又有人民司法体制的新理念新内容，在中国司法制度现代化转型中发挥了承上启下的作用。

二、司法是最公平、最文明、最权威的纠纷解决机制

司法审判是判断是非、解决纠纷、化解社会矛盾的专门活动，与其他纠纷解决机制相比，司法是现代社会最公平、最文明、最权威的纠纷解决机制。

司法是最公平的纠纷解决机制，而这种公平性是依赖一套科学合理的诉讼程序来保障和实现的。西方法律格言说："正义不仅要实现，而且要以人们看得见的方式实现。"程序法的存在，就是保障正义得到实现，而且是以看得见的、公开和公正的方式得到实现。

工厂要有严格的工艺流程，以保障产品的质量。同样，法院的审判也必须有严格的诉讼程序，包括诉讼时效、证据规则、无罪推定、律师参与、开庭审理、言词辩论、上诉制度、监督制度等。程序作为手段或工具，可以最大化地保障审判结果的准确与公正，减少冤假错案的发生。同时，理性和正当的程序也有助于增加审判的权威性和可接受性，人们之所以愿意尊重法院的判决，很重要的原

1　林文剑：《马锡五审判方式是群众路线在司法领域的体现》，《福建党史月刊》2016 年第 2 期。

因就在于它是严格按照法定诉讼程序做出的。

"程序是法治和恣意而治的分水岭。"程序法的存在，不仅可以引导法官做出正确的裁判结果，还有助于在诉讼过程中尊重和保护人权。尤其是在刑事审判中，法官手中拥有生杀予夺的权力，如果司法机关滥用权力，必然会损害当事人的合法权益。因此，正当的诉讼程序的存在，比如非法证据排除制度、律师辩护制度、法律援助制度等，对司法官员的审判行为构成一种有效的规制和约束，使他们不能肆意妄为，必须尊重和保障当事人的合法权益。

在通过司法解决纠纷的过程中，一切主张都得有道理，一切结论都得有依据，因此，"讲理"成为司法诉讼的一个重要特点。在其他纠纷解决方式中，当事各方的地位、财富、权力、关系乃至身体优势都会影响到最终处理结果。但是，在司法诉讼中，参与审判的各方，包括作为裁决者的法院，作为当事人的原被告，都必须讲理，必须拿证据和法律来支持自己的主张。有理走遍天下，无理寸步难行，法院是一个讲理的地方，原告主张被告伤害了自己，得拿出相应证据，要求被告给自己赔钱，得拿出法律依据，除证据和法律之外，其他因素可以考虑，但决定不了裁判的输赢。

正因为司法讲程序、重理由，所以司法裁判的结果才具有了终局性和权威性。终局性意味着生效的裁判具有最后的裁决力和执行力，任何人都必须遵守。如同美国联邦大法官杰克逊所说："我们是终审并非因为我们不犯错误，我们不犯错误仅仅因为我们是终审。"[1]法院对某一案件一旦做出了生效的终审裁判，则这个案子就被完整地解决了，当事人不能再行起诉，即"一事不再理"，这个

1　转引自苏力：《送法下乡》，中国政法大学出版社2000年版，第161页。

判决是确定和有效的，除特殊的法定情形之外，任何力量都无法动摇、否定和推翻这个判决。如果当事人对法院的生效裁判不尊重不执行，则法院会采取强制执行措施，如查封账户、扣押和拍卖财产，甚至进行人身拘禁，以保障判决的内容得到全面落实。

三、司法的基本原则

司法的目的在于公正，为了实现司法公正，以法院为代表的司法机关就必须在审判中坚持和遵循司法的基本原则，这些原则，构成了司法的生命线。

1. 以事实为根据，以法律为准绳

事实和法律，对于司法审判而言，如同车之双轮和鸟之双翼。事实是正确处理案件的前提和依据，法律是正确处理案件的标准和尺度。事实弄不清楚，就会得出糊涂甚至错误的判决，而抛开了法律，司法审判就会变成法官的独裁。

以事实为根据，是指司法机关处理案件时，只能以被证据证明了的事实为依据，审判结果不能建立在虚构或假想之上。法律上的事实是指通过证据描摹和再现的事实，有证据就可以证明事实，而没有证据就无法证明事实的存在和发生。因此，在法庭上，一分证据讲一分话，两分证据讲两分话，没有证据讲的话，除非是常识，否则是不会得到认可和支持的。

以法律为准绳，意味着司法机关要严格按照宪法和法律的规定进行审判，确定案件性质，分配当事人的权利义务，追究法律责任，都要有明确的法律依据。以法律为准绳，保持对法律的忠诚，是法官的基本职业道德。如果法官在审判中置法律于不顾，一味揣摩上级意图，顺应媒体的论调，那么，这样的审判就会彻底失去其合法性。以法律为准绳，首先意味着必须以国家的制定法为裁判标准，同时，当国家法存在缺陷或漏洞时，也可以适当参考其他社会规范，如习俗、政策、学理等。

2．司法平等原则

追求平等源于人的天性，而维护平等是现代法律的使命。法国作家巴尔扎克在他的《人间喜剧》中讲道："法律是蜘蛛网，大苍蝇穿网而过，小苍蝇落于网中。"这是文学家对司法不公现象的讽刺与控诉。如果司法不能做到公平，法律就变成了蜘蛛网，而法院就会沦落为权力的奴婢。

人和人之间可能在诸多方面存在差异，比如财产、知识、职业等，但是在司法审判面前，在神圣的法庭之上，每一个人都是平等的。司法平等的原则要求国家司法机关在处理案件时，对于任何公民，不论其民族、性别、职业、宗教信仰、教育程度、财产状况等方面存在任何差异，在适用法律上应当一律平等对待。任何公民的合法权益受到伤害，都应给予平等的司法救济和法律保护，任何公民从事了违法犯罪行为，都应平等地受到司法审判和法律制裁。司法女神反对歧视和特权，在她慈母般的目光中，每一个人都有同等的权利和地位，都会受到同样的关怀和对待。

3．司法机关独立行使职权原则

马克思曾说，法官除了法律，就没有别的上司。司法机关独立行使职权，是司法中最根本、最重要的原则，是司法公正和司法权威的安身立命之所在。"审判的公平不认父母而只认真理"，如果没有这种独立的精神和固执的个性，司法就会受到诸多法外因素的干扰，做出偏离法律的裁判，败坏法律的权威。

司法机关独立行使职权原则，要求司法机关在整个审判过程中必须独立分析、独立裁判，只认可事实，只服从法律，不受任何行政机关、新闻媒体、社会团体和个人的不当干涉。在法律发展史上，王权曾经是司法独立的最大障碍，很多法官在面对王权干预时"威武不能屈"，全力捍卫法律的尊严，展现出法律人应有的气节和风骨。

董宣，字少平，东汉陈留郡人。他担任洛阳令期间，为官廉洁，刚正不阿，秉公执法，不畏权势。有一次，东汉光武帝刘秀的姐姐湖阳公主的仆人杀人后藏匿在公主家，董宣乘公主外出的机会，将这个恶仆抓住并依法判处死刑。公主闻讯大怒，气呼呼跑到宫里向光武帝告状。光武帝听了也很生气，打狗也得看主人，公主的家仆岂能说杀就杀？遂召来董宣，要用鞭子打他。董宣说："陛下因德行圣明而中兴复国，却放纵家奴杀害百姓，将拿什么来治理天下呢？臣不用鞭打，请求能够自杀。"当即用头撞击柱子，顿时血流满面。光武帝被董宣的凛然正气折服，就退了一步，让他给公主磕头谢罪，这事就算过去了。董宣以自己无过错而拒绝，皇帝便让太监强迫他磕头，董宣两手用力撑着地面，死活不肯低头，因此人们称他为"强项令"。

在英国，普通法院自成立以来，逐步形成了自己的司法传统和审判作风，唯有法院才可以行使司法权，唯有专业的法官才能裁判案件，法官只需遵循法律的指示，不受其他因素的干扰，哪怕是国王也不行。在英格兰的法官队伍中，17世纪的柯克（Coke）就是一个典型代表。

1612年11月10日，在一个难忘的星期日上午，应坎特布雷大主教的奏请，英国詹姆士一世国王召见了英格兰的法官们，这就是历史上著名的"星期日上午会议"。召开这次会议的起因，是因为教会一些人对普法法院在审判中未维护教会的特权而感到不满，他们希望利用国王来对抗普通法院，建议国王收回本属于法院的部分案件的审判权，由国王亲自审决。这次"星期日上午会议"的主题就是针对这一建议进行辩论并征求法官的意见。

针对这一观点，大法官爱德华·柯克代表法官们给予了有力的回击。他说："根据英格兰法律，国王无权审理任何案件，所有案件无论民事或刑事，皆应依照法律和国家惯例交由法院审理。"

"但是，"国王说，"朕以为法律以理性为本，朕和其他人与法官一样有理性。"

"陛下所言极是，"柯克回答道，"上天恩赐陛下以丰富的知识和非凡的天资，但微臣认为陛下对英国的法律并不熟悉，而这些涉及臣民的生命、继承权、财产等的案件并不是按天赋理性（natural reason）来决断的，而是按人为理性（the artificial reason）和法律判决的。法律是一门艺术，它需要经过长期的学习和实践才能掌握，在未达到这一水平前，任何人都不能从事案件的审判工作。"

詹姆士一世恼羞成怒，厉声责问："难道朕也要屈居于法律之下吗？"柯克法官引用布莱克通的话说："国王在万人之上，但在神灵和法律之下。"[1]

时至今日，柯克法官与詹姆士一世的这段对话依然被后人津津乐道，反复提及，尽管柯克法官本人因为力主国王的行政部门不能审理案件而终被解职，但是他不畏强权捍卫法院独立和法律权威的举动，却被传为法制史上的佳话。

第二节 法官是如何判案的

一、法官如何发现案件事实

古希腊人说："人不能两次踏进同一条河流。"时间是单向流逝的，已经过去的时间，再也不会回来，曾经发生过的事情，不可能原模原样再现，昨天的流水已经东归大海，今天的河水早已不是昨日之水。对于法官而言，审理案件的第一要务，就是查明案件事实，而案件事实都是已经发生过的事实，如同昨日流水一样，因而，对其认定和查找务必要谨慎、细心、一丝不苟。案件事实认定一旦错误，就有可能酿成冤案，不仅会让作恶者逃脱，让清白者蒙冤，更会损害司法的公信力。

1　[美]罗斯科·庞德：《普通法的精神》，唐前宏等译，法律出版社2001年版，第41—42页。

杨乃武是浙江省余杭县余杭镇澄清巷人，家世以种桑养蚕为业，性格耿直，为癸酉科乡试举人，人称"杨二先生"。毕秀姑为葛品连之童养媳，长得青春美丽，人称"小白菜"。作为邻居，杨乃武曾教过毕秀姑识字，两人过从甚密，于是坊间有"羊吃白菜"的流言蜚语。

　　同治十二年十月初九，毕秀姑的丈夫葛品连因流火宿症暴毙，验尸认为是砒霜毒杀。知县刘锡彤将杨乃武认作嫌犯，对其三次夹棍，杨三次昏死，但拒不画供。刘知县将供词"死者口鼻流血"改为"七孔流血"，并将人犯解送杭州府。杭州知府陈鲁又是一番严刑逼供，杨乃武多次昏死，最后不得不供认是他给了毕秀姑毒药。陈知府遂以通奸杀夫之罪判决"杨乃武斩立决，葛毕氏凌迟处死"。

　　杨乃武的姐姐杨淑英深信弟弟清白无辜，千里迢迢进京上访，到各大衙门哭诉喊冤，遂有官员上疏为杨乃武平反。光绪二年，朝廷命刑部尚书桑春荣亲审此案，开棺重新验尸。仵作（法医）查验后证实：葛品连并非毒发身亡，乃得病而死。震惊朝野的杨乃武与小白菜案终于宣告终结，杨乃武与毕秀姑获无罪出狱，而参与此案审理的三十多名浙江官员则被撤职查办。

　　杨乃武晚年以植桑养蚕度过余生。毕秀姑回到余杭，看破红尘，出家为尼，法名"慧定"，卒于1930年。

　　"杨乃武与小白菜"案被称为晚清四大冤案之一，由于司法机关先入为主、刑讯逼供，导致事实认定发生严重错误，引发了一系列严重的后果，不仅让司法蒙羞，更让无辜者遭受到了非人的折磨和摧残。

司法机关认定和发现案件事实，必须建立在证据的基础之上。只有依法收集到的证据，才可以证明案件事实，才可以成为法院裁判的依据。如果没有足够的证据，法院就无法确认和还原案件事实，裁判就失去了客观基础。因此，在民事诉讼中，原告拿不出证据，就要承担败诉的后果，在刑事诉讼中，公诉人拿不出证据，法院就会宣判被告人无罪。

在司法审判中，法官发现事实要靠证据，那么，什么是证据，都有什么类型呢？以刑事审判为例，证据主要包括以下几种。

其一是物证、书证。物证，是指据以查明案件真实情况的一切物品和痕迹。这些物品和痕迹包括作案的工具——如带血的刀，犯罪行为所侵害的客体——如被害者的尸体，犯罪过程中所遗留的痕迹——如墙上的手印和指纹，等等；书证，是指可以根据其表达的思想和记载的内容查明案件真实的一些物品，比如绑架者送来的勒索信，性骚扰者发来的淫秽信息，等等。

其二是相关人员的陈述。具体包括：证人证言，指知道案件情况的人，向办案人员所做的有关案件部分或全部事实的陈述；被害人陈述，是指受犯罪行为直接侵害的人就其遭受犯罪行为侵害的事实所作的陈述；犯罪嫌疑人、被告人供述和辩解，指犯罪嫌疑人、被告人就有关案件情况，向侦查、检察、审判人员所做的陈述，即通常所说的口供。与物证和书证不同，证人证言和当事人陈述，会受到个人、环境因素的影响，同一个事实，不同人往往会有不同的描述，电影《罗生门》就集中反映了这种现象。

电影《罗生门》是日本导演黑泽明的代表作之一，根据

日本作家芥川龙之介的短篇小说《筱竹丛中》改编而成。

故事发生在12世纪的日本，在平安朝的京都城发生了一起凶杀案，武士金泽武弘被人杀害在丛林里。作为事件的亲历者，樵夫、强盗多襄丸、死者的妻子真砂、借死者的魂来作证的女巫，都被带到纠察使署，讲述他们看到的事情经过。真相本来只有一个，但这些人在提供证词的时候，怀着不同的目的，从不同的立场和角度出发，或为了美化自己的道德，或为了减轻自己的罪恶和掩饰自己的过失，分别讲述了一个不一样的故事版本。不同的证人，不同的证词，使得荒山上的惨案，成了一团拨不开看不清的迷雾。

其三是鉴定结论。鉴定结论，是指鉴定人员运用自己的专业知识和技能对案件中需要解决的专门性问题进行鉴定后所做的结论性的判断，比如法医鉴定、司法精神病鉴定、痕迹鉴定、化学鉴定、会计鉴定、文件书法鉴定等。

其四是勘验、检查笔录。勘验、检查笔录，是指办案人员对与案件有关的场所、物品、人身进行勘验和检查时所做的文字记载。主要包括现场勘查笔录、物证检验笔录、尸体检验笔录、人身检查笔录、侦查实验笔录等。

其五是视听资料。视听资料，是可以重现案件原始声音、形象的录音录像资料和储存于电子设备的资料和信息等，包括录音资料、录像资料、电子计算机贮存资料以及运用专门技术设备得到的信息资料等。

二、法官如何解释法律条文

从哲学的角度讲，世界的存在是一回事，而作为主体的人对世界的认识和解读则是另一回事，不同的人看同一个对象，可能会解读出不同的含义。比如《红楼梦》，有人看到的是儿女情长，而有人看到的则是男盗女娼。

作为基本社会规范的法律，同样存在一个解释的问题。在现代社会，法律的主要形式是成文法，它是通过规范的法律语言表述出来的。虽然相比于其他语言，比如文学作品，法律的语言更追求严谨准确，但它依然存在不确定性，会有歧义，会模糊不清，会存在漏洞。因而，在司法审判中，原告和被告、检察官和律师，对于同一法律条文的解释常常存在争议，尤其在遇到疑难案件和含义丰富的法律条款时。比如，法律规定"携带武器抢劫的，处十年以上有期徒刑"，那么，如果有人携带硫酸到银行去抢劫，这是否属于携带武器呢？法律规定"盗窃尸体的，处三年以下有期徒刑"，那么，如果有人在陵园里盗取死者的骨灰，那么骨灰是否属于尸体呢？总之，貌似清晰、规范的法律条款，一旦与生活中的具体案件相联系，人们就会发现：法律的表述貌似清晰，其实常常不知所云。为了把法律规定与案件事实联系起来，必须要靠专业的法律人进行专业的法律解释。

2002年，清华大学学生刘某某先后两次在北京动物园将硫酸泼洒到狗熊身上，致使多只黑熊、棕熊（均属国家二级保护动物）受到不同程度的伤害。案件发生后，围绕刑法的条文规定，就刘同学的定罪问题，出现了多种观点：

有人认为应定"非法猎捕、杀害珍贵、濒危野生动物罪",因为狗熊属于珍贵、濒危动物,而刘同学的行为就是在"杀害"它们。但有人对此持反对态度,认为法律条文明确规定的是"杀害",而刘同学泼硫酸仅是对狗熊的"伤害"。另外,关在动物园的狗熊已经失去了"熊身自由",就不能再算作"野生动物"。

有人认为应定"故意毁坏财物罪"。动物园里的狗熊属于该园的财物,伤害了狗熊就是毁坏了人家的财物,如同咬死了牧民的牛羊一样。反对者则认为,"故意毁坏公私财物罪"中的"财物"指的是无生命物。黑熊是有生命的动物,不属于该罪名所指的"财物"。

还有人认为应当定"破坏生产经营罪"。动物园管理、饲养动物并出售门票供游客欣赏,属于一种特殊的"生产经营",刘同学硫酸泼熊致其容颜毁损无法表演,应构成破坏生产经营罪。反对观点认为:动物园将狗熊用于游人观赏,类似于博物馆的文物展出,虽然要收一定门票费,但这种活动本身是公益性质的,不属于营利性的"生产经营活动"。

"刘某某伤熊"一案,反映了案件事实和法律规范之间对应的难题。在案件事实已经确定的前提下,到底应该适用哪一部法律的哪一个条款,这个条款是什么意思,该如何理解,这就是法律解释的问题。法律解释如同一座桥梁,一边连接着法律,一边连接着案件,任何一个法律规范,都必须经由解释才得以理解,经由解释才可能被适用,因而,没有法律人的专业解释,法律就没有生命,就无法进入案件和生活。

无论是法官还是律师，在解释法律条文的时候，都不能天马行空胡乱解释。法律解释是有标准和有方法的，只有按照正确的方法去解释，才有可能获得对法律含义的准确理解。

法官对法律的解释要符合文义。法律是通过语言文字表达的，因此法官对其理解和解释首先要从语义和语法开始，它"是法律解释的开始，也是法律解释的终点"。[1]任何对成文法所进行的解释，均须围绕文字本身的含义来进行，不能脱离文字本来的含义。比如，把自行车解释为"机动车"是错误的，因为机动车的本义是指靠机器动力而非人力运行的车子，把妈妈肚子里的胎儿解释为"子女"是错误的，因为子女的本义是指特定父母所生的孩子，而胎儿还不能算出生的人。

法官对法律的解释要联系上下文语境。"欲知词句意，先观上下文"，每一个法律条文都不是孤立存在的，它和其他条文之间可能存在某种联系，有其特定的上下文语境，因此，法官对任何一个法律条款的解释，都需要把"局部"和"整体"联系起来，在上下左右的逻辑语境下理解特定法律条文的含义。比如，婚姻法规定"丈夫不得在妻子哺乳期间提出离婚"，什么是"哺乳期"，从何时起算，到何时结束呢？这个问题，可能就需要去查劳动法，因为劳动法对女职工的哺乳期做了明确规定。总之，对个别法律语词的理解及解释，必须与该语词所处的整个外部语言环境相联系，对此，《法国民法典》第1161条则规定："契约之一切条款得互为解释，以赋予每一条款依整个契约而产生之意义。"

1　王泽鉴：《法律思维与民法实例》，中国政法大学出版社2001年版，第220页。

法官对法律的解释还要符合法律的目的。"法律是鲜活的生命，而非僵化的规则。"[1] 法律是人创造的，人在创制法律的时候，赋予了它特定的理想和目的，因而，法官对法律条文的解释，应与该法的目的一致，而不是冲突。"所有在法律之泥土上的一切，都是被目的所唤醒的，而且是因为某一个目的而存在，整个法律无非就是一个独一的目的创造行为。"[2] 如果法官在解释法律条文时，对法律的目的和意图漠然无视，就有可能得出违背法律本意的裁判，而这样的裁判，如同偏离了航向的船舶，永远也到达不了自己的目的地。

　　韩愈是唐代著名的文学家、哲学家和思想家，被尊为唐宋八大家之首。1976年，台湾地区有一个叫郭寿华的人，以笔名在《潮州文献》发表了《韩文公苏东坡给予潮州后人的观感》一文，指责"韩愈为人尚不脱古文人风流才子的怪习气，妻妾之外，不免消磨于风花雪月，曾在潮州染风流病，以至体力过度消耗，及后误信方士硫磺铅下补剂，离潮州不久，果卒于硫磺中毒"。此文刊登后，韩愈第三十九代直系孙韩思道向台北地方法院提出自诉，控告郭寿华捏造自己先祖"流连青楼及服食春药"的情形，犯了"诽谤死人罪"。

　　台湾地区"刑法"第312条对"侮辱和诽谤死者罪"做了规定，对于已死之人，公然侮辱者，处拘役或者三百

1　　[美]卡多佐：《法律的成长》，李红勃、李璐怡译，北京大学出版社2014年版，第1页。

2　　王利明：《法学方法论》，中国人民大学出版社2012年版，第414页。

元以下罚金；对于已死之人，犯诽谤罪者，处一年以下有期徒刑，拘役或一千元以下罚金。那么，对于侮辱和诽谤死者的行为，应该由谁来向法院起诉呢？对此，台湾地区"刑事诉讼法"规定：死者之配偶、直系亲属、三亲等内之旁系血亲、二亲等内之姻亲或家长、家属得为告诉。

一审法院查明：韩思道的确为韩愈第三十九代直系孙，具有法律规定的自诉权，同时查明郭寿华无中生有，捏造虚假事实，因此成立诽谤罪。韩思道身为韩氏子孙，先人名誉受侮，提出自诉，自属正当，遂以郭寿华诽谤已死之人，判处罚金300元。

"诽韩案"判决做出之后，在岛内引起了强烈反响，批评者认为，法官对"直系亲属"这个概念的外延做了漫无边际的扩展，以至于让一个与死者相隔千年的后代子孙都有了起诉权，这远远超出了法律中"诽谤死人罪"的立法本意和目的。"诽谤死人罪"的刑法规定，其目的不是保护死者的声誉，而是保护生者的感情。如果生者和死者相隔太久，就不可能有感情，诽谤唐代的韩愈，是根本不可能伤害生活在20世纪的某一韩氏子孙的精神情感的。基于这一目的，法官应当对"直系亲属"这个语词进行"目的性限缩"，将其范围限制在从己身开始数上下各四代，超出这个范围的其他直系亲属，因为不曾与死者有过交集，也就不存在感情，因而不享有起诉权。

"诽韩案"警示所有的法律人，在解释法律条文的含义时，固然要尊重语言本身的含义，但更应该追问的是：这个法律规定的目的是什么？什么样的解释符合这个目的？什么样的解释会违背这个目的？

第三节 司法也可以美丽

一、司法的器物之美

虚幻而神秘的宗教，何以具有强大的生命力和感召力，何以穿越千万年的历史时空而直逼科技时代人类的心灵？其实让人受到震慑和感召的，并不一定是翱翔于高天上的神灵，而可能就是那些华丽的木偶泥胎和宝殿玉宇。哲学家黑格尔在童年的时候，一次随父亲去教堂，他为教堂建筑的恢宏壮丽所深深震撼，从此走上了一条追寻终极道德和超人智慧的不归之路。这就是宗教艺术的魅力。

司法与宗教有诸多相似之处，也有其艺术之美，而且这种美因与正义之终极价值相联结而处于一个很高的境界。"任何试图反作用于'人'的精神或意识，都必须有其物化的形式作为载体。"[1] 司法的艺术之美，被拉德布鲁赫称为"法美学"[2]，首先表现为其器物之美。司法应该有自己独特的设施与殿堂，司法人员应有自己合适的服饰或行头。通过器物的设置，营造一种肃穆和神圣的氛围，在这样的氛围中，争讼者对法律的理解和信仰得以深化，而司法本身，也在不知不觉中变得深沉和大气。

法庭的设备配置和空间安排，正如法国后现代思想家福柯指出的，反映着一定的权力关系和意识形态，所以它应该与司法的职能相匹配，呼应着司法的精神，服务于司法的目的。法庭应该是司

1 　江帆：《法庭空间与司法公正》，《比较法研究》2000 年第 1 期，第 112 页。
2 　[德]古斯塔夫·拉德布鲁赫：《法哲学入门》，雷磊译，商务印书馆 2019 年版，第 113 页。

法表演的舞台或剧场。它能产生这样一种功能：使审美主体在"超功利的关照"的审美经验中，对司法活动产生自觉的认同。现代法治观念认为，司法应当是中立的，相对地脱离于社会和政府，司法是在平等基础上和平和气氛中对正义的探求。因此，法庭的空间设计，忌讳体现暴力和强权。类似戏曲中包公开封府狗头铡的设备，不应成为现代法庭的配备，因为它带来的不是神圣而是恐怖。法庭常常以黑色为基调，肃穆庄重是其追求的视觉效果。至于司法活动参与者的座位安排，法官的核心和高高在上自不必言，但还必须强调法官与当事人之间的空间距离。敬而远之，远也可以敬之，而合适的"空间距离有利于审美态度的产生"[1]。法官与争诉者之间的亲密无间，常使司法成为座谈甚至闹剧。在争讼者之间的座位排列上，一要讲究平等，二要体现对立。英国议会大厅的设计，是使在野党议员与执政党议员面面相对，不相上下，他们认为这有利于明辨是非。司法审判也是如此，所有案件事实是通过交叉辩论得以确定的。法庭的安排应为当事者提供平等对话的竞争环境。法庭空间类似于剧场化的安排和设计，使建筑之美与法律之美融为一体，使所有诉讼参与者在步入法庭的那一刻，即进入一种表演状态，找到一种角色感和使命感。

同时，作为司法正义的象征和守护者的法官，应有一套自己的职业服装。具有艺术美感的法官服饰，产生对内对外的两重作用：对于争讼者而言，法官的特定的具有感染力的服饰传递的是这样一种信息：你现在面对的是法官，而不是别人，现在进行的是国家司法活动，而不是其他什么日常活动，因此，你必须尊重法官及司

1　朱光潜:《悲剧心理学》，人民文学出版社 1983 年版，第 23 页。

法，并保证自己的诉讼行为合乎规范；而对于法官而言，得体的服饰有利于强化其角色认知，激发其荣誉心和责任感，促使其更好地履行职责。在英美法系国家，司法与宗教有着共同的文化渊源，法官的假发与法袍，带着浓厚的宗教色彩，法官也因这种特别的服饰而获得人们更多的尊重。据说在中世纪，只有三种职业有资格穿长袍，他们分别是法官、牧师和学者。

总之，司法的器物之美，集中体现为司法场域的剧场化设计。司法场域的剧场化，就是将建筑美学和装饰美学的原理应用于司法法庭的设计，通过营造司法的器物美的氛围，呼求人们对于司法的认同和敬仰，而这种认同和敬仰扩展开来，便是法治实现所必不可少的"尚法精神"。

二、司法的文本之美

中国文化是具有美学气质的文化，法律作为其中的一部分，也分得了美的光辉。在我国古代，司法官员对司法文件即判词的写作是十分讲究的，因而产生了大量无论从法学或文学角度都极具审美价值的优秀判词。这种现象有两方面的原因：一方面，古代的司法官员和行政官员是二位一体的，都是通过科举考试从读书人中选拔出来的精英，他们既具有人文情怀，也具有文学修养，很多人本身就是诗人或大学者；另一方面，相比于现代而言，古代的司法活动较少条条框框的限制，司法官拥有较大的裁量权和活动空间，可以依凭自己对法与礼的见解在判词上大做文章。

以文体为标准，古代的判词分为"骈判"与"散判"两种，前者以用典和辞藻的华丽为特点，后者以重事实分析及理由阐述为特征，这是古代判词艺术的两种不同风格。[1]唐代诗人王维的《宫门误不下键判》就是"骈判"的典型代表，在这份一百五十余字的判词中，用典有十个，读来朗朗上口，极富文采和气势。

> 设险守国，金城九重。迎宾远方，朱门四辟，将以昼通阡陌，宵禁奸非。眷彼阍人，实司是职。当使秦王宫里，不失狐白之裘；汉后厩中，唯通赭马之迹，是乃不失金键，空下铁关。将谓尧人可封，固无狗盗之侣；王者无外，有轻鱼钥之心。过自慢生，陷兹诖误。而抱关为事，空欲望于侯嬴。或犯门有人，将何御于臧纥？固当无疑，必置严科。（《文苑英华》卷五四五）

而且，从南宋开始，判词开始成为文学作品的一个重要形式，名曰"花判"。洪迈在《容斋随笔》中说："世俗喜道琐细遗事，参以滑稽，目为花判。"明人冯梦龙的《醒世恒言·乔太守乱点鸳鸯谱》便是"花判"的代表作。"花判"的发展，对司法判词制作，无疑也产生了巨大影响和推动作用。

在具有判例传统的普通法系国家，经常扮演"造法者"角色的法官对判决书如同绅士对待自己的胡子一样认真细心。说理严谨、文辞优美的判决随处可见。在大法官的判决中，除开对案件事实及证据的分析确认外，法官用大量笔墨对案件从法理甚至是情理上进行全方位的论证说明。法官把自己的观点、推理以及情感和智慧通过判决这一载体向外界做了详尽的表达，以期取得当事人的理解和

1　　汪世荣：《中国古代判词研究》，中国政法大学出版社 1997 年版，第 5 页。

认同。很多判决，不失为高水准的法学论文，而许多法官本身就是法学家，像丹宁勋爵、霍姆斯大法官，他们精彩的判决及其承载的光辉思想，是人类法学宝库中不可多得的财富。

司法审判以"定分止争"为任务，其实质是对利益争夺和矛盾纠纷的裁定，虽然处理的是世俗之事，但这并不表明司法不可以温情和雅致。恰恰相反，司法一旦与美相联姻，司法就会更加圣洁，更富于人文性，更能最大限度地接近和实现公平正义。

因此，法治时代的司法职业者，都应当具有这样的观念，并在实践中以自己的行动去生产美和传播美。"只有对艺术一窍不通的人才会过分陶醉于自己所从事的工作的纯粹'专业性质'，每时每刻把自己看作是人类社会最清醒、最理性和最有用的部分，养成偏狭独断的职业作风。而法律人的责任，不仅仅是机械精细地、'刻板而冷峻地'操作法律，而且是要把伟大的博爱精神、人文的关怀、美学的原则和正义的情感以专业化的、理性而又艺术的方式表现出来。正是在此意义上，也可以说，法律人应当同时是工匠和艺人，是法律艺术的创造者。"[1]

1　舒国滢:《在法律的边缘》，中国法制出版社 2000 年版，第 58 页。

第八章 多样化的法律世界

法系（legal family），是法学史上一个重要的概念，用以指称那些具有共同历史传统的若干国家和地区的法律，一个法系，就是一个法律的家族。在法律历史的长河中，曾经出现过许许多多的法系，包括美索不达米亚法系、希伯来法系、古埃及法系、希腊法系、凯尔特法系、印度法系、伊斯兰法系、中华法系、英美法系和大陆法系等，其中很多法系已经消亡，花果飘零，而有的法系依然存活，枝繁叶茂。

第一节 大陆法系：罗马法的幽灵

一、大陆法系的历史演变

大陆法系，有时候又叫罗马法系、民法法系、罗马日耳曼法系，是指以古代罗马法为基础和渊源发展起来的各国法律的总称。由于这个法系的代表性国家都处于欧洲大陆，如法国、德国、意大利等，所以俗称"大陆法系"。

大陆法系是历史的产物，它经历了一个长期的形成和发展过程。大体上说，大陆法系起源于古代罗马法；在中世纪中后期，伴随着罗马法在欧洲大陆的复兴，并受到当时教会法、习惯法和商法的影响，大陆法系得到了初步发展；到了 17、18 世纪，在资产阶级革命运动以及启蒙思想的刺激之下，大陆法系又得到了进一步发展。19 世纪，法典编纂运动在欧洲大陆广泛展开。大陆法系的影响逐渐超出欧洲大陆而扩展到世界其他地区，大陆法系终于成为西方世界主要法系之一。[1] 目前，属于大陆法系的国家主要有：法国、德国、意大利、葡萄牙、西班牙、荷兰等欧洲大陆国家，非洲的埃塞俄比亚、南非、津巴布韦等，亚洲的日本、泰国、土耳其等，甚至包括英美法系国家的一些地区也属于大陆法系的成员，比如加拿大的魁北克省、美国的路易斯安那州、英国的苏格兰等。

　　罗马法是大陆法系最古老的法律渊源。这里所说的罗马法，指的是从罗马奴隶制社会逐渐形成到公元 534 年东罗马帝国皇帝查士丁尼编纂《国法大全》前后大约十个世纪的法律。其中，《国法大全》由《查士丁尼法典》《法学阶梯》《学说汇纂》和《查士丁尼新律》四个部分组成，比较完整和系统地保留了罗马法的精华。从其内容上看，罗马法以私法为主，包括人法、家庭法、继承法、财产法、侵权行为法、不当得利法、契约法，等等。

　　后来，随着罗马帝国的衰亡，《国法大全》及其所代表的古代罗马法也陷入了长久的沉寂。实际生活中适用的罗马法均是意大利半岛的各民族翻译过来的原始和粗糙的节本——又被称为"粗俗"的罗马法。据说在公元 1135 年左右，意大利人在战争时获得了《国

1　　沈宗灵：《比较法研究》，北京大学出版社 1998 年版，第 78 页。

法大全》部分手抄本。15世纪，抄本又转归佛罗伦萨城并由劳伦廷图书馆珍藏。随着古罗马法律典籍的发现，研习法律的学术风气在欧洲大陆又一次被掀起，这就是法学史上伟大的"罗马法复兴"运动。这一文化运动肇始于11世纪晚期的意大利波伦亚城，并逐渐扩展到欧洲大陆的许多地区。在罗马法复兴的过程中，罗马法的概念、原则、制度和精神逐渐与当时的社会实际结合在一起，被西欧大陆的多数国家所接受，罗马法因此成为大陆法系法律制度最重要的历史渊源。

17、18世纪，资产阶级革命遍及欧美各国。革命推翻了封建制度，削弱了教会的势力，也打击了地方割据力量，从而使原本复杂的权力格局和法律制度变得简单：权力开始集中于主权国家，立法机关的立法活动成为法律的唯一来源。在革命爆发之前，欧洲处于封建割据状态，一个国家之内的不同地区都拥有各自独立的法律系统，以至于"每当驿站换马，法律亦随之变化"。革命的成功，为西欧各国的法律统一活动扫除了障碍，为19世纪大规模的法典编纂运动奠定了基础。

在法国，拿破仑执政后，于1800年成立了民法典起草委员会，短短四个月就写出了法典草案，在拿破仑的直接干预下，立法机关通过了法典草案。1804年，拿破仑签字正式颁布实施，定名为《法国民法典》，也称为《拿破仑法典》。《法国民法典》是资本主义社会第一部民法典，也是大陆法系的核心和基础，对法国以及其他资本主义国家的民法产生了深远影响。随着法国的扩张，法国民法典的影响还传播到美洲、非洲和亚洲等广大地区。

在德国，19世纪初期，围绕着德国民法典的制定，法学家们展开了激烈的争论。到了19世纪中后期，制定统一的民法典已是大势所趋、众望所归。围绕民法典的制定，法学界出现了日耳曼法学派和潘德克顿法学派的争鸣。最终，潘德克顿法学派在争论中胜出，他们倡导的按照罗马法《学说汇纂》"五编制"的体例，为德国民法典所采用。1874年，德国联邦议会成立了由11人组成的法典编纂委员会，开始正式编纂民法典。委员会成员主要由法学家组成，历经13年完成了民法典第一版草案，但这个草案受到多方批评。于是，联邦议会又成立了新的法典编纂委员会，在吸纳各方意见后，经过5年时间制定出第二版草案。随后又经过多次争论与修改，终于在1896年通过，1900年起正式施行。《德国民法典》是资产阶级民法史上的一部重要法典，它体系完整、用语精确，既体现了自由资本主义时期民法的基本原则，又反映了垄断时代民法的某些特征，它以独特的风格出现在世界立法史上，打破了《法国民法典》近一个世纪的垄断，被多个国家和地区借鉴移植。

二、大陆法系的诉讼模式

与其他法系尤其是英美法系相比，大陆法系的特别之处不仅体现在它的法律形式和法律结构上，而且表现在它的诉讼机制与诉讼模式方面。

大陆法系国家的诉讼模式，一般都具有国家职权主义的特点。国家职权主义是和当事人主义相对应的，前者强调法院应在诉讼中代表着国家发挥积极主动的作用，而后者则认为当事人才是诉讼活动的真正主角，法院只是消极中立的裁判者。从历史渊源上看，欧洲大陆曾经存在的"纠问式诉讼"是引发职权主义诉讼模式的重要原因。"纠问式诉讼"具有如下特点：诉讼的开始，不是根据被害人或他人的起诉，而是由法院通过侦讯和审判主动启动的；在诉讼过程中，法院同时扮演原告和审判者双重角色，被害人只是证人，被告人在诉讼活动中仅仅是受拷问的对象，对于法院的审讯没有任何辩护和防御能力。"纠问式诉讼"发端于罗马帝国时期，在中世纪时曾受到天主教会的推崇，自13世纪开始盛行于欧洲大陆各个国家。

在传统的"纠问式诉讼"中，掌握国家司法权的机关占据绝对优势地位，它可以依职权控制整个诉讼活动，而当事人在诉讼中则处于消极和弱势的地位。这种诉讼模式有利于统治者主动介入和干预社会生活，维护社会秩序，但是，它也容易引发刑讯逼供、秘密审判等专横擅断的行为。

随着启蒙运动和资产阶级革命的兴起，"纠问式诉讼"方式逐渐被法、德等国所废止。提起控诉、进行审判的权力分别由检察院和法院行使，审判应当公开透明，被告人享有辩护权，禁止刑讯逼供，这些规定被吸纳到新的诉讼模式之中。不过，大陆法系国家的诉讼模式仍然具有职权主义特点，这一特点在案件事实认定方面有着最为明显的表现。在大陆法系国家的现代诉讼活动中，法院对证据的调查仍占主导地位。在整个诉讼过程中，法官代表着一种积极的力量、一种家长式的权威，他们参与举证活动，帮助当事双方理顺法律问题，并在此基础上形成最终的判决。

总而言之，在大陆法系的国家职权主义诉讼模式中，法庭上虽然有着多方主体，但最强势的无疑是法院，其他主体都必须在法官的指挥棒下舞蹈，法官是司法领域真正的王侯，是整场诉讼演出的总导演和设计师。

第二节 英美法系：大法官的智慧

一、英美法系的形成

英美法系，又称普通法系、海洋法系、判例法系，指的是以英国中世纪的普通法为基础发展起来的各国法律的总称。在资本主义法律体系中，英美法系与大陆法系有同等的影响，历史上有"罗马法为私法之模范，英国法为公法之典型"之说。

跟大陆法系一样，英美法系经历了一个长期的形成发展过程。一般认为，英美法系起源于英国12、13世纪开始出现的普通法；14、15世纪时，衡平法在英国迅速兴起。普通法和衡平法都属于判例法，两者之间经历了相互冲突又相互合作的过程，并逐步走向了交融。18到19世纪，随着英国在国际社会的影响力不断扩大，英国的普通法也被传播到包括美国在内的很多国家和地区，最终发展成为一个具有世界性影响的法系。目前，属于英美法系的国家主要有英国（苏格兰除外）、美国、加拿大、印度、新加坡、澳大利亚、新西兰以及非洲的个别国家、地区等。

英美法系中的"普通法"是一个多义词。从宽泛的意义上说，它指英美法的一部分，即与议会颁布的制定法相对应的判例法；从严格的意义上讲，普通法指的是12世纪以来由普通法法院创制、适用和发展起来的一套判例法，它既区别于议会颁布的制定法，也区别于由英国大法官法院（也叫衡平法院）所创造的另一类判例法——衡平法。

普通法和衡平法都是判例法，前者是由普通法院做出的判例形成的，后者是由大法官法院即衡平法院做出的判例形成的。普通法的原则是遵循先例，它意味着法官在审判案件时，要以此前的类似判例为依据，前案件怎么审，后案件就怎么判，就是照猫画虎，依葫芦画瓢。普通法对程序有着极其严格和繁琐的要求，程序出现错误，结果就一定错误。比如，当事人要向普通法法院提起诉讼，就必须先向王室当局申请特定的诉讼开始令状（original writ）。"起始令状指明了诉讼请求的性质、双方当事人的姓名、双方争执的标的，及其他涉及传讯、陪审团召集等问题的内容。"[1] 令状有很多种类型，如果选错了，法院将拒绝受理原告的起诉。普通法院审判案件，最明显的特点是法庭上会有陪审团，它由 12 个平民组成，负责审查证据和认定案件事实。

衡平法属于特别法，主要适用于普通法没规定的案件，或者疑难案件，其功能在于弥补普通法的不足。衡平法院审理案件，没有陪审团，其程序也比较灵活，不像普通法院那么僵化死板。衡平法以"正义、良心和公正"为基本原则，以实现自然正义为主要任务，这一点，可以从衡平法的一些格言中显现出来。

1. 平等即衡平。即对同一类人应给予相同的待遇。

2. 衡平不允许有不法行为而无补救。如果由于某些技术上的缺陷，一种权利在普通法上不能强制实施，那么，衡平法将出面干预，以保护这种权利。

3. 衡平法依良心行事。衡平法在处理案件时，凭借的是大法官的良心。它要求大法官按照社会的公平正义理

1　[英] 范·卡内冈:《英国普通法的诞生》，李红海译，中国政法大学出版社 2003 年版，第 37 页。

念审理案件，做出判决。[1]

在英国法律体系中，普通法属于英国法的核心和主体，衡平法属于英国法的装饰和补充。关于两者的关系，有这么一个说法，如果把普通法拿掉，英国法律的大厦就会坍塌，而如果把衡平法拿掉，英国法律的大厦只不过少了几块砖瓦。

普通法院和衡平法院并列的格局在英国持续了大约四个世纪，直至 1873 年，英国通过的《司法条例》最终结束了两个法院系统相互独立的局面，自此以后，同一法院在审判中既可以适用普通法，也可以适用衡平法。

二、英美法系的诉讼模式

与大陆法系国家不同，英美法系国家的诉讼模式一般都具有当事人主义的特征。如果说法国和德国的诉讼属于"法官纠问式审判"，那么英国和美国的诉讼则属于"当事人对抗式审判"。

在英美的诉讼活动中，扮演积极角色的不是法官，而是双方当事人。面对双方当事人及其律师，法官的主要任务是在他们之间做一个中立的、消极的裁判人，就像拳击场上的裁判员一样。在庭审中，法官一般不主动调查、询问，案件事实通过双方当事人及其律师调查证人、出示证据、进行法庭辩论等一系列活动而向法官展示。双方当事人及其律师之间的对抗贯穿整个诉讼过程；除非当事人及其律师违反诉讼程序，法官一般不干涉争讼双方的活动。在普

1　由嵘主编：《外国法制史》，北京大学出版社 1991 年版，第 471—472 页。

通法系的司法审判中，法官的多嘴多舌和喋喋不休曾被认为是一件令人讨厌的事，经常招致当事人的不满并引发对判决的怀疑。

　　1957年，英国王座法院审理了琼斯诉国家煤炭委员会（Jones v. National Coal Board）一案，一审判决后双方都向上诉院提起上诉，原因之一是主审该案的哈利特爵士在法庭上讲话太多从而影响到公正审判。受理该上诉案的丹宁勋爵对一审判决进行了改判，他在判决中指出："培根大法官说得很好，他说：'听证时的耐心和庄重是司法工作的基本功，而一名说话太多的法官就好比一只乱敲的铜钹。'……而本庭认为控告是有道理的。"可怜的哈利特也因此丢掉了他的乌纱帽。[1]

　　英美国家这种当事人主义的诉讼模式与其陪审制度有着密切的关系。英国早期的陪审方式是一种"邻里审判方式"：由法庭召集了解案情的12名当地居民组成"知情陪审团"，陪审团在法庭上的作用不是审查当事人提交的证据，而是向法庭提供他们所了解的案件事实。陪审员在法官的指导下，经过宣誓，然后讲出自己所知悉的与案件有关的事实或从他人那里听说的事实，类似于证人。大约在1305年到1352年间，"知情陪审团"向"不知情陪审团"转变。随着陪审团的角色转换，它的功能逐步定位于认定案件事实以协助法庭审判。也就是说，陪审团在法庭上的主要工作是对原被告提交

1　贺卫方：《司法的理念与制度》，中国政法大学出版社1998年版，第89—90页。

的证据进行评断，并据此确定案件的基本事实。至于寻找法律、做出裁判，那是属于法官大人的职责。

陪审团制度的功能转化，促进了诉答制度和证据规则的发展。由于陪审团成员来自普通老百姓，既没有念过法学院，更没有火眼金睛，为了使他们的判断不至于出错，当事人双方就必须为自己的请求提出完整、充分的证据。在庭审过程中，法庭既要给原告控诉的机会，也要给被告反驳的机会，还要根据情况进一步给予原告再反驳的机会。这种为了帮助陪审团准确发现事实真相而设置的辩论、再辩论规则，就是"诉答制度"。除了诉答制度外，为了避免陪审团被虚假证据和道听途说所迷惑，各种复杂的证据规则也逐步形成，比如证据标准、证据证明力、非法证据排除等。完整的诉答制度和精致的证据规则，强化了当事人及其律师在法庭中的地位，使当事人及其律师在审判活动中能够扮演积极的角色，充分表达自己的意见。到了现代社会，尽管英美国家的陪审制已经发生了很大变化，但是有关诉答制度和证据规则的法律规范仍然十分发达，其当事人主义的诉讼模式也被保留和传承了下来。

第三节　其他法系

一、大唐遗风：中华法系

在世界的东方，勤劳智慧的华夏民族曾经创造了汉唐盛世的伟大传奇，也创造了博大精深的法律文明——中华法系。中华法系始源于秦朝，到隋唐时期达到了高度成熟阶段，是当时亚洲乃至世界上最发达的法律文明之一。

据说最初的法律产生于夏朝，后经商朝到西周逐渐完备。到春秋战国时期，郑国子产开创了成文法的先河，而魏国李悝的《法经》创造了系统的法典形式。到秦朝时，秦始皇君臣的立法活动形成了中华法系的雏形，湖北云梦出土的秦简显示，秦代的法律已经初步确立了中国古代法律的基本原则。西汉时期，儒家思想主体地位的形成奠定了中国传统法律的人文品格和价值基础。七八百年之后，随着大唐盛世的到来，中国古代最完备、最发达的法律制度在霓裳羽衣曲的天籁之声中降临人间。

唐永徽二年，即公元651年，唐高宗命长孙无忌等人以《贞观律》为蓝本，制定出了《永徽律》十二篇。与此同时，鉴于当时司法审判中对法律条文理解不一、科举考试缺乏统一标准的情况，高宗又下令对《永徽律》进行统一而详细的解释，逐条说明律文的精神实质、制度源流和立法意图，这些解释被称为"律疏"，有点像今天最高法院发布的司法解释，它附于律文之下，与法律正文具有同等法律效力。《永徽律》及其官方解释合并起来，就叫《永徽律疏》，元代以后称为《唐律疏议》。《永徽律疏》总结了中国历代统治者立法和注律的经验，继承了汉代以来德主刑辅的思想和礼法结合的传统，推动中国封建法律发展到了最成熟、最完备的阶段，代表了中国封建立法的最高水平。《永徽律疏》以其丰富的内容、高超的技术和鲜明的特色成为中华法系的代表性法典，并对当时周围其他亚洲国家的立法产生了深远影响。随着大量遣唐使来往于长安，大唐的法律被他们传播到了东亚很多国家，日本的《大宝律令》、越南的《刑书》、朝鲜的《高丽律》等都以唐律为蓝本，唐律以其特殊的魅力征服了当时的东亚地区，中华法系就此成形，成为世界法律文明大家庭中重要的一员。

在法律精神上，中华法系讲究礼法结合、德主刑辅。自汉武帝"罢黜百家，独尊儒术"以后，儒家的纲常名教便成了传统中国立法与司法的指导原则。儒家法律思想的核心内容是主张礼法结合、德主刑辅。在治理国家的根本问题上，孔子极力宣扬"礼治"，主张仁义，要求人们遵守礼制，做到"非礼勿视，非礼勿听，非礼勿言，非礼勿动"。"礼"实际上是一套道德规范和行为模式，而"礼治"的实质就是强调道德教化应成为治理国家的主要手段，而作为暴力手段的法律只能是辅助性规范，也就是所谓的"德主刑辅"。与强调道德教化相伴随，古代特别重视法律实施中人的因素，执法者本身应当是有德之人，清正廉明，恭行天理，执法如山，包公和海瑞是古代司法官员的标准和楷模。

在法律内容上，中华法系强调等级有序，家族本位。中国古代社会是一个严格的等级社会，礼教的首要内容就是"君君、臣臣、父父、子子"等宗法等级身份，每一个人在社会中都有其固定的身份，而每种身份都有一个固定的模式和样子，每一个人都必须服从这种身份安排，并按照已有的模式扮演好自己的角色，做到"父慈、子孝、臣忠、君仁"；中国古代社会又是一个家族本位的社会，家族是构成社会和国家的基本单位，而国家本身也不过就是一个大家族和"家天下"，家族中的每一个个人并不是他自己，而是隶属于家族的"成员"。为了维护家族利益，法律不仅确认了族权、父权、夫权，维护尊卑伦常关系，并且允许家法族规具有法律效力，即古代所谓的"家法"。

在纠纷解决方面，中华法系强调无讼，重视调解。在中华传统法律文化中，"理想的社会必定是人民无争的社会，争讼乃是绝对无益之事"[1]。俗话说："气死莫告状，饿死莫做贼。"在发生纠纷时，国家鼓励老百姓通过乡绅的调解而不是官府的诉讼来解决。对于普通百姓来说，对簿公堂不仅要遭受身体的刑讯痛苦和衙役们贪婪的盘剥，更重要的是会丢脸，会被乡邻看成是一个喜欢招惹是非的"刁民"；同时，对于皇帝和官员们来说，老百姓动辄就打官司也是一件很讨厌的事，不仅败坏道德礼教，还间接损害到国家统治的基础。因此，古代中国是一个"厌讼"的国家，"好讼之子，多致终凶"，在发生纠纷时，不伤脸面和无损权威的调解成为人们的第一选择。

中华法系是古代东方最发达的法律文明。明清之际，中华法系日渐衰落，并在清末逐步陷入困境。今天，中国的法治显然已脱离传统中华法系局限，但中华法系中的很多制度、观念、精神和价值依然影响着今天中国人乃至东亚人的生活和心灵。在法律现代化的过程中，中华法系的厚重遗产，值得我们认真地对待，对于其中优秀的法治资源，需要不断发掘和继承。

二、真主的声音：伊斯兰法系

公元7世纪，在阿拉伯半岛，麦加人穆罕默德创立了伊斯兰教，这是一种以真主安拉为唯一的神、以《古兰经》为经典的宗教。在真主的引导和保佑下，阿拉伯民族不仅创立了自己的国家和文化，也创造了一套与西方世界完全不同的法律文明——伊斯兰法系。

伊斯兰法系又称"阿拉伯法系"，是以《古兰经》为渊源和经典的若干个国家和地区的法律的总称，它的范围包括伊朗、伊拉

1　梁治平：《寻求自然秩序中的和谐》，商务印书馆 2016 年版，第 213 页。

克、印度尼西亚、巴基斯坦等国家。伊斯兰法兼具宗教和道德规范性质，同伊斯兰教有着密切联系，是每个伊斯兰教徒即穆斯林都应遵守的基本生活准则。在公元八九世纪阿拉伯帝国全盛时期，伊斯兰法也臻于全盛，东起印度河流域，西临大西洋，从喜马拉雅山麓至地中海岸这一广大地区，都曾实行伊斯兰法。

伊斯兰法系的法律渊源主要包括四个方面：其一是《古兰经》。《古兰经》被誉为"安拉的法度"，是真主降示给人类的最后一部经典，它规定了伊斯兰教的基本教义和信仰基础，是伊斯兰教法最根本的立法依据和最主要的法律渊源。其二是《圣训》。《圣训》专指穆罕默德的言行或先例的记录，即"圣行"。按照伊斯兰教的精神，先知的行为就是一种榜样，可以用来指引所有穆斯林。其三是"公议"，即权威的教法学家一致性的意见或判断，又称"决议"。其四是"类比"。类比即法学上的类比判断，在《古兰经》和《圣训》无明文规定时，将遇到的新问题依照比较推导等方式得出判断或结论，从而形成新的训例。

伊斯兰法系奉《古兰经》为最高的法典，其内容多为祈祷、斋戒、礼拜及诚信经商、禁止赌博等教谕。伊斯兰法是属人法，凡是穆斯林，都必须遵守伊斯兰法。

> 穆斯林呀！
>
> 《古兰经》给你带来保证，
>
> 是你的指路人，
>
> 你应当因它而欢欣、快慰。[1]

1　《一千零一夜》，第2卷，纳训译，人民文学出版社1982年版，第549页。

与西方法律相比，传统伊斯兰法律的一个特点是男女不平等。伊斯兰法允许一夫多妻制，在家庭生活中，丈夫是当然的家长。在公共生活中，妇女出门应戴面纱，不得抛头露面；妻子要对丈夫忠贞，所以传统伊斯兰法对于通奸和强奸等性犯罪进行严厉的惩罚，违法者往往要被处以石刑，即埋入沙土用乱石砸死。

在诉讼制度方面，伊斯兰法设置了比较独特的沙里亚法院——卡迪法庭。"卡迪"是阿拉伯语的音译，其原意为"教法执行官"或"教法官"。卡迪是依教法的规定审理穆斯林之间的民事、刑事案件的司法官员。卡迪执行的是真主的法度，因此唯有学识渊博、精通经训和教法，而且品格高尚、廉洁奉公、信仰虔诚的伊斯兰教学者、法学家才有资格担任。沙里亚法院审理案件的基本程序是原告举证、被告盟誓。卡迪听取原告起诉后，如认为理由充足，即要求被告就所诉事实做出解释。如被告表示认可，即做出支持原告的判决。如被告否认原告所诉事实，则要求原告举证，如果原告拿不出证据，则要求被告盟誓否认，然后宣布被告胜诉。在证据方面，法院只接受成年穆斯林自由人的证词，奴隶或非穆斯林无权作证。证人必须有诚实、高尚的品行，具备宗教道德信念，在"安拉之法庭"面前不说假话，不作伪证。[1]

三、恒河的法文明：印度法系

恒河发源于喜马拉雅山脉南坡，在哈尔德瓦穿过西瓦利克山脉

1　马玉祥:《论伊斯兰教与"神圣律法"伊斯兰法的辩证统一性》,《西北民族学院学报》(哲学社会科学版)1999 年第 1 期。

进入平原。恒河丰沛的流水不仅给沿岸人民带来舟楫和灌溉的便利，并且冲积形成了辽阔的恒河平原和三角洲。印度人民世代在这里劳动生息，创造了世界古代史上著名的古印度文明，也创造了法律史上著名的印度法系。印度法系，是古代印度奴隶制法及以其为基础的古代缅甸、锡兰（今斯里兰卡）、暹罗（今泰国）、菲律宾等国法律的统称。

印度古代法起源于婆罗门教法，后来佛教兴起，孔雀王朝阿育王定佛教为国教，婆罗门教法逐渐为阿育王召集高僧编纂的三藏经典所取代。所谓"三藏"即《律藏》《经藏》和《论藏》。三藏佛教法，特别是其中的律藏，具有法律的性质。再后来，佛教的影响日渐减弱，婆罗门教法又兴盛起来。到了公元八九世纪，婆罗门教吸收了佛教和耆那教的某些教义，改称为"印度教"。因此，古印度法也往往被称为"印度教法"。

《摩奴法典》是古代印度婆罗门教的经典，也是印度法系的代表之作，相传为"人类的始祖"摩奴所编，实际上是婆罗门教的祭司根据《吠陀经》与传统习惯在公元前 2 世纪至公元 2 世纪之间写成的。《摩奴法典》共 12 章，采用诗歌体裁，包括了宗教、道德、法律规范以及哲学等内容。《摩奴法典》确立了王权无限的君主专制制度，宣布国王是具有人形的伟大的神，其光辉凌驾于一切生物之上；《摩奴法典》的核心在于确认和保护种姓制度（Verna）。法典将人按等级高低分为四个种姓，并规定了各种姓的不同地位、权位和义务。四个种姓分别是：婆罗门，即僧侣贵族，掌握教权，垄断知识，享有种种特权，是最高种姓；刹帝利，即武士贵族，握有政治、军事权力，是世俗统治者；吠舍，包括农牧民、手工业者和商人，是社会的基本生产者；首陀罗，是最低种姓，无任何权利，专为高级种姓服务，从事最低贱的工作。前三种种姓为"可再生人"，第四种种姓属于"不可再生人"，种姓实行世袭，界限森严，不同种姓的人的权利、义务极不平等，这种不平等表现在财产所有权、债权债务、婚姻、继承等各个方面。在某种意义上，可以说《摩奴法典》是一部典型的种姓法和等级法。

> 婆罗门的名字，由两个字组成，其中第一个字要表示吉祥，刹帝利的要表示权势，吠舍的表示财富，首陀罗的表示卑下。
> 婆罗门的名字，其第二个字应该表示幸福，刹帝利的表示保卫，吠舍的表示富裕，首陀罗的表示隶属。
> 学习期满的再生族，得教师同意，按照规定沐浴洁身后，可娶一个同种姓具有吉相的妻子。
> 再生人初次结婚要娶同种姓女子，但如若再娶，要依种姓的自然顺序优先择配。

随着 15 世纪最后一个印度王国的灭亡，古印度法系退出了历史舞台，成为死亡的法系。不过，虽然印度先后受到伊斯兰法和英国法的冲击，但印度教法作为一种属人法至今仍然在印度社会发挥着很大作用。1947 年，印度独立后编纂的《印度教法典》就以《摩奴法典》为基础，而现在印度、斯里兰卡、泰国等国在习惯中还保留有一些古印度法的痕迹。

第九章 法律与道德

　　法律和道德，是人类社会的两大基本规范，法律约束人的行为，道德指引人的心灵。哲学家康德说：最使我感到敬畏和不能忘记的，是头上的星空和心中的道德律。头顶的星光灿烂，指引夜行者回家的方向，而心中崇高的道德律，引领我们追求善和公正的生活。

第一节　法律与道德的关系

一、违反道德的法律是不是法律

　　法律和道德之间是否存在必然的联系？道德在什么意义上影响着法律？法律必须符合道德吗？违背了道德的法律还是不是法律？这些问题，是法学史上的难解之谜，很多思想家和学术流派都曾参与到这些问题的讨论中，其中最有影响的就是自然法学和实证分析法学，它们在法与道德的核心命题上，有着巨大的分歧和尖锐的对抗。

　　自然法学派主张，法律是有目的的，这个目的就是实现善和正义，而善和正义的问题是个典型的道德问题，因此，法律与道德存在必然联系。法律与道德应当保持内在的统一，法律应当体现道德和人性的基本要求，国家的制定法必须符合正义的自然法，反过来，如果国家的法律违背了人类社会的道德共识和基本良知，那它就不配再被称为"法律"，简单来说，"恶法非法"。

实证法学派则认为："法律是什么"的问题与"法律应当是什么"的问题是互相分离的。在凯尔森看来，"法律概念没有丝毫的道德涵义"[1]，分析法学在法律与道德问题上的基本观点体现在其著名的"分离命题"（Separability Thesis）中：法律的有效性并不在于它是否与道德准则相一致，而是来自立法程序所要求的条件是否满足。就像奥斯丁在《法理学的范围》中的表述："法律的存在是一回事，其好与坏是另外一回事；法是否存在是一个问题，它是否符合某一假设的标准是另一个问题；一个实际存在的法就是法，即使我们恰巧不喜欢它。"[2] 所以，即使一部法律是大家都不喜欢的"恶法"，但只要它是立法机关基于职权依照程序制定的，它就是有效的法律。

两大法学派的观点，各有其合理性，分别指出了理解法律与道德关系的不同路径。自然法学派提醒人们不要忘了法律的目标和理想，应该引导法律走在正确的路上，这种提醒值得所有的立法者虚心聆听；实证分析法学坚决捍卫国家制定法的尊严，反对以道德的名义干预法的实施，损害法的权威，这种主张对于捍卫审判独立具

1　［美］E. 博登海默：《法理学：法律哲学与法律方法》，邓正来译，中国政法大学出版社 1999 年版，第 376 页。

2　［英］约翰·奥斯丁：《法理学的范围》，刘星译，北京大学出版社 2013 年版，第 157 页。

有积极意义。

　　尽管在 20 世纪初，自然法学曾一度受到冷落，但在二战之后的纳粹审判中，基于对法西斯法制的深刻反思，人们重新认识到了自然法理论的人性价值，自然法学得以再次复兴，并深刻影响了战后德国一系列"告密者案"的审判。

　　　《哈佛法律评论》报道了一则德国法院裁决的告密者案：一个妻子决定摆脱她的丈夫——一个长期服役的德国士兵，丈夫在探亲期间向她表达了对希特勒的不满。1944年，妻子向当局告发了丈夫的言论，并出庭作证，军事法庭根据纳粹政府1934年、1938年发布的两部法令，判定该士兵犯有发表煽动性言论罪和危害帝国国防力量罪，处以死刑。经过短时期的囚禁后，他未被处死，又被送往前线。战后，这个妻子和军事法庭的法官被交付审判，检察官根据1871年《德国刑法典》第239条，起诉二人犯有非法剥夺他人自由罪。

　　　1949 年，班贝格（Bamberg）地区上诉法院在二审中判定涉案的法官无罪，但判这个妻子罪名成立，因为她利用纳粹法律导致了她丈夫的死亡和监禁，而这些法律"违背了所有正派人士所持的健全良知与正义感"。法院援引了"良知"和"正义"之类的自然法观念，认为"妻子告发丈夫，违背了所有正常人的健全良知和正义观念"，这样的告密卑鄙而邪恶，是一种类似于借刀杀人的恶行，据此，法院判决告密的妻子有罪。这个案子对后来许多类似案件的审判都产生了影响，在有些案件中，法院明确宣布："完全否认人格价值和尊严的法律不能够被看作是法。"[1]

在德国"告密者案"中，法院认为，告密者不能以自己的行为符合当时的法律为由为自己开脱罪责，因为法西斯的法律违背了人类最基本的良知和人性标准，达到了"不能容忍"的程度，这样突破了道德底线的"恶法"，根本就不具有合法性和正当性，不配被称为法律。

总之，法安天下，德润人心。人们必须承认的是：法律与道德作为人类社会最基本的两大规范，实际上是一对很难分开的冤家和伴侣，很多时候，法律不过是显露的道德，而道德则是隐藏的法律，要想把它们彻底分离，在实践中几乎是不可能的事。

二、能否用法律手段强制执行道德

在有些时候，法律与道德之间可能会出现矛盾与冲突，即出现"合法性"与"合理性"不一致的情形，诚如拉德布鲁赫所说："法有利于道德，——它同时也有碍于道德。"[2]

在古代社会，法律必须符合道德教条或宗教规范，在这种情况下，法律与道德出现冲突的可能性很小，比如在古代中国儒家法律传统下，大义灭亲既受道德赞扬，亦为法律所认可，而"亲亲相隐"——父母子女之间为其犯罪行为互相隐瞒和包庇——甚至成为

1　柯岚：《法哲学中的诸神之争》，商务印书馆2021年版，第83—84页。
2　[德]古斯塔夫·拉德布鲁赫：《法律智慧警句集》，舒国滢译，中国法制出版社2001年版，第11页。

法律义务和法律要求，因为它符合礼教"父慈子孝"的伦理标准。

到了现代社会，法律开始强调其相对于道德、宗教的独立性，因此它会在某些场合与道德发生冲突。比如，某乡间有男子同有夫之妇通奸，丈夫知情后将该男子暴打一顿，结果，丈夫因违法被公安机关处以治安拘留的惩罚。在此案中，按照乡民的道德和朴素正义观，应受惩罚的不是丈夫，而是那个给人戴绿帽子的男子，法律帮助了坏人，根本就没有实现正义。

法律与道德的冲突，给立法者提出了这样一个难题：对于道德上的合理要求，能否将其转化为法律义务？换句话说，能否用法律手段强制执行道德要求？这个问题在法学上被称为"道德的法律强制"（Legal Enforcement of Morality）。对此，有人主张法律必须支持道德，当道德要求重要到一定程度时就必然要将其转化为法律要求，两者之间并没有不可逾越的界限和鸿沟。比如，见义勇为本来是一种道德上的善行，但如果一个社会特别冷漠，那么就需要法律出手，直接在刑法中规定"见死不救罪"，把救助他人从道德号召转化成法律义务；有人坚决反对这种"道德法律化"的主张，认为这是"法律万能论"的浪漫主义想法，不仅不可行，而且还会造成司法权的扩张，并造就一个虚伪的世道。比如思想家密尔在其《论自由》一书中提出："个人的行动只要不涉及自身以外什么人的利害，个人就不必向社会负责交代。"[1]就是说，某种行为即使不道德，但只要没有伤害到他人，就不能用法律去惩罚，法律没有实施道德的义务。

在"道德的法律强制"方面，比较典型的一个案例发生在 20

---

1 [英]约翰·密尔：《论自由》，程崇华译，商务印书馆1959年版，第102页。

世纪 70 年代的英国，其争论的话题是：国家能不能对卖淫和同性恋这类不道德行为进行法律制裁？

在 19 世纪的维多利亚时期，英国社会奉行极其严苛的性道德。性话题成为普遍禁忌，公然讲出"胸""腿"等字眼，也会被视为猥亵。在这样的氛围下，对卖淫和同性恋的法律惩罚自然大行其道。当时的刑法规定：男性之间的性交是"卑劣恶行"，要被处以死刑。英国还是欧洲唯一对男性之间手淫治罪的国家，连自慰都可能成为犯罪，那么卖淫也当然被视为危害社会、必须严惩的恶行。

英国作家、诗人王尔德（Oscar Wilde）就是当时英国色情法令最著名的受害人。1895 年，一位叫昆斯伯瑞的侯爵发现自己儿子与王尔德不当交往而控告王尔德，并到其常去的名人俱乐部贴上纸条："致奥斯卡·王尔德——装腔作势的鸡奸客。"虽然王尔德在法庭上进行了激烈抗争，但最终还是被法院以"与其他男性发生有伤风化的行为"的罪名判处入狱两年。出狱之后，王尔德远离英国，最终客死他乡。

随着社会的发展和人们思想观念的进步，维多利亚时期严酷的反色情法开始遭受到了越来越多人的质疑和反对，最终引发了法律改革。

1954 年，英国议会任命了一个特别委员会——"同性恋与卖淫调查委员会"，负责调查同性恋与卖淫问题，并就此提出法律改革的建议。该委员会在历时三年的调查之后，向议会提交了《同性恋和卖淫调查委员会报告》，史称"沃尔芬登（Wolfenden）报告"。报告认为：成年人之间自愿的同性恋行为不应被认定为犯罪；个人私下的卖淫也不应遭受惩处，因为它并未对他人造成损害，但是在大庭广众之下拉客却是违法的，毕竟它扰乱了公共秩序。报告说："我们认为，刑法的功能是在于维持公共秩序及体面的行为，对公民进行保护，使他们不受到侵犯和伤害……成年人之间同意且在私下进行的同性恋行为，不应再被视为犯罪。……在私人道德领域，社会与法律应该给予个人选择及行动的自由。……法律应当留下一个属于私人道德与不道德的领域，这个领域，简言之，不关法律的事。"[1]

"沃尔芬登报告"发布后，很快引发了社会争议，英国高等法院大法官德富林和牛津大学法理学教授哈特为此展开了一场著名的论战。[2]论战从法律和道德之间的关系出发，集中讨论了"卖淫和同性恋是否应该由法律加以禁止"的问题。

在德富林法官看来，法律并不仅仅维护私人权利，它还负责保卫社会。道德是一个社会的黏结剂，如果人心中的是非标准紊乱，就会像暴力动乱一样伤害到社会安全，因而，国家"明显有权力通过立法惩治不道德行为"，比如卖淫、同性恋、堕胎和乱伦。对此观点，哈特断然反对，他在密尔的"损害原则"的基础上提出主张：法律只有在防止伤害行为发生时，其适用才属正当，一种没有对他人造成损害的不道德行为，最多受到舆论谴责，但绝不应该受到法律的制裁。在私人幸福的问题上，政府不应当树立唯一标准，

1　Lord Patrick Devlin, *Morals and the Criminal Law*, in Oxford Readings in Philosophy, pro. 29, p67.

2　[英]哈特：《法律、自由与道德》，钱一栋译，商务印书馆2021年版。

或代替个人做出判断。最终，哈特的观点占了上风，英国议会在不久后修改了法律，个人私下的卖淫行为和同性之间的性爱，被归入私人道德的范畴，不再受法律的评价和制裁。

"沃尔芬登报告"的法律意义在于，它在道德与法律之间划出了一条界线，主张法律的职责是调整公共秩序和维护公共安全，而不是监控和惩罚人们的私生活。"沃尔芬登报告"提示立法者：必须保留一部分私人生活领域交给道德去评判，换句话说，调整这些领域，并非法律的职责。

第二节　堕胎与安乐死中的法律与道德争议

在法律与道德领域，存在着一系列现实的争议性话题，这些话题不仅引发了公众的广泛讨论，也对国家的立法和司法构成了挑战。在这些争议性话题中，比较典型的有堕胎问题和安乐死问题，通过对这些问题的讨论，我们可以更具体地感受到法律与道德之间复杂的关系。

一、女性堕胎问题

在亚洲地区，法律一般并不禁止堕胎，但在欧洲和美国，受其主流道德和宗教的影响，人们对堕胎较难接受，美国一些州还通过刑法对这种行为进行惩罚，比如得克萨斯州就规定：如非母亲生命安全之必须，禁止进行堕胎手术。对于这种以刑法来维护特定道德和宗教观念的做法，很多人尤其是女性表示反对，并为此进行了法律抗争，其中最著名的就是"罗伊诉韦德案"（Roe v. Wade）。[1]

1969 年，美国得克萨斯州一个叫罗伊（Jane Roe）的女孩子因为一次意外事件而怀孕，根据当时得州的法律，堕胎属于犯罪行为，要受严厉的处罚。迫于无奈，罗伊将孩子生下来，并于不久之后送给他人收养，随即与收养人失去了联系，无从查找孩子的下落。罗伊对此非常伤心。当时，有两个主张堕胎自由的律师正在寻找试验案件以挑战得州刑法，他们找到了罗伊，愿意为她代理本案。于是罗伊以得州刑法违宪并剥夺了她的堕胎自由为由，将得州政府告上了法庭。

联邦最高法院开庭审理了这一备受关注的案件。最终，最高法院在 1973 年以 7 : 2 的多数意见做出了裁决，认为得州刑法禁止堕胎的规定过于宽泛地限制了妇女的选择权，侵犯了宪法第 14 修正案的正当程序所保护的个人自由，违反了宪法中公民的"隐私权"，而该权利赋予了妇女是否决定终止妊娠的权利，因此裁定该法违宪，相关条款无效。然而，对于该判决的批评和反对声音一直存在，且逐步影响了最高法院的态度。

罗伊案涉及的是在美国引发巨大争议的堕胎问题。几十年来，这一话题一直是美国法律领域最重大的话题。如果孕妇认为堕胎是正确和必要的话，那么她们是否有权利这么去做？政府在何时、何种程度上可以用法律干预堕胎行为？对于不同的社会团体和利益阶层来说，这些论题具有愈来愈重要的意义：在妇女团体看来这关系到平等权，在宗教组织看来，堕胎是可恶的渎神的行径，而由于妇

1　[美]阿兰·艾德斯、克里斯托弗·N.梅：《美国宪法个人权利案例与解析》，项焱译，商务印书馆 2014 年版，第 115—116 页。

女个体中的大部分人贫穷困顿、无权无势，所以对她们来说这是关于个人自由的基本论题。在近代美国，"历史上还从未有过一个宪法问题对这么多的人如此至关重要，甚至可能连50至60年代的重大公民权利案都不曾引起如此关注"[1]。

在美国法学家德沃金看来，关于罗伊案争论的中心不是关于人格这么形而上学的问题，也不是关于胚胎是否具有灵魂的神学问题，而是如何正确解释宪法的法律问题，即在美国的政治体制中，对宪法的解释必须由联邦最高法院通过司法途径进行，而不是通过政治途径进行。联邦法院对宪法的解释，即体现了道德解读的展现和运用。关于堕胎，美国宪法上并没有明确规定。因此，很多批评者认为，堕胎权实际上是"法官制造"的权利，它"在美国宪法的语言和设计中找不到明确依据"。德沃金坚决支持联邦最高法院的判决，并且依据他的道德解读的方法为此判决进行了辩护。

在德沃金看来，人们必须有自由根据自己的良知做出决定，而不容社会将集体性意志强加给他们。"堕胎权与其他法院所保护的隐私权一样，是一种私人决定，它在很多方面甚至更为隐秘，因为这种决定不仅涉及妇女如何掌控与他人的联系，而且关系到掌控使用自己的身体，同时，宪法从许多方面认可了人们与其躯体完整性相关的特殊隐秘性。"[2]

罗伊案判决做出之后，法律上的争议算是告一段落，但社会争

1　［美］罗纳德·德沃金：《自由的法：对美国宪法的道德解读》，刘丽君译，上海人民出版社2013年版，第40页。

2　［美］罗纳德·德沃金：《自由的法：对美国宪法的道德解读》，刘丽君译，上海人民出版社2013年版，第48—49页。

议仍未尘埃落定。直至今日，还有人在不断努力，试图推翻这一判例，共和党就多次把这个问题作为竞选和执政的目标之一。里根总统和布什总统都曾对联邦最高法院"篡夺"人民特权的上述判例极度愤慨，他们在其总统竞选纲领中谴责了1973年的判决，并号称他们挑选的法官会推翻这个错误判例。最终，在近半个世纪之后，2022年6月24日，联邦最高法院以6：3的绝对多数做出裁决，推翻了罗伊案此前的判决，宣告堕胎权不是美国宪法所保障的权利，该问题应交由各州立法机关自行决定。

堕胎问题，涉及法律、道德、宗教等多方面的纠缠。法院在类似案件的裁判中，要综合考虑各方面的因素，既维护公民尤其是孕妇的选择自由，同时也要对胎儿利益和公众的道德感受予以照顾。

二、安乐死的争议

当生命的延续面临巨大的困难，譬如无法治愈的绝症，个人是否可以实施安乐死，选择自主终结生命，这在伦理和法律上存在着巨大的争议。套用莎士比亚在《哈姆雷特》中的那句话："是痛苦地活着，还是有尊严地死去，这是一个严肃的问题。"

2011年5月，广州市番禺区某派出所接到邓某的报案，称其母李某在出租屋内自然死亡，但公安机关的尸体检验却发现死者是有机磷中毒死亡。事后，邓某承认，母亲系自杀而死，应母亲请求，他买了农药帮助母亲"安乐死"。邓某是来自四川的打工者。2010年5月，邓某的老父过世，母亲没有人照看，邓某遂将患病的老母亲接到广州与自己同住，就近照料。他的母亲中风半瘫痪已经有18年，最近一次意外摔跤，母亲身体疼痛加剧，经常夜半痛醒。为此，不堪病痛折磨的母亲多次向儿子提起"想死"的意愿，照顾了母亲18年的邓某最终选择尊重母亲的意愿，协助其实施了"安乐死"。2012年，广州市番禺区人民法院对"助母安乐死"一案做出判决，以故意杀人罪判处邓某有期徒刑三年，缓期四年执行。

"安乐死"一词源于希腊文，原意为无痛苦死亡，又称安死术。按照传统道德观念，安乐死属于自杀，是一种恶行。自20世纪30年代以来，随着对生命质量和个人权利的尊重，安乐死在西方日渐得到正视，围绕安乐死的正当性，人们进行了长期的争论。

反对安乐死的观点认为：生命为上天所赐，至高无上，乃是一切价值之源，是个人的基本权利和自由的基础；疾病和痛苦都是命运的安排，个人无法拒绝，也无法逃避。因而，面对病痛，个人与社会，都应不惜一切代价与之抗争，以期延续生命；生命权也是宪法所保护的最基本的权利，不可剥夺，不可侵犯。尤其一些医学团体坚决反对医生参与实施安乐死，认为这是协助自杀，严重违背了医疗道德，也是对"希波克拉底誓言"的叛逆。《美国医学会杂志》发表的社论称："我们可以原谅为避免疾病造成的折磨或丧失尊严而实施的自杀，但是，我们拒不认可医生在任何条件下以任何方式故意缩短病人生命具有某种程度的正当性和合法性。"[1] 救死扶伤是

1　Shai J. Lavi, *The Modern Art of Dying: A History of Euthanasia in the United States)*, Princeton University Press, 2005, p85.

医生的职责，而赐人以死亡则和医生的职责背道而驰，医务人员对病人实行安乐死，实际上就是变相杀人。

针对道德上的责难，支持安乐死的人主张人道主义生死观：生死同值，生有意义，死也有尊严。人道主义要求尊重人、关爱人，首先尊重人的生命，但当生命仅剩下病痛煎熬时，人的同情心便体现在帮助病人结束已丧失生存价值的生命。面对现代医疗技术无法救治的绝症病人的痛苦，应尊重病人意愿，允许病人自主选择离开人世，这也是道德上的至善追求。

在主张安乐死的人看来，现代科技的发展可以延长寿命，但却无法使人永生。人既有生的权利，也应有死的自由。另外，安乐死也符合病人自身利益。对于生命垂危的晚期绝症病人，延长生命实际上是对他们变相的折磨和虐待。死亡并不都是坏事，因为它是不可抗拒的自然规律，与其把有用的物资用在毫无希望的病人身上，还不如允许他平静地死去。这也有利于节约医疗费用，减轻社会和家属的负担。

在进行理论争辩的同时，主张安乐死的团体也在采取积极的社会活动，宣传他们的主张，从而发展出了一项新的人权运动——安乐死运动。安乐死运动的最终目标在于推动国家出台法律，将死亡列为公民的一项法定权利。

1997年，美国的安乐死运动首先在俄勒冈州获得了突破，该州成为全美第一个允许实行安乐死的州。从此以后，病人可以依据一项名为"有尊严的死亡法案"（Death with Dignity Act），使用医生开出的致命药物，结束自己痛苦的生命。几年之后，荷兰议会于2001年通过了安乐死法案，荷兰成为欧洲第一个安乐死合法化的国家。

生如夏花之绚烂，死如秋叶之静美。每一个珍爱生命者，对生有期待，对死亦有期待。佛家讲，人应拥有智慧，参透生命的本质，当负累太重时，要懂得看破，要学会放下。面对无可维系的生命之苦，现代法律也许该放下执着，考虑给个人以选择的自由：可以继续前行，勇敢地活着，也可以有尊严地死去，与红尘作别，把痛苦放下。

第三篇　当代法律体系

宪法就是一张写着人民权利的纸。

——[苏联]列宁

在民法慈母般的眼里，每一个人就是整个国家。

——[法]孟德斯鸠

第十章 宪法：治国理政的总章程

男人和女人之间的爱情，是文学和艺术永恒的主题。人民和国家之间的关系，则是政治学和法学永恒的主题。为了保障公民权利，规范国家权力，维护公民和政府之间的和谐关系，人民制定了宪法，这是国家最基本的法律，具有最高的法律效力和政治权威，是治国理政的总章程，是人民权利的保障书。

第一节 宪法是一部什么样的法

现代社会，法律越来越复杂。从横向即法律体系的角度看，存在宪法、行政法、民商法、刑法、诉讼法等多个部门，从纵向即法律渊源的角度看，存在宪法、法律、行政法规、地方性法规、规章等多种形式。那么，在庞大的法律家族中，宪法是一部什么样的法律呢？

一、宪法是地位最尊贵的根本法

在一个国家的法律体系中，宪法是如此重要和独特：它是人民意志的集中体现，它明确了公民享有的一系列基本权利和自由，它创设了各类国家机关并赋予其相应职权，它包括了一些举世公认的价值观念和行为准则，它是一国法律体系的核心和基石。

在法律发展史上，宪法是一个年轻的法律部门。一般认为，英国是近代宪法的发源地，1215年的《自由大宪章》被认为是第一份宪法性文件，它开创了用法律限制王权、维护民权的先河。美国1787年在费城通过的宪法，是世界上第一部成文的、系统的宪法典，对后来世界各国的宪法产生了深远影响。

在中国近代史上，清末光绪皇帝颁布的《钦定宪法大纲》，虽然以"宪法"为名，但其理念和内容却未能跳出皇权专制的窠臼。辛亥革命后，中华民国先后颁布了《中华民国临时约法》《中华民国约法》《中华民国宪法》等，代表了中国人在宪法道路上的早期探索。中华人民共和国成立后，第一届全国人民代表大会在1954年通过了《中华人民共和国宪法》，这是我国第一部社会主义宪法典，此后经过了多次修改。我国现行宪法是在1982年颁布的，史称"八二宪法"。

在现代社会，宪法是一国法律体系的核心和基石，在法律家庭中，它是最尊贵的法律。

首先，宪法的内容最重大。宪法无小事，作为根本法和母法，宪法解决的都是国家政治生活中的大问题，比如国家性质如何，主权在民还是在君，公民享有哪些基本权利，承担哪些基本义务，国家设立哪些机关，各机关之间如何进行权力分配和制约，如何保障宪法贯彻实施，等等。宪法对这些国家大事做出设计和安排，为国家机关的公共管理和公民的社会生活确立了原则，指明了方向。至于宪法中的这些原则性、纲领性的规定怎么实现，就要靠立法机关制定其他普通法律予以落实了。比如，宪法规定要保护弱势群体，则立法机关就要制定《残疾人保障法》《未成年人保护法》《妇女权益保障法》《老年人权益保障法》等；宪法规定要保护生态环境，则立法机关就要制定《水污染防治法》《大气污染防治法》《土壤污染防治法》《海洋环境保护法》等。宪法之所以被称为"母法"，就因为它是其他法律的母体和来源，其他法律是在贯彻和实施宪法的精神和内容。

其次，宪法的效力最高。宪法是由人民委托立宪机关经过严格程序制定的，是人民意志的最高表达，在整个法律体系中具有至上的地位和至高的效力，它在万法之上，约束其他法律，而它自身则不受任何法律的约束。对于国家机关而言，所谓"依法治国"，归根到底就是"依宪治国"；对于执政党而言，所谓"依法执政"，归根到底就是"依宪执政"，宪法在公共生活中的最高效力和最高权威，必须得到普遍的尊重。对此，我国宪法在序言中明确规定："本宪法以法律的形式确认了中国各族人民奋斗的成果，规定了国家的根本制度和根本任务，是国家的根本法，具有最高的法律效力。全国各族人民、一切国家机关和武装力量、各政党和各社会团体、各企业事业组织，都必须以宪法为根本的活动准则，并且负有维护宪法尊严、保证宪法实施的职责。"

最后，宪法制定和修改的程序最严格。"法者，天下之程式也，万事之仪表也。"宪法不是普通的法律，不容随意地颁布、随意地修改。一般来说，制定宪法的主体是人民，即国家主权的所有人，只有人民才有资格制定宪法，规定国家的性质、国家机关设置、规定国家的基本制度。当然，人民制定和修改宪法，一般通过代议制进行，即选出若干民意代表，委托他们代表人民制定和修改宪法。

在我国，第一届全国人民代表大会第一次会议通过了"五四宪法"，第五届全国人民代表大会第五次会议通过了"八二宪法"，这都是人民行使制宪权的生动体现。同时，对已经颁布的宪法进行修改，也有着严格的条件和程序，必须慎之又慎。在我国，宪法的修改，由全国人民代表大会常务委员会或者五分之一以上的全国人民代表大会代表提议，并由全国人民代表大会以全体代表的三分之二以上的多数通过，而普通法律则由全国人民代表大会以全体代表的过半数通过。

二、宪法是最爱人民的母亲法

在法律的大家庭中，民法是关于老百姓过日子的法律，刑法是关于惩治犯罪的法律，行政法是关于政府管理的法律，而宪法，从其价值目标和规范内容来看，则是保护公民权利、维护公民自由的法律，换句话说，宪法是所有法律中最爱人民的法律。

浏览世界各国的宪法文本，会发现"保障公民权利"都是宪法的主要内容和核心任务。在我国，宪法除了详细规定公民的基本权利外，还通过多个基本原则，展现了它对其子民的深情大爱。

其一，人民主权原则。这意味着国家的主人是人民，而不是任何其他的机构或个人。古代社会，国家主权的主流说法是"君权神授""主权在君"，即皇帝的权力来自上天的赐予，地上的君主是在执行天命，君主只需对上天负责而无需对下民负责。近代民主和法治的出现，打破了这种传统理论和权力体制，天下为公，国家不再是一人一家的国家，乃是天下万民的国家，唯有人民，才是国家主权的唯一合法的主人。什么是人民？千千万万个单独的个人汇集起来就是人民，国家主权归人民所有，为人民所用，以人民为本，政府的管理权源于人民的委托和授予，需要对人民负责，受人民监督，要以实现人民的福祉为根本目标。

其二，权力制约原则。这意味着所有国家机关享有的权力，都要受到制约和监督。公民享有的是"权利"（rights），本质上是一种个人自由，国家机关行使的是"权力"（power），本质上是一种强制性力量。一个正常的社会，必须要有健全的政府，而政府一定要拥有足够的权力，否则，既无法维持正常的社会交往，也不能保护公民的人身、财产安全。但是，国家机关及其官员的权力如果不受制约和限制，就有可能给人民带来伤害和灾难。历史经验证明，权力容易腐败，而不受制约的权力迟早会腐败。为了防止权力异化，防止肆无忌惮的权力给社会带来灾难，宪法设计了权力制约机制，包括把权力限定在最必要的限度之内，把不同权力分配给不同国家机关，对权力的运行进行严密的监督，对滥用权力者进行追究问责等。宪法授予国家机关权力，并将其关进制度的笼子里，让权力谦卑而规范地运行，实现权为民所用，利为民所谋，不断促进人民的幸福。

其三，人权保障原则。这意味着尊重和保障人权，是国家的法律义务和政治责任。所有国家机关在履行职责时，都要牢记这个初心和使命。人权是人之为人应当具有和必须拥有的基本权利，对人权的尊重，就是对人的主体性、人的价值和人的尊严的认可与维护。我国宪法明确规定了公民的各项权利，比如以身体为基础的人身自由，以财产为基础的所有权，以社会生活为基础的劳动权、受教育权，以及以政治生活为基础的选举权、言论自由、结社自由、批评建议权等。这些基本权利，对公民而言，是一种保障，公民可以据此过上自由的生活；对国家机关而言，则是一种要求，是一种制约，它意味着立法机关、行政机关、司法机关、监察机关在履行自己法定职责的过程中，必须尊重和保护公民的各项权利，绝不允许侵犯公民的合法权益。

历史证明，凡是宪法得到尊重的国家，人民就一定能够过上有自由和有尊严的生活。宪法爱人民，人民自然也会爱宪法，所以，法律格言说："宪法不存在于条文中，而存在于人民的心中。"

第二节 宪法的主题：公民权利与国家权力

宪法的内容十分广泛，涉及政治、经济、文化、社会等诸多领域，但是，其中最重要的主题不外乎两个：公民的人权保护和国家的公权限制。换言之，宪法有两条主线和两个维度：一个是公民的私权利，一个是国家的公权力，宪法的核心任务就是要协调好这两者之间的关系。列宁曾说："宪法就是一张写着人民权利的纸。"[1] 确认和保障公民基本权利，是现代宪法的首要使命，而为了保障人权和促进人权，宪法就必须对国家机关的公权力做出规定，一方面要明确赋予国家机关以权力，并督促其积极承担起服务人民的职责，另一方面要对其权力行使进行合理的限制和监督，防止权力异化和权力腐败。总之，约束国家权力，保护公民权利，乃是宪法之核心命题。

---

1 《列宁全集》，第12卷，中共中央马克思恩格斯列宁斯大林著作编译局编译，人民出版社1987年版，第50页。

一、公民的基本权利

每个人生来就拥有固有的、不证自明和不可转移的权利与自由，包括身体的权利、财产的权利、言论的权利和信仰的权利等。这些权利，构成个人发展的道德前提，也是理解法律和政治的出发点。按照古典自然法学派的观点：人拥有自然权利，但无法仅凭自己的力量保护自己的权利不受侵害，为了切实享有权利并过上更幸福的生活，大家通过订立社会契约建立了国家，把本属于自己的一些自然权利让渡给了国家，国家因此获得了主权地位和政治权力，并承诺行使此受委托之公权的唯一目的，乃是在于尊重和保障人权、维护公共利益和实现共同体的福祉。

为了达至上述目的，人民与自己的国家共同制定了宪法。宪法可以被比喻为建国之初的一份政治契约，它用根本法的形式，将公民的权利加以明确规定，命其名曰"基本权利"。这些在宪法之中得以规定并经由其他法律加以细化的公民基本权利，是公民过上体面而有尊严的生活的法律基础，应得到所有国家机关的尊重，并采取切实措施予以保障。

基于宪法赋予的人身权利，公民可以享受社会生活，维护私人空间，拥有个体的尊严。宪法赋予公民人身自由，不被非法拘禁，不得随意搜查，据此，个人可以随梦想流浪，自由地寻找诗和远方；宪法赋予公民住宅权利，在某个或大或小、或奢华或简陋的物质空间里，公民可以与世界隔离，享有私生活的隐秘和安宁；宪法赋予公民通信自由，保护公民的通信秘密，无论是车马千里投寄的信笺，还是智能手机瞬间即达的信息，公民都可以安全地表达问候和思念，不被打扰，不被窥探；宪法赋予公民人格尊严，不允许任何人以任何方式对他人实施人格侮辱和精神践踏，哪怕他是流落街头的乞丐，抑或罪大恶极的罪犯。

基于宪法赋予的政治权利，公民可以参与公共事务，积极扮演国家主人的角色。通过行使选举权和被选举权，公民既可以选出自己满意的代表或议员，同时也可以被他人选为代表或议员，维护辖区选民的利益，发出选民的声音；通过行使言论与出版自由，公民可以对公共事务发表自己的真实看法，包括客观的分析，包括由衷的赞美，也包括善意的批评，以推进政治和法律的完善，提升公共管理的水平；通过行使结社和集会等权利，可以让单个的公民联合起来，众人拾柴火焰高，凝聚社会共识，推动社会进步。

基于宪法赋予的财产权利，公民可以保护自己的财产，并享受财富带来的满足。宪法规定公民对自己的土地、房屋、物品、金钱拥有所有权，其权利受到法律保护，任何国家机关、组织和个人不得侵犯。商人因为有了财产权，可以放心地进行长远的经营与投资，在正常的纳税外，不必担心自己的财产会被政府随意拿走；平民因为有了财产权，可以通过劳动努力地赚钱，以此过上柴米油盐的平凡生活，即使只有一间破破烂烂的茅屋，宪法同样予以平等的保护，未经房屋所有人的同意，"风能进，雨能进，国王不能进"。

基于宪法赋予的受教育权，每个儿童都可以读书学习，获得人生的全面发展。对于儿童来说，教育的目的在于赋予他们能力，包括获得人文科技知识、提升道德素养、形成良好行为习惯，从而可以更好地认识自己、发展自己。受教育是宪法赋予儿童的基本权利，因此，政府需要举办学校，实施免费的义务教育，家长需要保障儿童入学，营造良好的家庭环境，学校需要提供合格的师资和设备，给每个孩子以适当的教育，帮助他们成为健康、正派和有能力的人。对于那些身体或智力存在障碍以及行为存在偏差的儿童，国家要予以特别关注，为他们提供特殊教育或专门教育，在成长的路上，不让任何一个儿童掉队。

基于宪法赋予的文化权利，公民可以从事文学、艺术、科学的思考和研究，并享受人类文明的成果。人生不仅有柴米油盐，还有棋琴书画，人除了肉身和物质的需求，还有灵魂和精神的需求，这些需求在宪法上就体现为文化权利。根据这一权利，公民可以自由地进行创作，包括进行诗歌、小说、戏曲、绘画等文学艺术领域的创作，也包括从事农业、工业、商业等领域的科学技术创作，以及进行学术研究等；公民可以享受文学、艺术和科技的成果，让自己的精神世界更为丰富，为此，政府需要建设公立的图书馆、博物馆、美术馆，并尽可能免费向全体公民开放。

总之，人若无衣食，便会失去生命而成亡魂，人若无权利，便会失去自由而成奴隶。亚里士多德曾言：法律与其说是束缚，毋宁说是自由。宪法赋予公民以各项基本权利与自由，目的不外乎是让每个人，无论财富多寡、地位高低，都能做自己生活的主人，能在自己的能力范围内，活得精彩，活出让自己喜悦和欣赏的样子。

二、国家机关的公权力

罗素曾指出，在人类的"无限的欲望中，居首位的是权力欲和荣誉欲"。在现代政治生活中，国家公权力的衰弱，常带来社会混乱和无政府状态；而公权力的过度扩张，又可能会对个人权利和自由构成威胁。因此，如何规范权力运行，便成为宪法的一大主题。

宪法对于国家机关权力的规定，概括起来主要有两个方面：授予权力以解决其合法性，监督权力以保证其运行。

一方面，宪法要对国家的权力做出明确规定，解决其合法性问题。作为一种强制性力量，国家的公权力从何而来，以何为据，这是一个关乎公权力合法性的法哲学问题。民主法治时代，人民才是国家的主人。国家机关权力的唯一合法来源就是源于人民的委托和同意，而人民把哪些权力委托给了国家机关，要以宪法为基本依据。对此，我国宪法第二条明确规定："中华人民共和国的一切权力属于人民。人民行使国家权力的机关是全国人民代表大会和地方各级人民代表大会。"所以，一切国家机关的权力，要证明其存在的正当性，就必须从法律——最终从宪法——中寻找依据。关于某一权力，宪法中有明确规定，则国家机关就享有该项权力，而宪法中若无规定，则即使有再多理由，国家机关也不得享有和行使这一权力，即"法无规定即禁止"。对此，美国宪法第十修正案也专门规定：宪法未授予合众国的权力，一律保留在人民手里。可以这么说，宪法，只有宪法，才是一切国家机关拥有和行使公权力的最终依据，也是衡量一切公权力合法性的根本标准。

另一方面，宪法要设计一套制度，将国家权力在不同机关之间进行合理分配，并予以监督和制约。权力一旦集中，就很容易腐败，为保障人民的权利和自由，就必须在不同国家机关之间进行权力分配，并通过监督机制"把权力关进制度的笼子"。在我国，根据宪法规定，代表人民行使国家权力的机关是全国人民代表大会和地方各级人民代表大会，全国人民代表大会和地方各级人民代表大会由民主选举产生，对人民负责，受人民监督。国家行政机关、监察机关、审判机关、检察机关由人民代表大会产生，对它负责，受它监督。也就是说，在我国，人民代表大会集中统一行使国家权力，在其领导下，人民政府行使行政权，进行公共管理，监察委员会行使监察权，负责预防和惩治腐败，法院行使审判权，审理各类案件，检察院负责提起公诉和开展法律监督。为了保障各个国家机关依法行使权力，宪法在进行权力分工的同时，还设计了系统的权力监督机制：行政机关、监察机关、司法机关要接受人大的监督，要按规定向人大进行工作汇报，接受人大代表的质询，人大有权罢免这些机关的官员；除了人大的一般性监督外，监察委员会负责个案监督，对违法违纪的官员进行调查，检察院通过起诉和抗诉，对法律的实施开展监督，公民和媒体通过批评、建议、申诉、控告、检举、报道等方式，对所有国家机关及其官员开展监督。通过有效的监督，可以保障权力在阳光下健康地行使，在法治的轨道上规范地运行。

总之，赋权、分权、控权，勾勒出了宪法的权力维度。基本政治制度的体系就是宪法，它是权力关系的自传。因而，认真地对待权力，审慎地处理权力关系，是宪法的一大主题和使命，也是尊重和保护人权、维护宪法权威的根本所在。

第三节 宪法如何得到良好实施

拉德布鲁赫说，"宪法是历史流动之河的坚韧之体，是坚固的底床，它为民族历史之流铺呈航道，——经年累月缓缓地加深、展宽和变迁，宛若历史从前在其自身刻下印记。"[1] 在法治国家，宪法

<hr />

1   [德]古斯塔夫·拉德布鲁赫：《法律智慧警句集》，舒国滢译，中国法制出版社2001年版，第50页。

是真正的统治者，所有的人——包括国王和总统——都必须服从和尊重宪法，都必须在宪法之下行使权利或权力，履行义务或职责。但有些时候，人们却看到宪法被搁置和架空，少数官员滥用权力，公民的自由遭到践踏，特权和歧视依然存在且屡见不鲜。因此，为推动宪法的有效实施，让其不再是"沉睡的美人"，就需要建立有效的监督制度，即设立专门的机构，依据特定程序，对违反宪法的行为进行审查和追究。一般来说，宪法监督的主要对象是掌握权力的国家机关，而其主要内容则是审查议会的立法活动和政府的管理活动是否违宪，因此也可以称为"违宪审查"。

一、西方国家的合宪性审查制度

英国思想家哈耶克曾引述一位法律史学家的话说："没有司法审查，宪法就根本不可能实现。"[1]在西方，宪法实施监督的成功模式主要有两种：其一是通过普通法院进行的合宪性审查，以美国为代表；其二是通过专门的宪法法院（或宪法委员会）进行合宪性审查，以德国和法国为代表。

首先来看通过普通法院进行的合宪性审查。

通过普通法院进行的合宪性审查，一般指法院在审理原告、被告之间某一具体纠纷的同时，对该案涉及的相关法律文件是否合宪进行的附带审查。比如，某州的立法部门出台了一部法规，规定领取政府救济的穷人不可以养宠物，否则将取消其申领救济的资格。

---

1   [英]哈耶克：《自由秩序原理》（上），邓正来译，三联书店1997年版，第235页。

一位养狗的穷人被当地民政部门据此取消了救济资格，他不服，将民政部门告上法院。在该案的审判中，法院要认定民政部门的决定是否合法，首先就要对该州出台的上述法规是否合宪进行审查，一旦认定该法规违反了宪法，则可以宣布其无效。这种由普通法院在审理具体案件时对相关法律法规是否合宪进行审查的模式，最早出现在美国，源于美国联邦最高法院 1803 年审理过的一个著名判例——"马伯里诉麦迪逊案"（Marbury v. Madison）。

在 1787 年的美国宪法文本中，其实并没有关于合宪性审查的任何规定，也没有赋予联邦最高法院保障宪法实施的职责，但是，当时的马歇尔大法官却巧妙地利用了"马伯里诉麦迪逊案"这个政党权力斗争的案件，以判例法的形式为联邦最高法院获得了一项重要的权力——违宪审查权。通过这项权力，联邦最高法院可以对总统的命令和议会的立法进行合宪性审查，从而保障宪法在立法和行政系统得到尊重和实施。在过去两百多年里，美国联邦最高法院多次运用其违宪审查权，在关键时刻宣布议会的立法和政府的决定违宪，有效地保护了公民的自由，维护了宪法的权威和尊严。

其次来看通过宪法法院开展的合宪性审查。

与美国由普通法院负责合宪性审查不同，有些国家认为应当专门设立一个宪法法院。这个法院不受理普通案件，只负责审理违宪案件。这种设想，最早源于奥地利法学家汉斯·凯尔森，他提出并参与缔造了世界上第一个宪法法院——奥地利宪法法院。此后，随着各国对宪法实施监督的重视，很多国家纷纷建立了自己的宪法法院，如捷克、西班牙、德国、意大利、俄罗斯、韩国等，其中德国联邦宪法法院非常成功，影响深远。

1948 年 9 月 1 日，来自德国西部各州的 70 位代表聚集在波恩的柯尼希博物馆开会，他们的任务是为二战之后分崩离析的西部德国起草一部临时性和过渡性的宪法文件，他们甚至不敢把这个文件称为"宪法"，而称其为"基本法"，并在最后一条宣布：本法在德国人民通过了宪法典后立即失效。然而，这部基本法却一直实施到了今天，并被人们誉为"世界上最成功的宪法之一"，它引领德国度过了战后岁月，见证了德国实现统一以及成长为欧洲经济强国的过程。这部宪法的成功，不在其文本的完美，而在于其优良的实施机制，即德国联邦宪法法院在解释和适用宪法、监督和控制国家权力方面发挥了至关重要的作用。[1]

"基本法"在德国历史上第一次设立了一个专事解释宪法、保护公民基本权利、厘定联邦政府和各州政府权力边界的机构，即"联邦宪法法院"。德国联邦宪法法院由16位法官组成，由联邦议会和参议院选举产生。联邦宪法法院远离首都柏林，坐落于德国西南部城市卡尔斯鲁厄（Karlsruhe），这些身穿红袍的大法官，手握违宪审查的大权，不畏权贵，不惧舆论，既保护公民权利，也捍卫宪法的尊严。

2006年2月，德国联邦宪法法院做出一项裁决：由政府制定的一项有关在紧急情况下可以授权联邦国防军击落被恐怖分子劫持的民航飞机的《空中安全法》违反宪法，因此无效。按照这部法律，当飞机被恐怖分子劫持后，政府可以下令击落该客机，通过牺牲机上乘客和机组人员，

1　郑戈：《传统中的变革与变革中的传统：德国宪法法院的诞生》，《交大法学》2017年第1期。

以保护地面上公众的生命和财产安全。

联邦宪法法院院长帕皮尔在法庭调查时提出，这一判决涉及的宪法问题是：人的生命能否用数量多少来衡量和取舍？能否为了拯救地上民众的性命而夺走飞机上的乘客和机组成员的性命？

最终，所有法官一致做出判决：每一个人的生命都同等宝贵，因此，国家不能为了保护其他人性命而贬低和牺牲被劫持飞机上的乘客和机组成员的性命。院长帕皮尔说："把夺取人的生命作为拯救他人的一种手段，意味着把人的生命当成了一种物质，具有可比性。国家出于自身考虑认为可以支配同样需要保护的飞机内乘客的生命，等同于否定了这些人生命的价值。而这一价值是每个人与生俱来的。"

由专门的宪法法院（法国叫"宪法委员会"）开展合宪性审查，对议会、政府的立法和行政决定是否符合宪法进行审查，这种制度设计非常巧妙且切实有效。德国的实践证明，宪法法院的大法官们没有辜负人民的信任和委托，他们尽职尽责地履行着自己的使命，捍卫宪法的权威，也护卫宪法庇佑下人民的幸福生活。

二、我国的宪法实施监督制度

在我国，宪法授予全国人大及其常委会"监督宪法实施"的职权，它可以对其他国家机关制定的法律、发布的命令是否违宪进行审查。全国人大及其常委会履职以来，不断完善机制，采取多种举措，认真履行其推动宪法实施、加强宪法监督的职责，捍卫了宪法的尊严和权威，维护了国家法治统一。

全国人大常委会在 2014 年通过决定，将 12 月 4 日设立为"国家宪法日（National Constitution Day）"。国家宪法日是为了增强全社会的宪法意识，弘扬宪法精神，加强宪法实施，由国家设立的专门节日。每年的这一天，国家会通过多种形式开展宪法宣传教育活动，为我们的宪法庆祝生日。

目前，全世界有一百七十多个国家都规定了宪法宣誓制度。2015 年，全国人民代表大会常务委员会通过了《关于实行宪法宣誓制度的决定》。据此，各级人民代表大会及县级以上各级人民代表大会常务委员会选举或者决定任命的国家工作人员，以及各级人民政府、监察委员会、人民法院、人民检察院任命的国家工作人员，在就职时应当公开进行宪法宣誓。誓词内容是："我宣誓：忠于中华人民共和国宪法，维护宪法权威，履行法定职责，忠于祖国、忠于人民，恪尽职守、廉洁奉公，接受人民监督，为建设富强民主文明和谐美丽的社会主义现代化强国努力奋斗！"国家工作人员进行宪法宣誓，既是自我的承诺，有助于确立宪法信仰，形成宪法思维，同时也是对全体人民的教育，引导民众相信宪法和拥护宪法，在内心深处形成坚定的宪法信仰。

为防止有关国家机关出台的法规、规章以及各类"红头文件"违反宪法，相关人民代表大会及其常委会开展了备案审查，包括"事前审查"与"事后审查"。事前审查主要表现为有关部门制定的法律文件在颁布实施前，需要报特定的人大常委会进行批准，事后审查主要指法律文件在颁布实施后，要在规定的时间内报特定人大常委会备案。通过事前的批准与事后的备案，可以监督有关国家机关在发布法规和出台规范性文件时严格遵守宪法的精神、原则和条款，从而最大程度避免违宪问题的发生。

> 2018年，全国人大常委会收到公民对国务院《城市供水条例》提出的审查建议。审查建议指出：《城市供水条例》第35条规定用户未缴纳税费的，由供水行政主管部门或者其授权的单位责令限期改正，可以处以罚款。但是，城市供水企业给用户供水，双方之间是民事法律关系，欠缴水费是民事违约行为，不具有侵害社会公共利益和危害公共安全的性质，《城市供水条例》规定的罚款属于行政处罚，对民事违约行为予以行政处罚，这显然违背了民法的精神，属于行政机关越权干预民事活动。
>
> 收到建议后，全国人大常委会法制工作委员会经过审查，及时向国务院提出了修改《城市供水条例》的建议。2020年，国务院发布了《国务院关于修改和废止部分行政法规的决定》（国务院令第726号），明确删除了《城市供水条例》中的上述相关条款。[1]

为了进一步加强宪法实施监督工作，2018年，全国人大设立了"宪法与法律委员会"，其主要职责就是推动宪法实施、开展宪法解释、推进合宪性审查、加强宪法监督。随着依法治国对宪法实施的要求越来越高，随着公众对自身基本权利越来越重视，人们期

1　全国人大常委会法制工作委员会法规备案审查室：《规范性文件备案审查案例选编》，中国民主法制出版社2020年版，第5—6页。

待"宪法与法律委员会"这个新设的专门机构能够不负众望，在推动宪法实施中扮演重要角色，发挥积极作用。

第十一章 行政法：把政府权力装进笼子里

一家有家长，管理家庭事务；一国有政府，管理公共事务。在国家机构中，政府的地位很重要，拥有的权力很大，政府权力运用得好，会促进安居乐业和国富民强，而一旦肆意妄为，则会出现腐败并侵犯公民合法权益。因此，如何授予政府权力，授予政府多少权力，如何约束政府权力，让权力在制度的笼子里规矩而温顺地运行，这是需要法律解决的重大问题，处理和解决这些问题的法律，就是行政法。

第一节 认识行政法

一、行政法的发展

人是群居的动物，因而，对于公共事务的行政管理就是一种普遍的社会现象，在有人群的地方，便有行政管理。在现代生活中，政府的行政官员管理着辖区内复杂多样的公共事务，包括治安、教育、卫生、税收、应急、环保等，在良好的政府管理下，社会稳定和谐，人民幸福安康。

有行政管理，就必然有关于行政管理的法律制度。在一国法律体系中，专门调整政府行政管理关系的法律就是行政法，它是关于行政机关如何设立、享有什么职权、按照什么程序和标准来管理社会的一套规定。行政法属于典型的公法，它调整的是行政机关和公民、企业之间管理与被管理的关系，因而，行政关系是不平等主体之间的法律关系。

远在古代社会，国家就建立了庞大的政府机构，同时也开始为行政管理建章立制，比如我国古代的《唐六典》《大明会典》《大清会典》都是关于行政管理的法律。但农耕生产造就了民间村落氏族自治，导致"皇权不下县"，政府权力对民众生活的干预比较有限，因此并没有发展出独立而完备的行政法体系。近现代意义上的行政法，是在工商业文明兴起之后才出现的。

在德国，19世纪末俾斯麦执政时期，国家颁布了大量的社会保障立法，行政权开始渗透到社会经济生活各个领域。到了魏玛共和国时期，宪法赋予了总统广泛而庞大的权力，同时其他立法也对各级行政机关的职责权限、管理程序进行了规定。在美国，早期行政机关受到议会和法院的双重监控，在政治生活中扮演了一个很小的角色，行政法在整个法律体系中的地位也完全不能与其他法律同日而语。1887年，美国的"州际商业委员会"成立，这在美国行政法发展史上具有里程碑的意义，在许多行政法著作中，这个事件被称为美国行政法兴起的开始。[1]美国国会通过立法赋予了"州际商业委员会"广泛的权力，使之可以对经济领域直接进行管制，甚至享有

1　董炯：《国家、公民与行政法》，北京大学出版社2001年版，第134页。

一定程度的惩罚权和执行权。

行政法在整个法律体系中的兴起，是与政府行政职能的扩张密不可分的。在 19 世纪，行政法的目的主要在于确认行政权扩张的合法性。但是，在承认行政权力扩张的积极社会效应的同时，也不能放松对其破坏性的警惕。20 世纪以来，行政权力的不断蔓延打破了公共领域和私人领域的界限，打破了国家和社会之间的平衡，从而引起了自由主义思想家的警觉，在他们看来，政府权力似乎已经超出了必要的限度。因此，大约是在 20 世纪 80 年代以来，西方国家开始将政府干预社会的能力不断回缩，政府管制经济逐渐受到严格控制。

从行政法的发展历史看，最早的时候，行政法的主要目的在于保障行政机关的地位，赋予其干预社会的合法权力。但是，从 20 世纪中后期开始，行政法的功能开始发生转变，规范和控制行政权力成为当代行政法的核心目的。换句话说，行政法的主要功能，在于对政府的行政权进行规范和监控，把它关进制度的笼子里，防止其滥用和腐败。

在现代国家的各种权力中，行政权是非常重要和突出的，它管理的事务范围广泛，且与老百姓的生活息息相关。因而，行政权运行状态如何，直接影响到民众的福祉和国家的法治状况。为了规范政府的管理行为，国家制定了大量的行政性法律，主要包括政府组织法、公务员法、行政许可法、行政处罚法、治安管理处罚法、行政强制法、行政复议法等。这些法律涉及政府管理的方方面面，构筑了一个行政权运行的完备的制度之网。

二、行政法的基本原则

为了规范政府权力，实现依法行政，现代行政法确立了一系列基本原则，这些原则是行政法精神和理念的集中体现，构成了行政法制度的道德基础。同时，这些原则也已成为可以直接适用的规范，与其说它们是法律理由，毋宁说它们已经是法律本身。

行政法的第一个原则是行政合法原则。

行政合法原则重点关注的是：行政权的存在和行使是否严格遵守法律规定，是否符合法律要求？具体说来，这个原则意味着行政机关的职权应由法律明确设定及授予，行政机关的管理活动要以行政职权为基础，无职权便无行政；行政机关实施管理必须严格依据和遵守法律，"法定职责必须为，法无规定不可为"，不得享有法律以外的特权；行政机关必须接受来自民间和司法的监督，并对其违法的行政行为承担相应的法律责任。

行政法的第二个原则是正当程序原则。

行政机关进行社会管理，不仅要有明确的法律授权，即"职权合法"，还要遵守公正的程序，即"程序合法"。行政法上的正当程序原则，意味着行政机关在行使职权时应严格依照法定程序进行，而他们所依据的程序本身应当是正当的。正当程序原则要求执法依据应事先公布以便让公众知悉，执法程序应明了清晰，具有确定性和可预测性，行政机关的受理、调查、处置应公开透明，让当事人知情并接受公众监督。更重要的是，正当程序要求执法机关在对公民做出不利决定时，必须保障公民有进行申辩、举行听证和发表不满意见的机会，对于行政机关做出的决定，公民应有权寻求司法救济。

行政法的第三个原则是比例原则。

比例原则是现代公法中的基本原则，它源于18世纪末德国警察法。比例原则的核心意旨在于提醒政府采取行政措施时必须考虑其必要性和限度，通俗来说就是"别太过分了"。一般来说，比例原则主要由三个子原则组成：适当性（suitability）、必要性（necessity）和狭义比例原则（proportionality in its narrow）。"适当性"指政府所采取的手段必须符合法律的目的，"必要性"要求政府在所有可采取的手段中应选取最温和的手段，"狭义比例原则"要求某一手段对公民的伤害越高，则手段所要实现的目的就必须随之提高，即手段和目的之间必须是合理的、相称的和成比例的。[1]比如，病人的一根手指受伤发炎，医生就决定对其整只胳膊实施截肢，就超过了必要的限度，违反了比例原则。在公共管理中，行政机关一定要注意自己采取的方式方法是否合适和妥当，"小题大做"和"过度处置"不仅侵犯公民权益，也会损害执法的严肃性。

行政法的第四个原则是信赖保护原则。

"一言既出，驷马难追。"个人要讲信用，政府更要讲信用，唯有如此，才能维护民众对政府的信任。信赖保护原则可以等同于诚实信用原则，它要求政府应遵守和履行自己的承诺，不能出尔反尔，不得擅自改变已经生效的行政行为。信赖保护原则的基础是公众对国家和国家权力合法性的信任，这种信任是政府维护公共安全、保持社会稳定的重要条件。如果政府随意改变承诺，这种信任便会受到伤害。公众对政府的特殊信任如果不能受到保护，公民权利、公共秩序乃至整个社会都会处于不稳定、无序、多变的状态。

1　陈景辉：《比例原则的普遍化与基本权利的性质》，《中国法学》2017年第5期。

第二节 政府如何开展公共管理

一、行政许可

在家庭生活中，孩子做一些重要的事情，得经过家长的同意；在公共生活中，公民或者企业做一些重要的事情，得经过政府的同意，这就是行政许可。

行政许可，是行政机关根据当事人的申请，通过颁发许可证或执照等形式，依法赋予特定当事人从事某种活动的权利或资格，其目的在于维护公共秩序，保护社会利益。在日常生活中，行政许可的活动非常普遍，司机开车必须向交警部门申请驾照，律师从事法律服务必须向司法行政部门申请执业证书，商人开办企业必须获得市场管理部门颁发的营业执照，等等，这些都属于行政许可。

在强调自由和自治的现代社会，并非所有的社会活动都要经过政府的许可。一般来说，只有那些需要特殊技能和条件、对社会生活和公共利益有较大影响的活动，才需要得到政府的许可，并且这些许可应由法律做出明确规定。对于政府来说，该管的要管好，不该管的要放手，在没有法律依据、缺乏正当理由的情况下随意设置行政许可，不仅是任性，更有可能违法。

2007年秋收前，河北某县朱庄村年逾70岁的张老汉一直在发愁，到底能不能收割自家地里的玉米？原因是当年9月24日，由于张老汉收割玉米时没有申请县里发的《秸秆放倒证》，遭到镇政府负责"秸秆还田和禁烧"工作人员的打骂。张老汉的女儿到镇政府质问父亲被打一事时，有关工作人员说："如果你私自放倒秸秆没有放倒证，派出所查后要进行处罚，这是上面的规定。"

这个"上面的规定"是指该县发布的"关于秋季秸秆还田和禁烧工作的实施意见"，其中明确规定："确需放倒、撂倒玉米秸秆的农户，需持有县秸秆还田和禁烧指挥部统一印制的《秸秆放倒证》，并做到当天放倒，当天清运。否则，按影响农机统一作业论处。"

张老汉指着自己三亩多还没有收割的玉米说：我们自古都是先割倒秸秆再掰下玉米，现在突然冒出个放倒证，难道县政府还管我们农民是站着掰玉米还是割倒秸秆再掰玉米吗？[1]

禁止农民焚烧玉米秸秆以避免大气污染，政府的初衷是好的，但是，在没有法律依据的情况下设立行政许可，要求农民"先办许可证，再收割玉米"，这样的方式明显背离了行政许可法的初衷，侵害了公民的合法权益。在推进"简政放权"的行政体制改革中，政府需要坚持法治思维，抑制"什么都想管"的冲动，在法律的框架下规范运用许可权。

二、行政处罚

行政处罚是行政机关对违反行政管理秩序但不构成犯罪的公

---

[1] 《河北成安农民收玉米需办秸秆放倒证》，《法制日报》2007 年 10 月 30 日，第 3 版。

民、法人或其他社会组织实施处罚和制裁的活动。在我国，行政处罚主要包括治安管理处罚和其他行政处罚，前者指由公安部门对违反治安管理法律的违法行为实施的处罚，比如殴打猥亵、聚众赌博、破坏公物、谎报险情疫情、损坏文物古迹等，后者指由环保、税务、海关、卫生、市场监管等行政部门对违反相关行政管理法律法规的行为的处罚，比如无证经营、虚假广告、偷逃税费、私建房屋、污染水源、食品卫生不合格等行为。

我国行政处罚的种类主要包括警告、罚款、没收违法所得、责令停产停业、暂扣或吊销许可证或执照、行政拘留等。在各种行政处罚中，行政拘留是最严重的，它可以对人身自由进行限制。因此，限制人身自由的行政处罚，只能由全国人大及其常委会通过法律予以设定，国务院和地方人大不得在其制定的行政法规、地方性法规中规定行政拘留的处罚。

2019 年 4 月 28 日，在珠海机场，乘客刘某对其乘坐的航班因天气原因延误心生不满，与机场工作人员发生争吵，并煽动其他旅客拒绝登机，其间还抢夺机场工作人员的广播话筒。民警到场后对其进行劝阻，要求其保持冷静，合理表达诉求，但刘某不听劝阻，继续在现场大吵大闹，并将登机口服务台上的告示牌等物品砸坏，其行为严重影响了机场秩序。最终，机场公安部门在调查取证后，根据《中华人民共和国治安管理处罚法》的相关条款，对刘某处以行政拘留 8 日的处罚。

行政处罚，需要坚持一系列法治原则。首先是处罚法定原则，它意味着行政机关在进行处罚时，其处罚依据、处罚种类、处罚程序、处罚形式等，都要严格以法律为依据，不能突破法律的限度；其次是公正公开原则，即设定和实施行政处罚必须以事实为依据，对当事人的处罚应与其违法行为的性质、情节及社会危害程度相当，同时处罚过程要公开透明，尊重当事人的知情权；最后是处罚与教育相结合原则。行政机关在实施行政处罚的同时，还要对当事人进行教育，责令其认识错误，及时改正。

行政机关进行行政处罚，要保障被处罚者的权利，包括陈述权、申辩权等。当事人对行政处罚不服的，有权依法申请行政复议或者提起行政诉讼。若行政机关在处罚中有违法行为并给当事人造成损害的，当事人有权依法提出赔偿要求。

三、行政复议

在行政系统内部，上下级政府之间存在监督关系，通过监督，一方面保证上级的要求得到贯彻落实，另一方面督促下级政府依法办事，不断提升管理水平。行政复议，就是上级政府通过个案监督下级政府的重要形式。

根据行政复议法，当事人如果对某一政府部门做出的行政行为不服，有权提出复议申请，要求其上一级部门对该行为的合法性、适当性进行审查，上级机关应依法开展审查，并做出维持或撤销原行政行为的复议决定。这种上级政府部门对下级政府部门行政行为进行的审查和复核，就是行政复议。

张某是包工头，因工程发包方甲公司拖欠工程款，导致其无法按时给工人发工资，张某遂带领数十名工人到甲公司门口聚集，要求对方负责人出面接待，商讨工程款支付问题。甲公司负责人拒绝出面并报警。当地公安局部门认为张某带人扰乱了企业秩序，对其做出了行政拘留10日的处罚决定。张某不服，认为自己讨要工程款的行为没有违法，遂向上一级公安部门提起行政复议。上级公安部门经过审查后做出复议决定：原行政拘留于法无据，因此撤销该处罚决定。

行政复议是一种特殊的法律制度，对政府而言，它提供了一种权力监督机制；对公民而言，它提供了一种权利救济机制。在通过行政许可、行政处罚进行公共管理的过程中，政府部门拥有较大的权力，而被管理者则相对比较弱小，两者之间的力量不对等，就会给行政权的任性乃至滥用提供机会。在这种情况下，行政复议就给公民提供了一种制约行政机关的途径，它允许当事人把下级政府部门的决定提交给更高一级的行政部门进行审查，从而获得再次处理的机会，尽量避免行政错误，最大程度保护公民合法权益。

第三节 行政权的外部监督

一、行政诉讼：来自司法的监督

张艺谋的影片《秋菊打官司》讲了这么一个故事，村姑秋菊的丈夫王庆来与村长发生了争执，被村长踢中要害部位。秋菊去找村长说理，村长不肯认错。为了讨个说法，秋菊怀着身孕踏上了漫漫的告状路途，从乡里到县里再到市里，在律师的指导下，秋菊最后把县公安局局长告上了法庭，提起了一场行政诉讼。

行政诉讼，俗称"民告官"，是指公民、法人或者其他组织认为行政机关的行政行为侵犯其合法权益，依法向法院起诉，法院对被诉行政行为的合法性进行审查并做出裁判的司法活动。通过行政诉讼，司法机关可以对行政机关的职权活动进行监督，督促政府以更谨慎、谦卑的心态来行使权力和服务社会。

在古代王权专制时代，法律是根本不可能允许公民以下犯上，启动针对政府的行政诉讼。因此，行政诉讼制度的诞生是人类政治法律文明发展到一定阶段的产物，是公民以自己的私权利启动司法权以监督和制衡行政权的有效机制，从某种意义上讲，它甚至是现代社会捍卫法治的制度核心。

行政诉讼制度体现出的权力制衡思想，最早源于古典自然法学派思想家洛克，他认为只有分权并且在不同权力之间建立起相互监督相互制约的关系，才能避免权力异化和权力腐败，保障公民的自由和维护法律的权威。行政诉讼属于典型的权力制衡机制，是司法权对行政权的制衡。在行政诉讼中，法律允许公民把政府告上法院，允许法院对政府行政行为的合法性进行司法审查，这种"民告官"的制度设计向人们传达了这样的信息：政府的权力是有限的，政府的行为必须依法进行并且接受法律的约束，而任何打破法律规则的权力横行必然是要付出代价的。行政诉讼制度的出现，把以前高高在上不可一世的政府推下了神坛，重塑了官民关系，推动了行政法治的发展。

1985年，农户包郑照在浙江省苍南县舥艚镇东面的河滩上毁堤填河，形成了三间屋基，向龙䗖镇城建办申请建房，建房审批表中有当地生产大队"同意建房，请主管部门审批"的意见和印章。根据这一意见，包郑照建成了三层楼房，并办理了房屋产权登记。

1987年7月4日，苍南县政府以未经合法审批、占用水道为由，组织人员强行拆除了包郑照新建的楼房。包郑照不服，以苍南县政府侵犯其合法财产为由提起民事诉讼，要求县政府赔偿各类损失总计13012元。

1988年8月25日，温州市中级人民法院在苍南县影剧院公开开庭审理此案，时任苍南县县长黄德余亲自出庭应诉，成为中华人民共和国行政首长出庭应诉第一人。在法庭上，包郑照的律师出示了71份证据，发表了3万余字的代理词；县长黄德余的律师也发表了16页的代理词。庭审从早晨一直持续到晚上10点，一千余名群众及来自多家新闻媒体的近50名记者旁听了案件审理。

最终，温州市中级人民法院认为，原告毁堤建房，影响排洪，县政府强行拆除其房屋合法，驳回原告诉讼请求。包郑照等不服，上诉至浙江省高级人民法院。浙江高院二审判决驳回上诉，维持原判。

包郑照诉苍南县人民政府强制拆除房屋案，是全国首例"农民告县长"的案件，成为当代中国法治进程中一个标志性的事件。虽然原告最终败诉，但它激发了"民可以告官"的意识，推动了正在进行的行政诉讼立法。[1]

1　何海波：《行政诉讼法》，法律出版社2022年版，第1—2页。

1989 年，《中华人民共和国行政诉讼法》颁布，标志着中国行政诉讼制度的建立。从实际情况看，行政诉讼制度的建立，促进了政府依法行政，提升了公民的法律意识，对中国法治的进步产生了深远影响。

从权力制约的角度讲，行政诉讼促进了行政机关依法行政，提高了行政效能，有助于建立一个廉洁高效的服务型政府。权力是一把双刃剑，如果没有制约和监督，权力就有可能变得任性肆虐并给社会造成伤害。行政诉讼是有关行政权力制约的司法机制，它赋予公民起诉政府的权利，公民可以把自己认为不公正的行政决定提交给法院进行司法审查，法院通过审理，可以做出撤销、维持或者变更政府行政行为等判决，从而实现对行政权的有效监督。

从人权保障的角度讲，行政诉讼保障了行政相对人的合法权益。在所有国家机关中，政府的权力是最广泛的，政府权力的运用几乎涉及公民生活的所有领域。为防止行政权滥用侵害公民人权，行政诉讼把保障行政相对人的合法权益确立为自己的基本目标。通过启动行政诉讼，在神圣的法庭上，管理者和被管理者获得了平等的地位，通过公开的质证和辩论，仅仅依据事实、法律而不是强制和暴力来确定是非，确定彼此的对错。

从法治发展的角度讲，行政诉讼有利于增强公民的法治意识。在传统社会，中国是一个人治的国家，行政权力曾肆无忌惮，不受限制，而普通民众的法治意识淡薄，面对侵害往往忍气吞声。通过行政诉讼制度的实施，普通公民可以起诉政府，由法院在平等的基础上进行审理，这样的法律体验有助于打破"官贵民贱"的旧观念，培植和增强全体社会成员的民主、权利、法治意识，而这样的法律意识，是现代法治实现的不可缺少的文化基础和精神条件。

德国法学家耶林曾呼吁"为权利而斗争",这是每一个公民对社会和自己应尽的义务。面对公权力的肆虐,如果所有的公民都如一只柔弱的羔羊,选择沉默和顺从,那只会让掌权者更加肆无忌惮,让法律更加悲哀和黯淡。行政诉讼,是平民为权利而斗争的理性选择,假使每一个受到侵害的公民,都能像固执的村姑秋菊那样,选择拿起法律的武器走上法庭,那不仅能够维护自己个人的合法权利,还会促成一个守法、清廉、勤勉、高效的法治政府的诞生。

二、议会监察专员:斯堪的纳维亚的故事

除了行政诉讼外,在一些国家尤其是北欧国家,还存在一种类似中国信访制度的监督机制——议会监察专员制度:由议会任命的监察专员,受理公民对政府的投诉,开展调查,发布建议,督促政府改进措施,完善制度,为社会提供优质的管理和服务。

议会监察专员制度最早可溯源于1809年的瑞典。当时的瑞典宪法规定,国家设立独立的议会监察专员,其主要使命是保护民众权利免受行政权力滥用之害,促使政府改进行政管理,加强行政公开。此后,芬兰、丹麦和挪威等北欧国家相继设立了自己的监察专员。二战之后,监察专员制度逐渐传播到了世界其他地区,迄今为止,全世界有一百四十多个国家和地区,包括中国的香港和澳门,都建立了类似制度。1995年,欧盟根据《马斯特里赫特条约》任命了首任欧盟监察专员。

一般来说,监察专员(Ombudsman),或者叫申诉专员,均由议会从德高望重的人士中选举产生,要求有娴熟的法律知识和经验,具有良好的人品和操守,大多是律师或法官出身。监察专员独

立于政府机构，只对议会负责。为了维护监察专员的独立性，其身份往往受到和最高法院大法官同样的保障，在财政上也是完全单项开支。监察专员的人数不多，挪威一人，芬兰三人，瑞典四人，但国家会给他们配备大量的法律专业工作人员。

挪威的议会监察专员的主要职责是负责处理公众对行政部门的投诉。当公民认为自己的权益受到行政权力的侵害而没有得到合适的法律救济时，便可以向监察专员提出书面投诉，由其展开调查并做出最终处理。为了保障监察专员能顺利开展工作，法律规定，监察专员享有广泛的调查权，可以询问任何国家机关、查阅任何文件资料，而所有政府部门及公务员均有协助之义务。调查程序完成之后，如果发现政府的行为并无不妥，监察专员会将该结果书面告知投诉人；如果确认行政行为存在违法或错误，监察专员则会对相关官员或机构提出劝告、建议甚至申斥。

从法律上讲，监察专员的建议或申斥是没有法律约束力的，仅仅是一种道义上的问责。但事实上，几乎所有行政机关对监察专员的意见都会给予高度重视，面对批评和建议，他们不会漠视或抵制，而会及时采取措施，积极寻求补救。监察专员的意见之所以具有事实上的约束力，除了专员本身的公正之外，还有两个重要原因：一是源于议会对专员的大力支持，二是仰赖于新闻媒体的舆论压力。在北欧，监察专员的一切工作报告和个案处理结果都可以在媒体上公布，向社会开放，听任查阅。在瑞典和芬兰，监察专员甚至可以行使公诉权，对违法的官员直接提出刑事指控。[1]

1　李红勃：《人权、善政、民主：欧洲法律与社会发展中的议会监察专员》，《比较法研究》2014 年第 1 期，第 141—159 页。

从法律性质上讲，议会监察专员制度是一种特殊的申诉救济机制，这样一种机制的存在和运行，使普通公民在与政府当权者打交道时有了靠山和安全感，因此人们又形象地把监察专员称为"护民官"。在处理公民投诉的过程中，监察专员发挥了特殊的政治法律功能，一方面监控了权力，一方面保障了人权，从而促进了良好的公共治理。

　　总之，监察专员通过监督政府有效地保障了人权，通过权力问责积极地推进了善治。当今北欧，政府清廉，人民幸福，社会和谐，这一切与监察专员制度的存在及其良性运转密不可分。

第十二章 刑法：法律家庭中的严父

在任何社会，犯罪都是不能容忍和不可原谅的，它侵犯了被害人的权利，破坏和扰乱了社会秩序，要受到法律的严厉制裁。刑法是关于犯罪和刑罚的法律，它规定哪些行为构成犯罪，对各种犯罪应处以何种刑罚。在法律大家族中，刑法是古老的法律，它的历史可以追溯到蒙昧蛮荒时代；刑法是严厉的法律，它惩罚犯罪者，剥夺他们的资格、财产、自由甚至生命；刑法是维护公共安全不可或缺的法律，如果没有刑法，民众就不可能安居乐业，而国家也无法长治久安。

第一节 刑法的精神

一、放纵恶就是侵害善

在德国诗人席勒的五幕剧《强盗》（1781 年）中，第四幕写的是众强盗在树林里过夜的情形，他们吃饱喝足，在草地上大声唱歌：

抢劫、杀人、嫖妓、斗殴，

在我们都只是消遣；

明天也许上绞架，

快活一天是一天。[1]

西方法律格言说："放纵恶就是侵害善。"强盗们抢劫、杀人、强奸、斗殴，而平民则因此被伤害、剥夺、侮辱，如果允许强盗们把作恶当作消遣快活一天又一天，那善良的人们就只能忍气吞声黯然落泪了。因此，为了防止出现这样的现象，国家制定了刑法，通过刑法预防和惩治犯罪，保护民众生命财产安全，维护社会秩序和国家利益。

在古代社会，"惩罚犯罪"是刑法的基本职责，刑法如同一个武功高强又为人正直的江湖侠士，收拾歹徒，替天行道，保护善良的人们不受伤害。在现代社会，随着社会进步和法治发展，刑法的功能不断发生着变化，它承担了人们更全面、更深沉的期望。

其一，惩罚和预防犯罪。

犯罪行为不仅会给被害人带来财产或身心的巨大损害，也会严重破坏社会的安全和秩序，并在深层次动摇国家的政治统治。因而，对于犯罪，国家必须建立起一套有力的反制和惩罚机制，刑法就是其中最重要的机制。对于犯罪行为，国家启动刑法进行追究，对违反规则的恶劣行为进行严厉惩罚，限制或者剥夺犯罪者的自由、资格甚至生命，让犯罪者为自己的错误付出代价，在监狱中感受到痛苦并深深后悔。在此过程中，刑法的惩罚会限制犯罪人再次

1　余宗其:《外国文学与外国法律》,中国政法大学出版社2003年版,第200页。

犯罪的能力，抑制犯罪人再次犯罪的冲动，强制其遵守既定的社会规则。同时，对特定犯罪者的惩罚还会令社会的一般公众受到教育和震撼，强化他们的规则意识和守法观念，阻止更多的人走上犯罪道路。

刑法惩罚和打击犯罪，其意义和价值在于维护公共安全与社会秩序。在公共生活中，要使社会合作和竞争顺利进行，就必须维系基本的交往秩序，没有良好的社会秩序，个人的生活、企业的生产、国家的管理均会陷入混乱。刑法是维护公共安全和社会秩序的法律，它通过惩罚犯罪，保护了个人的生命、财产安全，维护了国家和社会的管理、生产、交易秩序。

其二，约束国家刑罚权。

除了惩罚犯罪和预防犯罪，现代刑法还被赋予了一个新的目标，那就是运用刑法机制约束国家的刑罚权，以保护犯罪者和普通公民的人权不被侵害。在国家的诸多权力中，刑罚权是一种威力巨大的权力，是现代社会唯一可以合法使用的暴力。司法机关手中的刑罚权的运用，会直接限制和剥夺公民的人身自由、财产、政治权利甚至生命。因而，国家的刑罚权，必须受到刑法的约束和规制。

在刑罚权不受约束的古代社会，很多犯罪者受到了非人的折磨与虐待，很多无辜者被非法逮捕、刑讯逼供并投入牢狱，掌握着生杀予夺大权的官老爷还会在追究犯罪的幌子下从事打击异己、谋取私利、贪赃枉法的勾当，所以老百姓说："衙门八字开，有理无钱莫进来。"近现代社会以来，为了防止司法机关滥用刑罚权侵害公民人权，刑法设计了一套关于刑罚适用的约束机制，罪刑法定、刑罚人道等原则被提到新的高度，司法机关必须在刑法明文规定的范围内定罪量刑，在惩罚的同时还要尊重犯罪者的权利和尊严。

因而，现代刑法一方面惩罚犯罪者，让其为自己的恶行买单，另一方面也约束着司法机关，让其不可为所欲为。对于刑法这一功能，德国法学家拉德布鲁赫说道："自从有刑法存在，国家代替受害人施行报复时开始，国家就承担着双重责任；正如国家在采取任何行为时，不仅要为社会利益反对犯罪人，也要保护犯罪人不受受害人的报复。现在刑法同样不只反对犯罪人，也保护犯罪人，它的目的不仅在于设立国家刑罚权力，同时也要限制这一权力，它不只是可罚性的缘由，也是它的界限，因此表现出悖论性：刑法不仅要面对犯罪人保护国家，也要面对国家保护犯罪人，不单面对犯罪人，也要面对检察官保护市民，成为公民反对司法专横和错误的大宪章。"[1]

二、刑法的基本原则

贯穿于刑法始终，必须得到普遍遵循的全局性、根本性的准则，就是刑法的基本原则，它是刑法精神和宗旨的集中体现。我国刑法确立的基本原则包括三个：罪刑法定原则、刑法面前人人平等原则以及罪刑相适应原则。

1. 罪刑法定原则

罪刑法定原则，意味着司法机关在认定和惩罚犯罪的过程中，只能以刑法的明文规定为依据，刑法有明文规定的，就按照其规定定罪处罚；刑法没有规定某一行为是犯罪的，则绝不允许对该行为进行定罪处罚。

---

[1] [德] 古斯塔夫·拉德布鲁赫：《法学导论》，米健等译，中国大百科出版社 1997 年版，第 96 页。

罪刑法定原则来自拉丁文的著名法谚："没有法律就没有犯罪，没有法律就没有刑罚（nullum crimen sing lege, nulla poena sine lege）。"这实际上就是罪刑法定原则的格言式表述。从思想渊源来看，最先明确倡导罪刑法定之刑法思想的是意大利刑法学家贝卡里亚，而使之法典化的则是德国著名刑法学者冯·费尔巴哈。从法律规定上看，罪刑法定原则的最先来源是1215年英王约翰签署的《大宪章》，该法第39条规定："对于任何自由人，不依同一身份的适当的裁判或国家的法律，不得逮捕、监禁、剥夺领地、剥夺法的保护或放逐出境，不得采取任何方法使之破产，不得施加暴力，不得使其入狱。"现代意义的罪刑法定原则的法律渊源则是法国1789年《人权宣言》、1791年宪法及1810年法国刑法典。[1]

"法无明文规定不为罪，法无明文规定不处罚"，作为一项世界公认的刑法原则，罪刑法定原则以制约刑罚权滥用和保障犯罪嫌疑人人权为核心内容，其含义包括以下几个方面。

其一，成文法是刑法的渊源。拉德布鲁赫说："刑法比其他法的领域更需要法的安定性，因为只有成文法才能保证法的安定性，故此每一部现代刑法典都将刑法完全浇注为成文法的形式。"[2]规定犯罪及其刑罚的法律必须是立法机关制定的成文刑法，红头文件、习惯法、判例等均不应作为刑法的渊源，不能成为刑罚的依据。刑法中关于犯罪的条文应当清晰，预先告诉人们哪些行为可能会构成犯罪；刑法中关于刑罚的规定应当明确，禁止出现绝对的不定期

1　张明楷：《刑法格言的展开》，法律出版社2003年版，第17页。
2　[德]古斯塔夫·拉德布鲁赫：《法律智慧警句集》，舒国滢译，中国法制出版社2001年版，第38页。

刑，因为这会授予司法机关不受限制的自由裁量权。

其二，刑法的处罚范围与处罚程度必须具有合理性。只能将值得刑罚科处的行为规定为犯罪，禁止将轻微危害行为当作犯罪处理，对犯罪行为的处罚程度必须适应现阶段一般人的价值观念。

其三，禁止不利于行为人的事后法，禁止溯及既往。罪刑法定原则要求：刑法对犯罪与刑罚所做的规定，只能对该法生效后的犯罪行为适用，对其生效前的行为不适用，即法律不能溯及既往，不得用事后制定的法律约束和惩罚以前的行为。但从人权保障的角度考虑，如果新法对某种犯罪行为的处罚较旧法更轻，则允许新法具有溯及力。刑法不溯及既往，符合"不知者无罪"这一古老俗语。

其四，禁止类推适用。类推就是把刑法中没有明文规定为犯罪的事项，比照刑法中最相近似的事项加以处理的方法，即所谓的"照猫画虎"。在罪刑法定原则下，通过类推解释将法律没有明文规定的行为认定为犯罪是与罪刑法定原则的基本精神相冲突的，因而一般也是为法律所禁止的。

2．刑法面前人人平等原则

刑法面前人人平等原则，又叫平等适用刑法原则，是我国刑法明文规定的一项基本原则。刑法面前人人平等，意味着任何人犯罪，不论其家庭出身、社会地位、职业性质、财产状况、政治面貌，都应平等地按照刑法追究其刑事责任，不允许任何人有凌驾于法律之上的特权。

刑法面前人人平等原则要求：在定罪时要平等，不能因犯罪人身份、地位不同而有的定轻罪，有的定重罪；在量刑时要平等，不能因犯罪人身份、地位不同而有的判重刑，有的判轻刑；在刑罚执行时要平等，不能因犯罪人身份、地位的不同而给予不同的待遇。

在法制史上，古代主张"礼不下庶人，刑不上大夫"，贵族和官员在刑事审判中享有诸多特权，比较典型的有"八议"制度。"八议"为一议亲，二议故，三议贤，四议能，五议功，六议贵，七议勤，八议宾，这八类权贵人物在犯罪以后，可以获得特殊优待，往往都能从轻发落。近现代以来，犯罪和惩罚面前人人平等，成为刑法的基本原则，这一原则的出现，打破了特权等级制度，在刑事审判领域实现了人和人的平等对待。

3. 罪刑相适应原则

在普通的社会交往中，人们期望一切付出与回报、伤害与惩罚之间应有大致的公平，《圣经》里的"以眼还眼，以牙还牙"，东非南迪人的"羊皮换羊皮，葫芦换葫芦"，体现的就是这种朴素的公平观。在刑法中，罪刑相适应原则就是公平在刑法中的体现。

罪刑相适应的观念源远流长。公元前 18 世纪的《汉穆拉比法典》中就规定：伤他人眼的，还伤其眼；断他人骨的，还折其骨。而中国先秦时期的墨子也曾提出"罚必当暴""不杀不辜，不失有罪"的观点。资产阶级革命前后，启蒙思想家孟德斯鸠、洛克、贝卡里亚等人明确提出了按犯罪大小确定刑罚轻重的思想。法国的《人权宣言》第一次将罪刑相适应的思想变成了法律原则，而 1793 年法国宪法则进一步申明：刑罚应与犯罪行为相适应，并应有益于社会。

作为刑法原则，罪刑相适应原则是罪刑擅断的对立面，它要求司法机关应根据行为人犯罪的事实、性质、情节以及社会危害的大小，公平恰当地决定刑罚的种类和轻重。罪刑相适应的基本要求，简单概括起来就是"有罪当罚，无罪不罚；轻罪轻罚，重罪重罚；一罪一罚，数罪并罚"。在贝卡里亚看来，对犯罪不加区别地处以相同之刑，不仅难以制止犯罪，甚至导致人们去犯更重的罪行，而且还会损害人们的道德情感，而这种道德情感恰恰是刑法的基础。[1] 罪刑相适应原则的存在，就是要尽力去维护公民心中对于犯罪与刑罚的公平信念，维护刑法权威赖以存在的这种朴素的道德情感。

第二节 犯罪：异端的反叛

一、从马道婆蛊惑事件看犯罪

犯罪是一种违法行为，是性质最严重因而也是惩罚最严厉的违法行为，按照刑事古典学派代表人物费尔巴哈的观点，犯罪的本质在于对权利的侵害，而在马克思看来，犯罪是孤立的个人反对统治秩序的斗争。[2]

那么，什么样的行为才能构成犯罪呢？对于这个问题，可以从《红楼梦》第二十五回"魇魔法姊弟逢五鬼，红楼梦通灵遇双真"记载的一个利用巫术蛊惑害人的故事说起。

马道婆见他如此说，便探他口气说道："我还用你说，难道都看不出来。也亏你们，心里也不理论，只凭他去。倒也妙。"赵姨娘道："我的娘，不凭他去，难道谁还敢把他怎么样呢？"马道婆听说，鼻子里一笑，半晌说道："不是

---

1   陈兴良:《刑法的启蒙》，法律出版社 2003 年版，第 47 页。
2   屈学武主编:《刑法总论》，社会科学文献出版社 2004 年版，第 77—78 页。

我说句造孽的话，你们没有本事！——也难怪别人。明不敢
怎样，暗里也就算计了，还等到这如今！"赵姨娘闻听这
话里有道理，心内暗暗的欢喜，便说道："怎么暗里算计？
我倒有这个意思，只是没这样的能干人。你若教给我这法
子，我大大的谢你。"

…………

马道婆看看白花花的一堆银子，又有欠契，并不顾青
红皂白，满口里应着，伸手先去抓了银子掖起来，然后收
了欠契。又向裤腰里掏了半晌，掏出十个纸铰的青面白发
的鬼来，并两个纸人，递与赵姨娘，又悄悄的教他道："把
他两个的年庚八字写在这两个纸人身上，一并五个鬼都掖
在他们各人的床上就完了。我只在家里作法，自有效验。
千万小心，不要害怕！"正方说着，只见王夫人的丫鬟进
来找道："奶奶可在这里，太太等你呢。"二人方散了，不
在话下。

…………

这里宝玉拉着林黛玉的袖子，只是嘻嘻的笑，心里有
话，只是口里说不出来。此时林黛玉只是禁不住把脸红涨
了，挣着要走。宝玉忽然"嗳哟"了一声，说："好头疼！"
林黛玉道："该，阿弥陀佛！"只见宝玉大叫一声："我要
死！"将身一纵，离地跳有三四尺高，口内乱嚷乱叫，说起
胡话来了。林黛玉并丫头们都唬慌了，忙去报知王夫人、
贾母等。此时王子腾的夫人也在这里，都一齐来时，宝玉益
发拿刀弄杖，寻死觅活的，闹得天翻地覆。贾母、王夫人见
了，唬的抖衣而颤，且"儿"一声"肉"一声放声恸哭。于

是惊动诸人，连贾赦、邢夫人、贾珍、贾政、贾琏、贾蓉、贾芸、贾萍、薛姨妈、薛蟠并周瑞家的一干家中上上下下里里外外众媳妇丫头等，都来园内看视。登时园内乱麻一般。正没个主见，只见凤姐手持一把明晃晃钢刀砍进园来，见鸡杀鸡，见狗杀狗，见人就要杀人。众人越发慌了。周瑞媳妇忙带着几个有力量的胆壮的婆娘上去抱住，夺下刀来，抬回房去。平儿、丰儿等哭的泪天泪地。贾政等心中也有些烦难，顾了这里，丢不下那里。[1]

在这个故事里，马道婆与赵姨娘勾结，利用巫术意欲谋害贾宝玉和王熙凤的性命。这种行为在古代刑法中被定为名曰"不道"的犯罪，但如果按照现代刑法的标准，则只能算是一种迷信活动，不能认定为犯罪。

与民事违法、行政违法行为不同，犯罪行为表现出三大特点：严重的社会危害性、刑事违法性和应受刑罚处罚性。

严重的社会危害性，是犯罪的根本特征。一个行为是否构成犯罪，首先取决于它是否具有社会危害性，即是否对刑法所保护的国家利益、公共利益、集体利益以及公民权益造成了严重危害。如果一个行为根本不可能侵害或威胁刑法所保护的利益，则不管行为人内心是多么邪恶，都不能称其为"犯罪"。当然，随着社会的发展，社会危害性的标准也是不断变化的。比如，在古代社会，没有婚姻关系的男女之间发生的性行为就被认为严重危害了社会的主流价值观，因此被刑法确定为犯罪，而到了现代社会，大部分国家认为这

---

[1]　曹雪芹、高鹗:《红楼梦》，人民文学出版社1996年版，第339—343页。

种行为属于私人生活自由，不具有社会危害性，因此不属于犯罪。同样，对于马道婆利用巫术谋害人命的行为，在古人看来具有严重的社会危害，而在现代科学看来则根本不足以对人的生命造成伤害，因此自然不能算作犯罪。

刑事违法性，即犯罪行为是违反了刑法规定的行为，是刑法明文禁止的行为。为了保护公共安全和社会秩序，刑法明确规定了禁止从事的活动，如盗窃、抢劫、强奸、杀人等。如果有人不遵守刑法的规定，从事了刑法不允许的活动，则该行为就构成了犯罪。刑事违法性与社会危害性是统一的，刑法之所以禁止某种行为，就是因为该行为具有严重的社会危害性，会伤害到正常的社会秩序。因此，严重的社会危害性是刑事违法性的前提或基础，而刑事违法性是严重的社会危害性的法律表现。

应受刑罚处罚性，是指犯罪行为是应当受到"刑事处罚"的违法行为。根据违法行为性质、后果的不同，法律上设立了各种类型的法律惩罚。签订的合同不履行要承担违约的民事责任，开车违章要受到罚款的行政处罚，而杀人、抢劫等犯罪行为则要受到刑事处罚。在所有法律惩罚中，刑罚是最严厉的法律惩罚，只有对那些严重的违法行为即犯罪才可以适用刑罚，限制违法者的自由甚至剥夺其生命。

二、犯罪的构成要件

我国刑法中规定了几百种犯罪，大致可以分为危害国家安全罪、危害公共安全罪、破坏市场经济秩序罪、侵犯公民人身权利民主权利罪、侵犯财产罪、妨害社会管理秩序罪、危害国防利益罪、贪污贿赂罪、渎职罪、军人违反职责罪等类型。

对任何一种犯罪行为的认定，都需要从不同角度去分析，主要包括犯罪侵害的客体、犯罪的客观方面、犯罪主体及犯罪的主观方面等。

其一是犯罪侵害的客体。犯罪客体是刑法保护的、被犯罪行为所侵害的社会关系和利益。

犯罪客体和犯罪对象是不同的，犯罪对象是犯罪行为所直接针对的对象，比如在伤害罪中，犯罪对象就是具体的被害人。而犯罪客体则是刑法所保护的公民人身权利，比如在盗窃罪中，犯罪对象就是具体的财产，犯罪客体则是刑法所保护的他人的财产权利。

其二是犯罪的客观方面。犯罪客观方面，指构成犯罪所必需的客观事实特征，主要包括危害行为、危害结果，犯罪的时间、地点、方式等情况。

危害行为是人在其意志支配下所实施的危害社会的身体活动，它包括积极的作为和消极的不作为。比如，盗贼潜入他人住所偷东西就是积极的作为，而消防队员看见大楼着火却不予施救就是消极的不作为。危害结果指危害行为对刑法所保护的社会关系造成的实际损害和现实危险。比如，实施投毒导致多人伤亡，携带爆炸物乘坐航班导致飞行危险性增加，这都属于具体的危害后果，后果是否严重，将会直接影响到定罪和量刑。犯罪的时间、地点、方式等属于任何犯罪都会具备的客观因素，在不同的时间、地点及采用不同的方式实施某种行为，可能在刑法上带来完全不同的后果。比如，在自然保护区内砍树采药，在禁渔期内撒网捕鱼，用国家禁止的枪支狩猎，这都有可能构成犯罪，而如果在合适的时间、地点，采用合适的工具与手段，则上述行为可能就属于合法行为。

其三是犯罪主体。犯罪主体就是指实施犯罪行为的人。在我国，刑法规定的犯罪主体包括自然人和单位两类。

自然人包括公民、外国人及无国籍人，这是最典型的犯罪主体，但并非所有自然人都具有刑事责任能力，都能成为刑法中的犯罪主体。根据我国刑法规定，已满十六周岁的人犯罪，应当负刑事责任。已满十四周岁不满十六周岁的人，犯故意杀人、故意伤害致人重伤或者死亡、强奸、抢劫、贩卖毒品、放火、爆炸、投放危险物质罪的，应当负刑事责任。也就是说，未满十四周岁的人因缺乏刑事责任能力而不能成为犯罪主体，即使他做出了对社会有严重危害的行为也不能认定为犯罪。同时，精神病人在不能辨认或者不能控制自己行为的时候造成危害结果，也不负刑事责任。

其四是犯罪的主观方面。西方法谚说："单凭行为不能判定某人有罪，除非他还有犯罪的意图。"人的行为是由其意识支配的，犯罪的主观方面就是指犯罪主体对其所实施的犯罪行为及其结果所抱的故意或过失的心理状态。

当事人在实施犯罪活动的时候，其内心可能有两种心理状态，即故意和过失。明知自己的行为会发生危害社会的结果，并且希望或者放任这种结果发生，因而构成犯罪的，是故意犯罪；应当预见自己的行为可能发生危害社会的结果，因疏忽大意而没有预见，或者已经预见而轻信能够避免，以致发生这种结果的，是过失犯罪。从心理上讲，故意犯罪比过失犯罪的主观恶性要大，因此在同等情况下刑法对故意犯罪的惩罚也要重于过失犯罪。

在犯罪构成问题方面，与现代刑法相比，古代刑法特别重视行为人的主观心态。在欧洲中世纪，根据宗教神学的观点，上帝赋予人以灵魂，而犯罪是魔鬼诱惑人类心灵的结果，这种导致犯罪的意志是一种恶的意志。正因为如此，奥古斯丁认为法官的职责就是去"审判别人的良心"。在古代中国，受儒家思想的影响，自汉代就形成了"论心定罪"的刑事司法原则，法官在判断一个人的行为是否构成犯罪时，特别强调其动机和心态的善恶，而这往往导致刑罚的滥用。晚清文人的笔记小说《庸庵笔记》里记载有这样一个故事：

> 有一个私塾先生，上课中间到室外僻静处小解，偶一抬头，看见对面楼上有一少女倚窗眺望，塾师不禁对那位少女笑了笑，少女脸色大变，惊慌失措地关了窗户。塾师小解完毕，回到课堂继续上课。没过多久，就听得外面吵吵嚷嚷，说是对面人家有一少女上吊了。塾师一听，拍桌惊呼："哎呀！今天错了。"座下有一学生是少女的弟弟，急忙回家探视。女儿死得莫名其妙，父母百思不得其解，后来听儿子说起塾师的奇怪举动，内心可疑，立即报官。塾师被捉到官府里去，陈述了事情经过，被判了"绞监候"，就是死刑缓期执行。塾师不服，把案子上诉到了刑部，多数官员也拟定为死缓，但是刑部一个司员却坚持"虽无实事，其心可诛"，也就是认为塾师虽然在客观上没有猥亵少女的事实，但身为教师行为不检，撒尿时看到少女竟然还"笑了笑"，从这一笑，可以推测其内心的淫邪。最终，刑部将此案拟为"情实"，最终送掉了塾师一条老命。

近代以来，针对以心态和意图来随便定罪的主观归罪原则，贝卡里亚提出了严厉的抨击。在他看来，心态的好坏属于一个宗教和道德问题，应当由神灵和舆论评判而不是归法院管辖，对犯罪的认定只能用一种客观的标准来衡量，那就是犯罪行为对社会造成的危害，离开人的行为的主观意图是不可测量的，因此不能作为衡量犯罪的标准。[1]以今天的标准看，贝卡里亚的观点多少有些偏颇，但在当时的历史环境下却具有进步意义和启蒙价值。

第三节 刑罚：最严厉的法律制裁

一、刑罚的种类：一个历史考察

古代的刑罚，无论东西方，都非常重视肉刑和死刑，因而，一部古代刑罚史，在某种意义上就是一部肉刑史和死刑史。

在中国古代，远在夏商时期据说就已经逐步确立了墨、劓、剕、宫、大辟的五刑制度。到了秦代，刑罚主要有笞、杖、徒、流、死。汉代文帝和景帝时期，皇帝因受齐太仓令家的孝顺女儿缇萦的感召而下诏废除肉刑，着手改革刑制。到唐代盛世，刑罚比以前各代均轻，死刑、流刑大为减少，死刑只有绞、斩两种，徒刑仅一年至三年，笞杖数目也大为减少，唐律因此被认为是中国古代社会"得古今之平"的刑罚典范。宋代创设了一些新的刑罚制度，包括刺配和凌迟，其中凌迟是封建时代最残酷的死刑，刽子手用刀将犯人身上的肉一片一片割下，令其血流殆尽，最后再一刀刺心处死，受刑者往往"身具白骨，而口眼之具尤动，四肢分落，而

1　陈兴良：《刑法的启蒙》，法律出版社 2003 年版，第 58 页。

呻痛之声未息"。明清之际，封建专制走向极端，不仅恢复了枭首示众之刑，而且在死刑执行方面出现了更残酷的方式，如"剥皮实草""灭十族"、戮尸等。

在西方法律历史上，适用于犯罪者的各种各样的肉体刑罚相当发达，另外死刑属于非常普遍的刑罚。"在古代，生命是廉价的。"在古巴比伦《汉穆拉比法典》中，死刑几乎适用于所有犯罪。在古罗马法中，叛国、通奸、鸡奸、谋杀、贪污、拐骗、诱奸和强奸都可以适用死刑。在13世纪的英格兰，死刑适用于除报复伤害和轻微盗窃之外的所有重罪。"死刑执行方式仅仅受限于当时的既有工具和司法制度'对恐怖的想象力'。在中世纪的欧洲，被判处死刑的人还可能被剥皮、钉在尖桩上、喂昆虫或野兽、沉水、石击、钉在十字架上、焚烧、肢解、砍头、勒死、活埋、压死、水煮、车裂、枪杀、饿死和做炮灰。"[1]除死刑外，鞭打、监禁和流放也是重要的处理罪犯的方式，18世纪的澳大利亚就是英国流放犯人的目的地。

近代以来，刑罚制度发生了本质性变化，考虑到刑罚的目的并非复仇而是预防，传统的肉刑和一些不人道的残酷刑罚被逐步禁止和淘汰。近现代各国刑法通常将刑罚分为这么几种：生命刑，即死刑，是剥夺人的生命的刑罚，仅仅适用于罪大恶极的犯罪分子；身体刑，即肉刑和体罚，是残害肉体的刑罚，除新加坡和一些施行伊斯兰法的国家外，大部分国家已经废除了身体刑；自由刑，即剥夺人身自由的刑罚，包括无期徒刑、有期徒刑和短期的拘役。在美国，由于很多州废除了死刑，某些案件中犯罪者可能被判处几百年甚至上千年的有

1　　[加]西莉亚·布朗奇菲尔德：《刑罚的故事》，郭建安译，法律出版社2006年版，第4页。

期徒刑；财产刑，即剥夺一部分或全部个人所有财产的刑罚，如罚金和没收财产，主要适用于经济类犯罪；资格刑，即剥夺犯罪人应享有的某些权利，如剥夺公权，意味着犯罪者在一定时期内无法享有选举权、出版权以及在特定组织内担任领导职务的权利。

在我国，刑罚分为主刑和附加刑两类。主刑，是对犯罪分子适用的主要刑罚，包括管制、拘役、有期徒刑、无期徒刑和死刑。主刑只能独立适用，不能附加适用；附加刑是补充主刑适用的刑罚，主要包括罚金、剥夺政治权利和没收财产，其中剥夺政治权利是指剥夺犯罪分子参加国家管理和政治活动的权利，而没收财产是将犯罪分子个人所有财产的部分或全部强制无偿地收归国有。另外，对于犯罪的外国人，还可以独立或附加适用驱逐出境。

二、刑罚的适用

刑罚的适用就是"量刑"，是法院对犯罪分子依法确定其刑罚的种类和数量的审判活动。在现代社会，刑罚的行使权归属于法院，法官手中掌握了犯罪者生杀予夺的刑罚大权。

卢梭曾说："刑罚频繁总是政府衰弱或者无能的一种标志。"而拉德布鲁赫则指出："病人吃的药越多，他肯定会死亡——犯人所遭受的刑罚越多，他肯定会重新犯罪。"[1]为了实现惩治和预防犯罪的目的，一方面，刑罚的适用要坚持罪刑相适应的原则。西方法谚说："罪行越大，绞架越高（The greater the crime，the higher the

---

1　[德] 古斯塔夫·拉德布鲁赫：《法律智慧警句集》，舒国滢译，中国法制出版社 2001 年版，第 45 页。

gallows）。"罪行较大，意味着犯罪对社会的伤害严重，犯罪者应受到的惩罚也当然要重；罪行较轻，意味着对社会的伤害有限，犯罪者得到的惩罚也就较轻。另一方面，从现代法律保障人权的角度出发，刑罚适用还要坚持"刑罚谦抑"和"刑罚人道"两个原则，依据这两个原则，法院在决定对犯罪者适用刑罚时，不宜过分从重和从严，能轻则轻，能宽则宽，采取的方式也应尽量符合人性的基本需求，尤其是在死刑适用上更要严格谨慎，人死不可复生，能不杀尽量不杀。

各国刑法规定，刑罚判处之后，如果罪犯在服刑期间出现悔改、立功、自新等特殊情况，法院还可以采取一些调整措施，适当减轻犯罪者的刑罚，这包括缓刑、减刑和假释等。其中，缓刑作为现代刑法中一种重要的刑罚适用机制最早源于美国，是一位好心的鞋匠带给人类的制度发明。

在美国波士顿法院门外，有一位名叫约翰·奥古斯都的鞋匠，他终日替人修补皮鞋。在没有顾客时，他会到法院里观看各种审判。1841年8月的一天，一个衣衫褴褛、蓬头垢面的年轻人被带进了法庭。约翰凭着那双"阅人无数"的锐利眼睛，一眼就看出这又是个在公共场所酗酒的闹事者。那时候，在麻省的法律中，"酗酒闹事"只是一种轻微的罪行，一般来说，被告人只需交付一笔保释金，便可判决在"监外守行为"一年。但如果被告人没钱交保释金，那他就只有在小偷、抢劫犯、强奸犯、诈骗犯云集的"监狱学校"里关一年，出来时也十之八九都学坏了。

约翰在法庭上见过不少这样的例子，当他看着眼前这个年轻人眼里现出惶恐不安的时候，一股恻隐之心涌上心头。于是，约翰走到这个年轻人的身边，悄悄地和他交谈起来。年轻人内疚地说，他本是一个机器维修工人，有一手良好的钳工技术，有一个女朋友，还未结婚，但女朋友已经怀孕了。他不想进监狱，不想失去这份工作，不想让孩子一出生便要去监狱探望爸爸……如果能不入狱，他将保证一生戒酒，好好工作，重新做人……但他没钱交保释金。约翰毅然地向法官表示：愿做他的担保人，保释他出去。约翰的古道热肠深深地打动了法官，法官灵机一动，同意了约翰鞋匠的请求。他下令：被告人延期三周审判，三星期之后再回到法庭上来，法官到时将视具体情况再做出最后判决。

三个星期后，鞋匠约翰陪同被告人返回法庭。这时，以前那个蓬头垢面的醉鬼已经变成了一个容光焕发的年轻人。约翰只读过两年书，但他努力写了一份书面报告呈交给法官，上面写着：我愿意发誓作证，证明这个年轻人三个星期以来滴酒未沾，一直勤奋地工作，空余时间还去照顾社区的孤寡老人。其他做出证词的，还有这青年所属街区的警察和牧师，他们的证词与鞋匠约翰所说的基本一样。法官看了非常开心，宣布释放被告人，并象征性地对其处罚款一分钱。这个年轻人紧紧地拥抱着约翰鞋匠，喜极而泣，从此以后，他终生不再饮酒，变成了一个守法勤劳的好公民。

一个鞋匠的爱心改变了一个年轻人一生的命运，同时，也影响了美国司法制度的文明进程。此后不久，麻省正式通过一项法律，在州司法部之下成立一个"缓刑司"的机构，来推广这种新的刑事司法制度。不出几年，全美国很多州也纷纷效法麻省设立了"缓刑司"，而鞋匠约翰则无意中成为美国"缓刑之父"。[1]

　　缓刑、减刑、假释等刑罚调整机制对鼓励犯罪者积极改造、重返社会、重新做人有着特殊的价值，因而被世界各国的刑法普遍接受。在我国，根据刑法规定，对于被判处拘役、三年以下有期徒刑的犯罪分子，符合相关条件的，可以宣告缓刑，对其中不满十八周岁的人、怀孕的妇女和已满七十五周岁的人，应当宣告缓刑；被判处管制、拘役、有期徒刑、无期徒刑的犯罪分子，在执行期间，如果认真遵守监规，接受教育改造，确有悔改表现的，或者有立功表现的，可以减刑，有重大立功表现之一的，应当减刑；被判处有期徒刑的犯罪分子，执行原判刑期二分之一以上，被判处无期徒刑的犯罪分子，实际执行十三年以上，如果认真遵守监规，接受教育改造，确有悔改表现，没有再犯罪危险的，可以假释。

1　　余定宇：《寻找法律的印迹：从古埃及到美利坚》，法律出版社 2004 年版，第 222—224 页。

第十三章 民法：法律家庭中的慈母

与刑法一样，民法也是人类历史上出现最早的法律之一。在法律大家庭中，刑法如一位父亲，惩罚犯罪，捍卫着家庭秩序和安全，而民法则如一位母亲，呵护着子女们的人身权利和财产权利，让他们无论贫富，都可以有尊严地生活。民法在现代社会是如此重要，不了解民法，人们几乎就不可能理解和认识整个法律体系。

第一节 民法是什么法

一、民法的历史

"民法"一词来源于古罗马的市民法（jus civile）。在罗马法中，市民法是相对于万民法而言的，市民法仅适用于罗马市民，而万民法（jus gentium）则适用于非罗马市民，后来随着非罗马市民逐渐获得罗马公民权，两类法律的区别也就随之消失了。

古罗马时代，民法曾被看作"维护城邦社会生活所必需的规则之总合"。在全部罗马法中，"私法"部分是其精华和根本，其内容是确保私有财产和承认个人人格。罗马法对近现代资本主义民法的发展演变产生了重要影响。1804年，拿破仑皇帝制定的《法国民法典》，是仿效罗马法的《法学阶梯》体系编纂的，而1896年《德国民法典》的编纂则仿效了罗马法的《学说汇纂》体系。因此，从某种意义上讲，民法典传统起源于欧洲大陆。

在中国古代，法律文献上并无"民法"这个词。有关钱、债、田、土、户、婚等法律规范，都规定在各个朝代的律、例中，被纳入刑法的范畴之内。清朝末年至中华民国时期，曾制定"民律"草案，后经修订于1929年到1931年分编陆续公布时改称"民法"，即《中华民国民法典》，这是中国法制史上第一次正式使用"民法"一词。2020年5月28日，十三届全国人大三次会议表决通过了《中华人民共和国民法典》，这是中华人民共和国第一部以法典命名的法律，被称为"社会生活的百科全书"。

那么，民法到底是什么样的法律呢？

西方法谚说："民法是一国人民为自己制定的法律（Jus civile est quod sibi populus constituit）"，因为民法的内容与普通老百姓世俗生活的关系最为紧密。在一国法律体系中，宪法和行政法关注政治问题和行政管理问题，刑法关注作为社会异常现象的犯罪问题，而民法则关注老百姓的婚姻、家庭、财产、契约、债权债务和邻里关系等这些普通、琐碎的生活问题。

对于一个正常的国家和社会而言，民法极其重要和不可或缺，因为人们每天的生活都离不开财物的消费，离不开家庭，离不开和他人之间发生的互助、借贷、交换、消费等活动，而这些都是民法调整的对象。民法规定了每个人的人身权利和财产权利，使我们有机会和别人建立各种关系，发展我们的个性，经营我们的幸福生活。私人生活不能缺少民法的管护，就像缺少不了空气和阳光一样，我们每个人，都毫无例外地、每时每刻地生活在民法的温暖怀抱之中。

二、民法是平等之法

国与国之间，不论大小，一律平等。"在民法慈母般的目光中，每一个人就是一个国家。"孟德斯鸠的这句话，揭示了民法特有的一种精神和品格，那就是保护和追求人与人之间的平等。

平等是人们追求的目标，每个人都渴望在社会地位、福利待遇和自由权利方面与他人一致。然而在历史中，无论东西方，都曾是严格的等级社会，人和人之间仅仅因为出身、民族、肤色、信仰、性别而在政治和法律上被划分为三六九等。即使到了近现代，歧视和压迫依然存在，所以美国黑人领袖马丁·路德·金在华盛顿群众大会上的演讲才会让很多人印象深刻和深有感触。

我梦想有一天，这个国家将会奋起，实现其立国信条的真谛："我们认为这些真理不言而喻：人人生而平等。"

我梦想有一天，在佐治亚州的红色山冈上，昔日奴隶的儿子能够同昔日奴隶主的儿子同席而坐，亲如手足。

我梦想有一天，甚至连密西西比州——一个非正义和压迫的热浪逼人的荒漠之州，也会改造成为自由和公正的青青绿洲。

我梦想有一天，我的四个小女儿将生活在一个不是以皮肤的颜色，而是以品格的优劣作为评判标准的国家里。

人人生而自由平等，这是现代社会的基本政治信念。资产阶级革命胜利之后，宪法在政治层面初步确认了人人平等的基本原则，而对于公民财产、人身方面的平等保护则要由民法来承担。1804 年《拿破仑民法典》确立的首要原则就是公民的民事权利平等，而其核心内容和根本目的是要平等地保护每个公民的财产权和人身权。

民法对平等的追求，源于民法的本性和特质。民法是人和人进行社会交往和经营公共生活的基本规则。民法期望每一个社会成员，都可以按照自己的意愿行使自己的权利，处置自己的财产，缔结自己的家庭，管理自己的事务，每个人自己决策，自己负责，而不是把自己的命运寄托在他人手中。为了实现这样的独立自由状态，首先就要保证人和人之间是平等的，没有人享有超越他人的特权，也没有人受到歧视和不平等对待。唯有在人人平等的基础上，人们之间的合作才能实现，市场竞争才能正常进行。

英国历史法学派代表人物梅因曾指出：法律从古代到现代的发展，是一个从身份到契约的运动。正是契约观念和民法制度的崛起，打破了传统的身份等级制度，迎来了人人平等的新时代。在民法的目光中，每个人都是平等的，每个人都应不自卑，不恐惧，不高傲，也不鄙视。民法以一颗公正的心去关怀和对待每一个平凡的公民。

三、民法是私人之法

古罗马法学家乌尔比安曾对法律做了一个重要的划分，他把法律分为公法和私法，凡是保护国家利益的法律就是公法，凡是保护私人利益的就是私法，因而，民法保护私人权利，她是最典型的私法。

在现代社会，法律的基本使命是确立公民和政府之间的恰当关系，既要保障政府有足够的权力采取行动为公民和社会提供服务，又要约束政府不得滥用权力防止伤害民众。对于法律的这个目标，一方面要通过公法来完成，尤其是通过行政法赋予政府职权并督促其主动承担责任，另一方面也要依赖私法来实现，尤其是通过民法确认公民的基本民事权利并保障其不会受到他人特别是政府的侵害。

民法是保护私人权利的法律，是一国人民为自己制定的法律。民法确立了私人一系列权利和自由，比如财产权、生命权、隐私权、婚姻权等，并为保护这些权利设置了各种制度。任何人，包括政府，都必须尊重和不得侵犯私人的权利和自由。即使是农夫的破草房，风可以进，雨可以进，但是若非主人同意，尊贵如国王也不可以踏入半步。法律用这样的基本制度，修筑起了一道坚固的篱笆，保护私人权利不受侵害。

哲学家康德曾说：自始至终，应该把人当作目的而不是手段。从某种意义上讲，民法就是尊重人、保护人、把人当作目的而非手段的法律。在整个法律体系中，民法像老母鸡呵护自己的幼雏一样，保护着每个人的人格、财产和尊严。有句法律格言是"公法易逝，私法长存"。正是因为民法坚持尊重与呵护个体权利，所以它才得到人们的认同和遵守，在世道人心中常青长存。

四、民法是权利之法

民法是关于权利的法律，它规定公民在一个国家和社会中的身份、自由、财产、地位和资格。权利是人的自由、人格的具体表现，民法保护权利，就是保护人作为人的固有尊严和主体地位。

说民法是权利法，表明民法的目的在于赋予和保护公民的民事权利，这和授予国家机关公权力的法律完全不同。民法通过明确记载公民的私权利，使公民的私人生活和公共交往受到保护并且有章可循。更重要的是，民法对于权利的重视，有利于防止政府对私人权利的侵害。

说民法是权利法，还意味着民法为公民权利的行使设计了合理的模式并加以必要的约束。民事活动应当体现意思自治和契约自由原则，应当尊重当事人的意愿和决定。但是，考虑到不同主体之间的利益冲突和地位差异，为了防止有人滥用其优势地位缔结不平等的合约或者当事人共谋损害第三人利益，民法在保护每个人权利的同时，也对民事活动给予必要的约束和限制。在特殊情况下，民法允许国家可以干预民事活动，以保护弱者和公共利益。比如，通过撤销制度否定显失公平的合同效力，通过征收征用制度对私人产权加以必要限制，通过公序良俗原则禁止不正当的民事活动。民法对公民权利和自由的必要限制，目的在于保障社会交往有序进行，保障所有人而非少数人都能平等地享有权利和获得利益。

德国法学家耶林曾说："为权利而斗争是权利人对自己的义务"，"主张权利是精神上自我保护的义务，完全放弃权利是精神上的自杀。"[1] 为权利而斗争——这个呼号在近代史上曾经影响了几代人的观念和行动。民法是权利法，民法的实施也是一个为权利而斗争的过程，它保障每个公民的权利均有机会得以实现，既不被政府伤害也不被邻人伤害；在捍卫私人权益的同时，民法也保障社会利益和国家利益，因为她深深意识到，这对私人权利的实现是多么重要和不可替代。

1　[德]耶林:《为权利而斗争》，胡宝海译，中国法制出版社2004年版，第23页。

第二节 民法的原则

民法的基本原则,是民法的本质和特征的集中体现,是高度抽象的、最一般的民事行为规范和价值判断准则;民法的基本原则,蕴含着民法调控社会生活所欲实现的目标,所欲达至的理想,它贯穿于整个民事立法和司法的全部过程,确定了民事立法的基本价值取向。关于民法的基本原则,各国的法律规定存在差别,但一般认为,平等原则、公平自愿原则、诚实信用原则、公序良俗原则是各国民法共同的基本原则。

一、平等原则

民法是天生的平等派,在民法母亲般的眼睛里,我们每一个公民无论贫穷或富有,无论地位显赫还是平凡卑微,不管居庙堂之高还是处江湖之远,无论老少男女、健康或残障,无论民族和宗教信仰,每一个人都是平等的。

民事地位平等原则集中反映了民事法律关系的本质特征,是民事法律关系区别于其他法律关系的主要标志。民事地位平等,意味着所有民事主体享有独立的法律人格,在具体的民事关系中互不隶属,地位平等,能独立地表达自己的意志,其合法权益平等地受到法律的保护。比如,在婚姻关系中,夫妻之间是平等的,彼此尊重,家务要互帮互助,花销要共同承担,一起创造幸福的家庭生活;在房屋租赁合同关系中,房东和租户是平等的,房东在收取房租的同时,要维护房屋的安全和舒适,而租客在享受良好居住环境的同时,也要按时交纳房租,维护房屋的整洁和干净。

民法中的平等原则，也是市场经济的本质特征和内在要求。市场经济是平等的竞争，它要求在生产贸易活动中，一切当事人的法律地位都是平等的，各方都能按照自己的意愿进行经济活动，任何一方都不得把自己的意志强加给对方。在一个等级社会，不可能有健康、可持续的市场经济，处于优势地位的人，会利用自己的特权去影响正常的市场竞争，谋取特殊的利益，于是，价格和供需不再起决定作用，正常的经济秩序被破坏，而这样的状态，既不利于经济的发展，也会在深层次妨害法律的有效实施。

二、公平、自愿原则

　　公平原则是指民事主体应依据社会公认的公平观念从事民事活动，以维持当事人之间的利益均衡。它意味着，在民事交往中，各方都应该享有利益和好处，也都应当承担义务和责任，避免出现显失公平的情形。这一原则在合同关系中尤其重要，以买卖合同为例，买方和卖方在缔结合同时，要考虑和顾及对方的利益，不能在买卖中把好处都给一方，而把负担都推给另一方，否则，这样的合同就很难得到履行，而双方的合作也不可能长久。合同正义属平均正义，它要求维系合同双方当事人之间的利益均衡。

　　自愿原则，有时候又叫"意思自治原则"或"私法自治原则"，指当事人依照自己的理性判断，基于其真实意志去进行民事活动，自行管理自己的事务，不受他人的强制和干涉。自愿原则的真谛是尊重当事人自己的选择，即自主参与和自己负责。自愿原则是以平等原则的存在和实现为前提的，只有在地位独立、平等的基础上，才能保障当事人从事民事活动时的意志自由和选择自由。自愿原则在民法中的核心是合同自由，包括当事人自主地寻找合同对象、自主决定合同内容、自主确定权利义务等。当然，合同自由从来都不是绝对的、无限制的自由，在现代社会，合同既要体现当事人利益，同时也要受到公共利益、公序良俗等社会因素的制约。

三、诚实信用原则

"一言既出，驷马难追"，诚实信用既是做人的道德要求，也是民法的一项基本原则，它在整个民法乃至私法领域中具有重要地位，甚至被尊称为民法中的"帝王条款"。

在民法中，诚实信用原则是指民事主体进行民事活动时必须讲究信用，恪守诺言，诚实而不隐瞒不欺骗，行使自己的权利时不侵害他人及社会的利益。诚实信用原则的目的在于维持当事人之间的信任，同时也保持当事人相互之间及其与社会之间的利益平衡。

市民刘女士在某新开发的楼盘购置了一套房产，入住之后，发现小区一墙之外有一座很大的公墓。"开盘时，置业顾问介绍得特别好，说小区周围风景秀丽，尤其向南的房子视野和采光都非常好。"刘女士说。原本以为自己买的是阳光房，可收房后才发现，一推开窗户，底下全是坟墓，而自己当初选购房屋时，售楼部工作人员并未告知这个情况。

"阳光房"变成了"墓景房"，对此，律师指出，按照中国人的传统观念，墓地与小区相邻，确实会引起忌讳，对业主造成精神压力、负面心理影响，这一情况会对合同订立及房价有重大影响，因此，按照诚实信用原则，开发商在售楼时有义务向买房者进行披露，而不是刻意隐瞒。

作为民法中的一般条款，诚实信用原则一方面对当事人的民事活动起着指导作用，确立了当事人应以善意方式行使权利、履行义务的行为规则；另一方面，该原则还具有填补法律漏洞的功能。当法院在审判实践中遇到立法未涉及的新情况、新问题时，就可以依据诚实信用原则进行自由裁量，调整当事人之间的利益关系。

作为诚实信用原则的延伸，有些国家的民法还确立了禁止权利滥用原则，该原则要求一切民事权利的行使，不能超过其正当界限，一旦超过并侵害了他人和公共利益，即构成权利的滥用，当事人须承受相关不利后果。

四、公序良俗原则

公序良俗，是现代民法一项重要的法律原则，指民事活动的内容及目的不得违反公共秩序和善良风俗。公序良俗原则把道德因素引进民法之中，要求当事人在从事民事活动、行使民事权利时，应顾及他人的感受，不得挑战社会的价值底线。在强调个人权利和个性自由的现代社会，公序良俗原则的存在具有维护国家利益、社会公共利益及一般道德观念的重要功能。

曲小姐和陈先生本是一对恋人，后因感情不和，女方提出分手，但令曲小姐没想到的是，男方陈某提出："必须付我8万元的青春损失费，否则就别想和我分手。"曲小姐经不起对方纠缠，无奈之下只得给陈某出具了一份欠条："今欠陈某人民币捌万元，八年付清。"事后，陈某因多次向曲某索要"青春损失费"未果，一纸诉状将其告上了法院，要求曲某给付欠款。

法院审理查明，陈某据以起诉曲某的欠条并不具有真实的对价关系，即双方之间根本不存在真实的借贷关系，欠条的实质是：陈某强行让曲某支付"青春损失费"，作为双方解除恋爱关系的条件。依据合同法的相关规定，身份关系的协议不适用合同法，陈某的诉请无法律依据；更重要的是，"青春损失费"违反了"公序良俗"的民法原则，当事人之间的相关约定是无效的，不受法律保护。据此，法院依法驳回了陈某的诉讼请求。[1]

从法律规范的角度讲，公序良俗原则的作用在于弥补民法中的强行性和禁止性规定的不足，用以禁止那些现行法律未作规定但有害于社会的情形。换句话说，公序良俗原则对意思自治原则构成了一种限制，它意味着公民在按照自己意愿从事民事活动时，不得突破道德底线，不得侵害社会利益。

从司法审判的角度讲，公序良俗原则具有填补法律漏洞的功能。公序良俗原则内涵丰富，具有高度灵活性，它赋予法官以自由裁量权，可以据此处理生活中发生的各种新现象、新问题，它在保护道德秩序、协调利益冲突、维护社会公平正义方面发挥着独特作用。

1　《男向女索青春损失费，法院：有违"公序良俗"》，《法制日报》2005年8月5日，第3版。

第三节 财产权和人格权

一、财产权：风能进，雨能进，国王不能进

人类生存依赖于物质资源。物质资源首先使人免受饥饿严寒的威胁，还能让人获得体面的生活，实现更高的精神追求。作为权利之法的民法，必须关注和保护人对物质资源享有的"财产权"。

财产权也叫物权，是指由法律确认的人对财产拥有的直接支配并享受其利益的排他性权利。现代物权的形态多样，包括所有权、用益物权、担保物权等，但其中最重要的是所有权，指物的主人对物拥有的占有、使用、收益、处分的权利，它是物权中最完整、最充分的权利。在现实生活中，几乎每一个人都拥有属于自己的财产，富人拥有别墅和珍宝，农夫拥有农舍和牛羊，即使是在街头行乞的流浪者，也拥有讨饭的破碗和抵御恶犬的打狗棒。在民法的目光中，这些就是物权的对象，无论其财产的种类及数量有多大差异，民法都会给予平等的对待和保护。

从宪法角度讲，物权或财产权属于基本人权的范畴。财产是一个人维持其生存和发展的最基本的物质保障，财产权是人之为人的不可或缺的一项基本权利。对此，1789 年法国《人权宣言》宣称："一切政治组合的目的在于维护人的天赋的和不可侵犯的权利。这些权利就是自由、财产、安全和反抗压迫。"1948 年联合国《世界人权宣言》第 17 条规定："人人得有单独的财产所有权以及同他人合有的所有权；任何人的财产不得任意剥夺。"财产权是人作为有尊严的个体存在和发展的必要条件，只有确认和保护好财产权，人的生命权、平等权、政治权、社会权、文化权才会具有物质前提，

整个人权才会有坚实的基础。

因而，民法对物权的保护，体现出民法对人权的高度重视，也是民法所追求的价值、精神的集中体现。在古代社会，"普天之下，莫非王土"，法律对私人财产权并未给予足够的重视，私人财产权经常受到国王和政府的剥夺和侵害。自17世纪开始，"尊重私人财产权"的观念开始深入人心，保护私人财产免受来自国家的损害成为民法的重要使命，法制史上半真实半演绎的"德国磨坊案"，就是在这一背景下出现的。

在德国柏林西南方向，有一个风景如画的小镇波茨坦，镇上有一座德国原皇帝的行宫——桑苏西宫。1866年的一天，普鲁士大公国（德国的前身）国王威廉一世来到这座行宫，他看到宫墙外有一座又残又破的老风车磨坊，与自己的行宫很不协调，便派人去动员磨坊主将这个老磨坊卖给他。磨坊主是一个倔强的老头，他认为磨坊是祖先留下的产业，一家人世世代代靠它糊口为生，给多少钱也不肯卖。威廉一世一怒之下，派人强行拆除了磨坊。在市民们的支持下，磨坊主将国王告到了普鲁士最高法院，要求法院确认国王的行为违法并保障国民"私有财产神圣不可侵犯"的权利。

普鲁士最高法院经过审理，做出最终判决：被告人因擅用王权，侵犯了原告受法律保护的财产权利，应立即在原址为原告重建一座规模同样的磨坊，并赔偿原告各种损失150元。面对法院的判决，威廉一世即使贵为国王也只能乖乖照办，向法律低头。一个多世纪过去了，这座历经

风雨的老磨坊仍然矗立在桑苏西宫外，向人们诉说着一个
关于财产权神圣的法律故事。[1]

在欧洲，自 1804 年《拿破仑民法典》颁布以来，保护私人财
产权就成为民法的一项基本原则和核心使命。私人的财产权是如此
重要，"风能进，雨能进，国王不能进"，这句法制史上的经典言论，
形象地描绘出物权在近代民法乃至整个法律体系中的崇高地位。

应该说，在资本主义法律发展的早期，民法对物权的保护是非
常积极甚至过度的，它把私人财产权放到了绝对神圣不可侵犯的地
位，这样的规定有利于全社会尤其是政府官员形成尊重私人产权的
观念。但是，随着社会发展，私人产权在很多时候会和公共利益之
间产生冲突，这就需要法律在私人利益和公共利益之间进行平衡。
比如，政府为修建一条铁路需要征收沿线的土地和房屋，而土地房
屋的所有人不愿意搬迁，这就很可能导致铁路计划泡汤或者耽误，
从而使公共利益遭受巨大损失。考虑到这两者之间复杂的关系，自
20 世纪以来，各国民法在财产权保护问题上提出了新的思路：个
人财产权的行使应不妨碍和损害他人及公共利益，不得违背公序良
俗，为了实现公共利益，在必要的情况下，政府可以限制个人的物
权，包括对个人的财产进行征收和征用。

在中国，1986 年颁布的《民法通则》初步提出了财产权概念，
公民的合法财产受到法律的严格保护。2007 年，全国人大颁布了
《物权法》，这是宪法中"国家尊重和保障人权"原则在民法物权领
域的贯彻和体现。2020 年，我国第一部《民法典》出台，第 207 条

1　舒国滢主编：《法理学阶梯》，清华大学出版社 2006 年版，第 270—271 页。

明确规定："国家、集体、私人的物权和其他权利人的物权受法律平等保护，任何组织或者个人不得侵犯。"

二、人格权：我们的身体与尊严

财产权与物质财富相关，而人格权则与我们的身体和人格相关。对于"人身权"这个民法概念的理解，可以从《红楼梦》第七回"送宫花贾琏戏熙凤，宴宁府宝玉会秦钟"中的焦大骂人事件说起。

那焦大又恃贾珍不在家，即在家亦不好怎样他，更可以任意洒落洒落。因趁着酒兴，先骂大总管赖二，说他不公道，欺软怕硬，"有了好差事就派别人，像这等黑更半夜送人的事，就派我。没良心的王八羔子！瞎充管家！你也不想想，焦大太爷跷跷脚，比你的头还高呢。二十年头里的焦大太爷眼里有谁？别说你们这一起杂种王八羔子们！"

正骂的兴头上，贾蓉送凤姐的车出去，众人喝他不听，贾蓉忍不得，便骂了他两句，使人捆起来，"等明日酒醒了，问他还寻死不寻死了！"那焦大那里把贾蓉放在眼里，反大叫起来，赶着贾蓉叫："蓉哥儿，你别在焦大跟前使主子性儿。别说你这样儿的，就是你爹、你爷爷，也不敢和焦大挺腰子！不是焦大一个人，你们就做官儿享荣华受富贵？你祖宗九死一生挣下这家业，到如今了，不报我的恩，反和我充起主子来了。不和我说别的还可，若再说别的，咱们红刀子进去白刀子出来！"凤姐在车上说与贾蓉道："以后还不早打发了这个没王法的东西！留在这里岂不是祸害？倘或亲友知道了，岂不笑话咱们，这样的人家连个王法规矩都没有。"贾蓉答应"是"。

众小厮见他太撒野了，只得上来几个，揪翻捆倒，拖往马圈里去。焦大越发连贾珍都说出来，乱嚷乱叫说："我要往祠堂里哭太爷去。那里承望到如今生下这些畜牲来！每日家偷狗戏鸡，爬灰的爬灰，养小叔子的养小叔子，我什么不知道？咱们'胳膊折了往袖子里藏'！"众小厮听他说出这些没天日的话来，唬的魂飞魄散，也不顾别的了，便把他捆起来，用土和马粪满满的填了他一嘴。[1]

"每日家偷狗戏鸡，爬灰的爬灰，养小叔子的养小叔子"，这里的"爬灰"可不是什么好听的话，在那个年代是专指公公和儿媳之间发生性关系的乱伦行为。如果我们用现代法律对上面故事进行分析，可以得出结论：焦大在公开场合对贾府相关人员进行谩骂，其行为涉嫌侵犯贾府成员的人身权，具体说来就是名誉权；与此同时，贾府命小厮把焦大"捆起来，用土和马粪满满的填了他一嘴"，其行为同样也侵犯了焦大的人身权，对其人身自由构成了限制，对其人格尊严构成了侮辱。

在现实生活中，除了财产权之外，公民还对自己的身体、人格、精神享有诸多的权利，这些权利的存在使公民可以自由地经营自己的私人生活，平等地开展社会交往，这些权利对人的正常生活至关重要，法律上将其统称为"人身权"或"人格权"。财产权可以自由转让，但人格权与其权利主体密切相连，人格权不能放弃、转让或者继

---

1   曹雪芹、高鹗:《红楼梦》，人民文学出版社 1996 年版，第 113—115 页。

承。比如，一个人的姓名和肖像，不可能与这个人分离，一部著作或一项发明，其署名权永远都属于作者或发明者本人。

关于人格权的内容，我国《民法典》第990条规定："人格权是民事主体享有的生命权、身体权、健康权、姓名权、名称权、肖像权、名誉权、荣誉权、隐私权等权利。"其中，生命权和健康权保护人的肉体不被伤害，姓名权和肖像权则是每个人专属于自己的标志或符号，而名誉、荣誉和隐私等，则涉及一个人的人格尊严、社会评价和私生活领域。人格权的存在，保障每一个人可以自由、体面和自我地生活。

在现代法律体系中，公民的人格权既受到行政法、刑法的保护，同时更要受到民法的保护。侵犯人格权的行为构成民法上的"侵权"，侵权行为会在侵权人和被侵权人之间产生一种"债"（obligation）的关系。当侵权人侵犯了他人的人格权，要依法承担赔偿责任。如果伤害了公民的身体，应承担人身损害赔偿。如果损害了公民的人格，则应承担精神损害赔偿。通过这种金钱支付，民法让侵权人付出代价，给受害人以赔偿和抚慰。

第十四章 诉讼法：正义的生产流程

有人的地方，就有社会，有了社会，就会有矛盾纠纷和恩怨情仇。在现代社会，通过法院打官司来解决纠纷、化解矛盾，是非常普遍和权威的方式。那么，如何打官司，有怎样的流程和要求，如何在诉讼中实现正义，这都属于诉讼法的内容和任务。

第一节 诉讼的正义

一、诉讼程序的价值

"诉，告也"，"讼，争也"。诉讼，就是把纠纷告知于司法机关以判断是非曲直的活动。与此相对应，诉讼法，就是关于如何打官司、如何审案子的法律。在一国法律体系中，诉讼法属于程序法，它的功能在于约束和规范法官、检察官、律师、当事人、证人等各方的诉讼行为，以保障诉讼活动正常进行。

在人类社会早期，尽管没有独立的诉讼法，但在古代的一些法典中，已经出现了关于诉讼程序的法律规则。在古代西方，公元前

18 世纪的《汉穆拉比法典》中有传唤证人、举证责任、神明裁判等规定，公元前 450 年左右古罗马制定的《十二铜表法》中也有传唤证人和庭审的程序规定。在古代中国，诉讼模式大致上属于纠问式审判的范畴，原告提起诉讼，被告进行答辩，大老爷高坐堂上，明镜高悬，负责辨别是非，做出裁判。在审判环节方面，法律建立了详细的上诉制度、京控制度、死刑复奏制度、会审制度等。在唐代，全国各地判决的死刑案件一般要经过三次复奏才可以定案；在明清时期，由众多官员一起参加的秋审、热审，能够最大程度保障审判的公正。

近代以来，随着社会的进步，诉讼法开始从实体法中脱离出来，发展成一个独立的法律部门。一般来说，诉讼法包括了刑事诉讼法、民事诉讼法、行政诉讼法以及作为特别程序的海事诉讼法等，这些法律规定了参加各类诉讼活动必须遵守的方式、方法、途径、步骤等，既提高了诉讼的效率，更保证了诉讼的公正。

"法官要根据实体法的规定断案，而不能凭一时好恶或任何偏见任意行事。然而，法官对实体法规定的执行很大程度上取决于程序的组织形式。……这充分表明，即便适用同样的实体法，不同的程序也会带来不同的结果。"[1] 因此，法学界有一种说法："程序是法律的心脏。"程序本身设计的好坏以及是否得到全面遵守，将直接影响到法律正义的实现。

西方法律格言说："正义不仅要实现，而且要以人们看得见的方式实现。"程序法的存在，就是保障正义得到实现，而且是以看

1 　宋冰编：《程序、正义与现代化：外国法学家在华演讲录》，中国政法大学出版社 1998 年版，第 362 页。

得见的、公开和公正的方式得到实现。对于司法审判而言，诉讼法具有独特的、不可替代的价值。

其一是程序的审判价值。

在司法审判中，法官往往要面对利益冲突的双方当事人、模糊不清的案件事实以及常常是不知所云的法律条文。因此，司法审判带有很大的不确定性。为了减少这种不确定性，很多思路和措施被提出来，其中之一就是设计一套清晰、合理、科学的诉讼程序。通过程序，约束当事人的行为，维持庭审的客观理性，引导裁判者做出正确的判断。在今天，这些诉讼程序机制包括无罪推定、律师参与、开庭审理、证据规则、言词辩论、上诉制度等。

然而，司法审判终究不是科学实验和数学计算，司法官员也不是无所不能的神灵，所以在实践中，无论程序怎样精心设计，都有可能出现不公正的结果。因此，程序法的价值一方面在于使案件事实通过该程序尽可能地查明，另一方面，即使事实难以查明，只要该程序本身公正且被严格遵守，则控辩双方仍都可以接受最终的结果。也就是说，在有些情况下，由于事实很难查明甚至根本不可能查明，则严格遵循合理之程序就可以消解败诉者的不满，使判决得到公众的接受。比如，在英美法系，只要陪审团严格按照法定程序进行裁断，其结果就会获得合法性，就能得到当事人的认同，"陪审团的裁定就是上天的声音，它不容置疑……陪审团审判的程序就使陪审团裁定合理化"。[1]

这样一来，诉讼程序对审判就具有了两方面的价值：一是其工

1 　宋冰编：《程序、正义与现代化：外国法学家在华演讲录》，中国政法大学出版社1998年版，第374—375页。

具价值，即程序作为手段或工具可以最大化地保障审判结果的准确与公正；二是其独立价值，即理性和正当的程序本身就增加了审判的权威性和可接受性，只要是依据正当程序做出的审判，必然就符合程序正义的标准。

其二是程序的人权价值。

"程序是法治和恣意而治的分水岭。"程序法的存在，有助于在诉讼领域尊重和保护人权，而这个目标是通过约束国家司法权来实现的，即诉讼法把法官、检察官、警察的权力装进了制度的笼子里。

在诉讼活动中，司法官员手中拥有生杀予夺的权力，如果司法机关滥用权力，则必然会损害当事人的合法权益。因此，正当的诉讼程序的存在，对司法官员的侦查、起诉、审判行为构成了一种有效的规范和约束，使他们不得肆意妄为，从而保障了诉讼当事人的合法权益。

诉讼法之所以强调保护当事人的权利，是因为在进入诉讼之后，当事人面对的是国家司法权。这种强大甚至可怕的公权力一旦任性或脱轨，就可能导致严重的后果。尤其是在刑事诉讼中，被告人是在和代表国家的公诉人进行对抗，必然处于劣势地位，如果没有诉讼法上的人权保障制度，如无罪推定、非法证据排除、疑罪从无、法律援助、律师辩护等，则诉讼活动就很容易因双方地位不对等而失去平衡，当事人被不受约束的司法权力所伤害，导致冤假错案的发生。

二、程序正义

诉讼的目的在于实现司法正义，司法正义有两个层面：一是程序正义，二是结果正义。与古代司法的"重结果轻程序"不同，现代司法特别强调程序优先和程序正义，要求司法活动首先应严格按照法定程序进行，任何一个程序环节的失误都可能导致结果的违法和无效。在英美法中，"米兰达警告"的故事特别能够说明程序对于现代司法的意义。

美国宪法第五修正案规定：无论任何人，都不得在任何刑事案件中被迫自证其罪。根据这一宪法条款，不管是在警察局、法庭还是在国会听证会上，任何人都有权保持沉默，拒绝提供可能被用来控告自己的证据。

1963年，一个名叫恩纳斯托·米兰达的23岁青年，因涉嫌强奸和绑架妇女在亚利桑那州被捕，警官随即对他进行了审问。在审讯前，由于种种原因，警察没有依法告诉米兰达有权保持沉默，有权不自认其罪。米兰达没怎么上过学，也从来没听说过有美国宪法第五修正案这个规定，所以，经过几个小时的审讯，米兰达很快就承认了自己的罪行，并在供词上签了字。

法庭审理中，检察官向陪审团出示了米兰达的供词，作为指控他犯罪的重要证据。米兰达的律师坚持认为，警方在逮捕和询问前没有依法告知米兰达有权保持沉默，其供词的获取违反了法定程序，因此是非法无效的。法庭没有接受律师辩护意见，最后认定米兰达有罪，判处了二十年有期徒刑。

米兰达对判决不服，将案件一直上诉到了美国联邦最高法院。1966年，联邦最高法院以五比四的票数裁决地方法院的审判无效，理由是警官在询问前违反了法定程序，没有预先告诉米兰达应享有的宪法权利。最高法院在判决中重申了逮捕和询问犯罪嫌疑人必须遵循的程序规则：第一，预先告诉嫌犯有权保持沉默；第二，预先告诉嫌犯其供词可能被用来起诉和审判他们；第三，告诉嫌犯有权在受审时请律师到场；第四，告诉嫌犯如果请不起律师，法庭将免费为其指派一位律师。这些程序规定，后来被人们称为"米兰达警告"（Miranda Warnings）。

"米兰达案"的终审判决出来以后，对美国整个法律界产生了巨大的震撼。最初，很多人无法认同最高法院的立场，无法接受仅仅因为警方程序差错就把原审判决推翻的事实。但是，随着时间的流逝，人们逐渐理解了最高法院对于程序的坚守，认识到了程序公正对司法公正的重要意义，也逐渐接受了"米兰达警告"中体现和承载的现代法治精神。

司法程序对审判结果具有重大影响，就像不合理的工艺流程会导致产品质量问题一样，不合理的诉讼程序也可能产生大量冤假错案。因此，司法程序的设计必须科学、合理，符合正当程序的一般标准。"正当程序"是法学上一个重要的概念。作为一种法律原则和法律理念，正当程序来源于英国古老的自然公正原则。"自然公正"（natural justice）包括两项最基本的程序规则：其一，任何人不能做自己案件的法官；其二，任何一方的诉词都要被听取。这种观念后来被西方资产阶级法律所吸收和完善，成为现代公法尤其是诉讼法的基本原则。

那么，在现代司法活动中，什么样的诉讼程序才算作是正当程序呢？或者说，正当程序的标准有哪些？首先，正当的诉讼程序应该公开透明，具有鲜明的形式理性。也就是说，程序应该事先公开，让公民知晓，而且这种程序应当是明确、清楚和可预测、可计算的，通过对程序的了解，人们可以事先预测和计划自己的行动；其次，正当的程序应当保证争讼各方具有平等的法律地位，即当事人在法庭上权利义务相互平等，不允许搞差别待遇，不允许剥夺任何一方的诉讼权利；再次，正当的程序还必须使裁决者处于独立和中立的地位，既不受外部非法律因素的干预，也与争讼各方无直接或间接的利益关系；最后，正当的程序应当为相互对立的各方提供正面交锋和公开辩论的机会。在法庭审理的过程中，应保证利害各方直接参与，平等对话，充分发表自己的意见，"兼听则明，偏听则暗"，裁决者对任何一方的意见均应给予重视和考虑。

三、实体正义

程序正义关注审判过程，而实体正义关注审判结果，即作恶者是否得到了惩罚，受害人是否得到了救济，无辜者是否得到了昭雪。在现代司法诉讼中，实体正义涉及的内容主要包括案件事实是否清楚，法律适用是否准确，判决结果是否合法律和合情理等。

首先来看案件事实的问题。

司法审判，要以事实为依据。法官要想得到正确的裁判结果，就先得查清楚案件事实，即在原告和被告之间到底发生了什么事情，这就需要收集相关证据，并对证据进行专业、客观、全面的判断和分析。古代司法审判依靠的证据，主要是当事人陈述和证人证言。为了判断相关陈述的真伪，在欧洲，法官会采用"神判"的方法，包括宣誓、水审、火审、神兽裁判法、决斗、卜卦、抽签等多种裁决方式；在中国，司法官员会采用"五听"的方法来判断当事人口供的真实性，包括辞听、色听、气听、耳听、目听。[1]到了现代，随着科技的进步，司法审判可以获取和运用的证据的类型越来越多，取证的方法更为便捷可靠，从而有效避免了冤假错案的发生。

其次来看法律适用的问题。

司法审判，要以法律为准绳。在通过证据查明案件事实之后，法官需要在现有法律体系中进行检索查询，找到和本案完全对应的法律依据，以其作为裁判的大前提。在成文法国家，立法机关颁布的法律成千上万，在判例法国家，法院以前做出的判例汗牛充栋，对于一个具体案件而言，本案到底应该依据哪一部法律、哪一个条款、哪一个先例进行裁判，这是一个非常关键的问题，它直接决定了裁判结果的合法性。因而，法官要运用自己的专业知识和职业经验，在体系庞杂、数量巨大的法律仓库中寻找到和本案事实完全对应、合身、恰当的那个规定，如果这个法律依据找错了，就构成"法律适用错误"，则裁判结果一定会违法，背离了实体正义的目标。

最后来看裁判结果的问题。

司法审判，最终要得出一个正确、公正的裁判结果。裁判结果的公正性：第一，体现为合法性，即判决结果符合法律规定，法律规定是此罪，法院判决就不应是彼罪，法律规定是三年徒刑，法院判决就不应是五年徒刑；第二，体现为合理性，即判决结果应适度、恰当，要与案件的性质、后果、社会影响相适应，这就要求法院在裁判时除了依据法律规定外，还要适当考虑案件的社会效果，

1　梁治平：《法意与人情》，中国法制出版社 2004 年版，第 215 页。

考虑公众主流的价值观念。对于裁判结果而言，合法性是起码的法理要求，合理性则是更高的伦理要求，只有判决结果既合法律也合情理，才能最大限度地实现实体正义。

第二节 刑事诉讼：一场和平的战争

刑事诉讼是国家指控犯罪嫌疑人并对其进行刑事审判的司法活动，是涉及犯罪人的名誉、自由乃至生命的最为惊心动魄的审判活动。西谚云："诉讼是一场和平的战争，原告有诉权武装，犹如持刀剑进攻；被告有抗辩护身，犹如持盾牌防御。"这句格言，就是对刑事诉讼活动的形象描述。

一、刑事诉讼的历史变迁

提到古代的刑事审判，很多人会想起戏曲中北宋开封府包公大老爷明镜高悬的公堂，凶神恶煞的衙役分站两旁，包大人一拍惊堂木，原告和被告哆嗦着跪倒在地上，三把明晃晃的铡刀上斩皇亲国戚，下铡平民百姓，是包大人惩恶扬善、替天行道的标志。说到现代的刑事诉讼，人们眼前也会浮现一幅图景：公诉人代表着国家，在法庭上义正词严地指控犯罪，被告人享有抗辩权，自行或通过律师对检方的指控进行反驳和否定，法官则居中指导双方的辩论，并根据双方提交的证据做出客观的判断。从古至今，刑事诉讼制度不断发生着变化，而这种变化是法律不断走向文明和公正的具体表现。

在远古社会，人和人之间发生纠纷时，往往采取决斗和血亲复仇的方式来解决和了断。到了后来，考虑到决斗和复仇会导致仇恨不断延续和升级，国家开始介入私人冲突，公力救济逐步取代了私力救济，由国家主导的刑事诉讼开始出现，成为处理冲突、惩罚犯罪的基本形式。

在上古社会，刑事诉讼的主要模式是"弹劾式诉讼"。诉讼完全由私人提起，只有被害人或其他人提出控告，司法机关才受理案件，也就是说，没有原告就没有法官，没有起诉就没有审判。原告提出控告时要负举证责任，被告人进行辩护时也要负举证责任，双方可以进行对质和辩论。法官在诉讼中处于消极的仲裁者的地位，开庭审理前，法官一般不进行任何调查或侦查，如果案件涉及的是非真伪难以判断，法官往往求助于神明，进行神判。以"神判法"检验真伪的最简单方法，就是置嫌疑人于一种危险境地，看他能否安然无恙。比如，希腊人常将人浮在海上，如不下沉就证明他是清白的，而苏门答腊人则拿一把生米或面粉令人吞咽，若吞食者因此而窒息或咳嗽便证明其有罪。[1]

进入中世纪，刑事诉讼出现了新变化，诉讼模式演化为"纠问式诉讼"。与弹劾式诉讼不同，纠问式诉讼实行"不告也理"的原则，只要发生了犯罪行为或有犯罪嫌疑，即使受害人不告状，法官也有权进行追究和审判。法官往往集审判职能和起诉职能于一身，不仅有权进行审判，而且有权进行追诉、侦查和拷问。在审判中，被告人没有任何诉讼权利，在诉讼过程中他只是被拷问、被追究的对象。纠问式诉讼往往实行等级证据制度，在证据发生矛盾时，往往依证人的身份来决定证明力的大小，"高贵者的证言优于普通人

1　梁治平：《法意与人情》，中国法制出版社 2004 年版，第 27—28 页。

的证言，僧侣的证言优于俗人的证言，富人的证言优于穷人的证言"。由于过分依赖被告人口供，口供被奉为"证据之王"，因此使用刑讯手段逼取口供就成为当时刑事诉讼中非常普遍的现象。

　　到了近现代社会，刑事诉讼的主要模式可以概括为"混合式诉讼"，它是在吸收了"弹劾式诉讼"和"纠问式诉讼"的优点的基础上形成的。在混合式诉讼模式下，刑事诉讼分为侦查追诉和法庭审判两个大的阶段。在侦查追诉阶段，一般不存在"不告不理"的情形，对于关系国家、社会利益的犯罪，即使没有受害人的告诉，没有人检举揭发，公安部门和检察院发现后也必须立案侦查，主动进行侦查和追诉；在法庭审判阶段，检察官负责提起公诉，被告人及其律师进行辩护，法官在法庭上维持庭审秩序并居中做出裁判。控辩双方在法庭上具有平等的诉讼地位，都享有相应的诉讼权利，也都承担诉讼义务。法庭审判采用言词辩论和直接讯问等方式，除非特殊案件，否则一般都是公开进行的。

　　尽管当今世界各国的刑事诉讼基本上都是混合式的，但资本主义法律体系中的两大法系还是有比较大的差异，大陆法系的刑事诉讼表现为职权主义，英美法系的刑事诉讼表现为当事人主义。在职权主义的诉讼模式下，法官在庭审中处于审问者的地位，特别是在法庭调查阶段，法官始终是审讯被告人、询问证人和查对核实各种证据的审问者。在当事人主义的诉讼模式下，法庭审理所采取的方式是交叉询问，即由检察官和辩护律师对证人交替进行"主询问"和"反询问"，法官只是处于消极的主持者和仲裁者的地位，一般不会主动进行审问。

二、刑事诉讼的基本原则

1. 司法机关依法独立行使职权原则

司法机关依法独立行使检察权和审判权，不受行政机关、社会团体、个人的干涉，这是刑事诉讼必须坚持的一项基本原则，其功能和意义在于保障刑事审判的公正性。司法机关进行审判，应该以事实为依据，以法律为准绳，不受其他非法律因素的干预，唯有如此，方可保证判决结果的合法性和正当性。

在历史上，行政机关干预司法曾经是比较普遍的现象，而为了抵制这些不当干预，很多法官进行了坚决的抗争。1891年日本的"津田三藏案"，就是其中一个代表性的事件。

德川幕府两百余年的闭关锁国后，日本国势甚弱，虽经明治维新开始崛起，但对欧洲列强难以抗衡，尤其是对当时的军事强国俄国存有畏惧。1891年4月，俄国皇太子尼古拉奉父命率舰队访日。为保障皇太子的人身安全，日本方面除严密警卫外，外务大臣还与俄国公使约定，万一有加害之人，可直接按加害日本皇族的日本刑法第116条进行最严厉处罚。

5月11日下午，尼古拉到大津市访问，负责警卫的警察津田三藏，在尼古拉经过时突然拔剑砍其太阳穴两下，致其轻伤，津田事后立即被捕。警官刺杀国宾事件，令日本举国震惊，因担心俄国借此发动对日战争，全国处于高度紧张状态。该事件之后，有很多非同寻常的事情发生。一位年轻妇女在京都地方政府大楼前自杀，代表日本国民向俄国谢罪，而在日本北部一个偏远山村，村民集体投票通过了一个规定：禁止所有村民用津田作姓、三藏作名。

在此背景下，日本政府积极采取措施解决此事。除以外交方式道歉、抚慰外，日本大审院即当时的最高法院很快组成特别法庭，对案件进行审判。但就如何适用刑法，司法和行政两方面发生分歧。日本刑法第116条是关于"皇室之罪"，规定加害日本天皇、皇后、皇太子等皇室成员者处死刑。日本内阁以该案涉及两国邦交、关系国家重大利益及事前外相与俄国就采用刑法第116条保护俄国皇太子已经达成协议等理由，要求司法机关必须依照刑法第116条对津田进行审判，避免日本外交食言以及俄国借机寻衅。当时的松方首相专门会晤了大审院院长儿岛惟谦，要求法院配合行政机关处理。首相还直接要走审理该案的法官名单，并安排这些法官的好友及前辈进行说服。

但是，儿岛坚持法院必须独立适用法律，不受行政机关干预。他赶往大津，对7名特别法官进行正确理解和适用刑法第116条的指导，认为俄国王子并非日本刑法规定的日本皇室成员，依据"法无规定不加刑"的原则，对被告的刑罚只能是终身监禁而非死刑。5月27日下午，审判长代表法庭宣判：本案适用刑法关于普通谋杀罪的规定而非第116条，以谋杀未遂判决被告无期徒刑。判决做出后，日本外务大臣、法务大臣及内政大臣相继辞职。[1]

1　龙宗智：《"大津事件"与司法独立》，《检察日报》2000年8月24日，第3版。

在"大津事件"中，大审院的法官最终坚持依法独立审判，坚决排除了行政干预。大审院院长儿岛惟谦曾义正词严地告诉内阁首相："下官非才，恭奉天皇任命为大审院院长，职责所在，不论内阁如何讨论及决议，其解释如曲解法律精神者，断然不予接受。"

2．审判公开原则

在古代社会，刑事审判常常是秘密进行的，而到了现代，审判公开则为刑事诉讼一项基本原则。按照这一原则，法院的刑事审判活动应向社会公开，允许媒体报道，允许公众旁听。例如，法国刑事诉讼法规定，无论违警罪、轻罪或者重罪案件，法庭审判必须公开，而美国则将审判公开作为被告人应享有的权利规定在宪法之中。

审判公开是司法公正的必要保障，只有公开司法的过程，才能让司法活动接受社会的监督，杜绝司法腐败的滋生。阳光是最好的防腐剂，审判公开被实践证明是促进司法公正的有效方法。当然也有少数例外，一般情况下，涉及国家机密、个人隐私、商业秘密以及未成年人犯罪的案件，法院可以不公开审理。

3．无罪推定原则

资产阶级革命初期，为了保障被告人的诉讼权利，针对封建时代的有罪推定，资产阶级学者提出无罪推定原则。贝卡里亚在他1764年所著的《论犯罪与刑罚》一书中指出："在法官判决之前，一个人是不能被称为罪犯的。……如果犯罪是不肯定的，就不应折磨一个无辜者，因为，在法律看来，他的罪行并没有得到证实。"[1] 1789年法国的《人权宣言》第9条规定："对任何人，凡

1　[意] 切萨雷·贝卡里亚：《论犯罪与刑罚》，黄风译，中国大百科全书出版社1993年版，第31页。

未宣告为有罪以前，皆应视为无罪。"无罪推定作为一项诉讼原则在法律上得到了正式确认。

无罪推定原则的基本含义，是指在刑事诉讼中，任何受到刑事追诉的人在未经法院最终判决其有罪之前，都应被推定为无罪。这个原则的目的在于保障被追诉者能够成为诉讼中的主体，享有以辩护权为核心的各项诉讼权利。对于法官和检察官来说，在最终判决得出之前，要把被告人当作无罪者来看待，要充分保障其申请权、辩护权、申诉权，要尊重其人格尊严。

在有些国家的刑事诉讼法中，无罪推定原则还可以引申出"人不被强迫自证其罪"的内容，或者说是"沉默权"。1688年"光荣革命"后，英国《权利法案》对沉默权做了明确规定。1789年，这一规则为美国宪法修正案所吸收，正式上升为宪法性权利。根据这项权利，被告人在诉讼中不承担证明自己无罪的责任，他可以在诉讼中保持沉默，也可以明确表示拒绝陈述。因此，提供证据以证明被告人有罪的责任应该由控诉方承担，如果控诉方无法证明被告人有罪，则应当认定被告人无罪。

4．辩护原则

辩护原则，指犯罪嫌疑人、被告人在刑事诉讼中享有充分的辩护权。根据这项原则，犯罪嫌疑人和被告人在诉讼中既可以自行辩护，也可以委托他人尤其是律师进行辩护。如果被告人因为经济困难或者其他原因无力聘请律师，则国家有义务为其提供免费的律师辩护服务。

赋予犯罪嫌疑人、被告人以充分的辩护权，不仅是诉讼民主的表现，也是查明案件真实及正确适用法律的必要条件。人们相信，在司法日益专业化、复杂化的时代，在控辩双方地位不对等的刑事审判中，如果被告人的这项权利得不到切实的保障，就根本不可能有公正的审判。

5. 禁止重复追究原则

禁止重复追究原则源于古罗马，也被称作"一事不再理原则"，这个原则意味着对被告人的同一犯罪行为，一旦做出有罪或者无罪的生效判决后，就不得再次对同一行为进行审判或处罚。对控诉方来说，意味着不能重复起诉；对法院来说，意味着不能重复受理和审判。

一般来说，禁止重复追究原则的理论依据包括两个方面。第一是尊重法院判决的既判力。法院判决做出之后就应当维护其权威性，不能就一份生效判决再次起诉。第二是保护被告人的人权。"诉讼是一枚苦果子"，而反复不决的诉讼更给这枚苦果加上了酸味。因而，"禁止双重危险"被认为是刑事被告人的一项基本权利，国家的刑事追诉权只能行使一次，不允许反复追诉没完没了，以免增加被告人的恐惧和痛苦。

第三节 民事诉讼：定分止争

一、作为权威纠纷解决方式的民事诉讼

有人的地方，就有社会，有社会的地方，就有因为财产、人身而引发的民事纠纷，民事诉讼是现代社会解决民事纠纷、维系家庭和社会和谐的最权威的法律机制。在我国古代，很早就有了刑事诉讼和民事诉讼的区分，刑事诉讼被称为"狱"，民事诉讼被称为

"讼"，后者专指当事人之间因为买卖、租赁、借贷、抵押、婚姻、继承等纠纷而提起的诉讼。现代意义上的民事诉讼，指法院在当事人参与下，依法审理和解决民事纠纷的活动。

儒家文化强调"和为贵"，因此在发生民事争端之后，请民间的权威人士进行调解是最常见的纠纷解决方法。在明代，政府还专门在乡里建立一个"申明亭"，平时张贴政府公告，当村落里发生纠纷时就在这里由族长或村老来调解纠纷。进入现代社会以来，由于公民权利意识的高涨，并且因为调解可能出现强者对弱者的压制或者当事人不履行调解协议等情况，诉讼开始成为比较普遍的民事纠纷解决机制。当事人将民事纠纷起诉到法院，法院严格按照诉讼程序进行审理，给各方当事人平等的诉讼权利，展开辩论和质证，最后在事实和法律的基础上做出权威的裁判。

作为一种现代社会解决民事纠纷的法律机制，民事诉讼是最文明的，因为它排斥暴力，反对当事人用自己的体力、信息、财富、地位等优势对对方施压以获取额外利益；民事诉讼也是最公平的，它有一套严格的诉讼程序，坚持当事各方在平等基础上进行说理和辩论，裁决者保持身份中立和独立，各方意见都应听取；民事诉讼还是最权威的，它是由法院代表国家对民事纠纷进行的官方裁决，其裁判结果具有强制力，非经法律程序，其权威性和执行力不容置疑。

当然，民事诉讼作为一种解决纠纷的常规法律机制，也有它的缺陷和不足，主要表现为打官司有诉讼时效限制，程序复杂、成本昂贵，很多时候，法院严格依法裁判，会忽视当事人的现实情况和个性化需求。因此，在20世纪60年代，西方国家曾兴起一场"ADR运动"（Alternative Dispute Resolution），即强调在纠纷解决中不应过度依赖法院和诉讼机制，要更多关注和发挥民间性的和解、调解、仲裁等替代性纠纷解决机制的独特作用。今天，在民事纠纷解决方面，民事诉讼和非诉讼机制相互配合互相支持，人们有了纠纷，首选通过和解、调解、仲裁等灵活、便捷的方式进行处理，如果不适合和无法通过非诉讼机制得以解决，则可以启动民事诉讼程序，把问题提交给法院。总之，对于公民和企业而言，民事诉讼应是其解决民事纠纷的最后选择。

二、民事诉讼的基本原则

行政诉讼是"民告官"，刑事诉讼是"官告民"，而民事诉讼则是民告民。民事诉讼有自己的一套原则，这些原则能够充分展现民事诉讼的特点和精神。

1．当事人诉讼地位平等原则

平等是公正的前提。当事人诉讼地位平等，是指民事诉讼的各方当事人在诉讼中享有平等的诉讼权利，履行平等的诉讼义务，不因当事人的社会地位、经济状况、文化程度、民族等因素不同而存在差别和歧视。

民事诉讼作为平等主体之间的争讼活动，任何一方都不得享有比对方更优越或更多的诉讼权利，只有赋予双方当事人平等的权利、均等的机会，才能保证民事诉讼活动中当事人双方"攻击"与"防御"的平等进行，才能有助于法官发现事实真相并据此做出公正的裁决。

2．自愿、合法调解原则

自愿、合法调解是我国民事诉讼法中特别重要的一项原则，指法院在审理民事案件时，对能调解的案件应以说服劝导的方式，促使争议双方互谅互让，达成协议解决纠纷。

民事纠纷往往是普通民众之间的日常性、财产性矛盾，当事双方之间并没有切骨的仇恨和不可化解的敌意，从有利于解决纠纷和化解矛盾的角度讲，在很多案件中，温和的调解要比严肃的判决更能解决问题。因此，法院在民事诉讼中贯彻自愿合法调解原则，既能简化司法程序，节约司法资源，又能减轻当事人的讼累，促进问题的有效解决，防止矛盾激化。

在河北省三河市燕郊人民法庭，一跨入法庭的调解室，首先映入眼帘的是一幅"劝和谣"的条幅：

夫妻双双找法院，夫也不愿，妻也不愿；
心平气和谈一谈，夫也不散，妻也不散。
父子双双找法院，父也难堪，子也难堪；
孝敬父母日三餐，父也心欢，子也心欢。
邻里双双找法院，邻也有怨，里也有怨；
闲言碎语抛一边，邻也心安，里也心安。
有了纠纷找法院，大事也管，小事也管；
调解合法又自愿，你也欢颜，他也欢颜。

"宁拆十座庙，不破一门婚"。三河法院在审理婚姻案件中，想尽办法，弥合濒临破裂的婚姻。有一对新婚小两口发生冲突，女方不顾男方阻拦，非要起诉离婚。在立案接待过程中，法庭发现原、被告之间的感情并没有达到破裂的程度，只是因为一些琐事，使原告过分冲动，一气之下到法院起诉离婚。主审法官利用送达应诉书之机向被告了解原因：原来，原告让被告多照顾家庭，但被告的工作性质决定其必须经常出差；这次吵架也是因为被告出差，使原告与朋友约好的两家一同去旅游的计划搁浅，原告感到在朋友面前丢了面子。矛盾缘由找到了，主审法官找双方亲戚做工作，促成原、被告坐在一起进行谈心，并与被告单位联系适时调整工作岗位，终于使小两口和好如初。近年来，通过法官的调解，有上百起离婚案件的当事人心平气和谈一谈，破镜重圆，双方皆大欢喜。[1]

3. 辩论原则

辩论原则，指当事人在民事诉讼中有权就案件所争议的事实和法律问题，在法院的主持下开展辩论，各自陈述自己的主张和根据，互相进行反驳与答辩，通过辩护，参与案件解决，维护自己合法权益。

从法理上讲，辩论原则是正当程序在民事诉讼中的具体体现。根据正当程序的要求，争讼中的各方当事人都有权提出自己的意见和主张，而所有存在差异或彼此矛盾的意见和观点均应当面展开辩论，而作为裁决者，法官对任何一方的意见均要听取。"兼听则明，偏听则暗"，让不同意见进行公开辩论，既有助于法院查明案件真相做出公正审判，也有助于当事人接受最终的审判结果。

1　《"劝和谣"唱出和谐一片天：三河法院调解工作纪实》，《人民法院报》，2007年10月29日，第3版。

4．处分原则

处分原则是现代民事诉讼中的一项基本原则，通俗来说，就是在诉讼活动中，当事人有权"自己的事情自己定"。按照这一原则，民事诉讼的当事人有权在法定的范围内支配自己的民事权利和诉讼权利，对相关诉讼事务做出决定并承担后果，比如，原告可以决定撤诉，被告可接受原告的诉讼请求，双方可以达成和解协议以终结案件。

民事活动强调意思自治，这在民事诉讼中也不例外。纠纷毕竟是当事人自己的纠纷，只有当事人才知道如何处理纠纷对自己最为有利，因此，允许当事人在诉讼中处分自己的权利，是对当事人主体地位的尊重。与此同时，当事人的处分权对法院的审判权构成一定的制约，这也被认为是现代法治的应有之义。

第十五章 国际法：超越国境的法律

　　国际法与国内法相对应，是在国际交往中形成的，用以调整国际关系的各种法律原则、规则和制度。广义上的国际法，除了调整国际政治关系的国际公法外，还包括调整国际民商事关系和国际经济关系的国际私法和国际经济法。

第一节　维护世界和平的国际公法

一、三十年战争与国际公法的产生

　　国际公法是由联合国等国际组织或多个主权国家制定的、国际公认的调整国家间关系的法律。近代国际公法最早出现在17世纪的欧洲，而它的产生与历史上著名的三十年战争是分不开的。

　　三十年战争发生在1618年到1648年之间，是欧洲在封建末期爆发的第一次大规模战争，这场旷日持久的战争是由神圣罗马帝国的内部矛盾引起的。建立于公元962年的神圣罗马帝国是中世纪欧洲最大的国家。路德宗教改革后，欧洲形成了新教联盟和天主教联盟的对立。担任罗马帝国皇帝的奥地利哈布斯堡王朝的统治者为扩大权力和建立霸权，站在天主教联盟一边反对新教，并迫害国内新教徒。1618年5月23日，奥地利统治下的波希米亚捷克新教徒因不堪忍受宗教迫害，在布拉格发动起义，他们冲入王宫，将皇帝的两名大主教钦差从20米高的窗户扔出窗外，史称"掷出窗外事件"。事件发生后，奥地利哈布斯堡王朝决定以武力征服捷克，从而引发了德意志内战。

17世纪初的欧洲各国，矛盾重重，钩心斗角。丹麦、法国、瑞典、荷兰、俄国支持德意志新教联盟，而神圣罗马帝国皇帝、罗马教廷和西班牙则支持天主教联盟。德意志内战刚爆发，各国就乘机卷入以谋取利益，因此，战争很快演变成为全欧洲的国际战争。整个战争几乎全部在德意志领土上进行，一直持续了三十年之久。长期的战争使参战各国经济凋敝，财政困难，国力疲惫。"三十年战争的主要受害者是平民，因为他们处于军纪涣散、常常拿不到军饷的雇佣兵的蹂躏之下。德意志和波希米亚损失了三分之一的人口，结果，城市和乡村哀鸿遍野。"[1]

在此背景下，1643年7月，交战双方在威斯特伐利亚的奥斯布鲁克地和闵斯特两个城市开始谈判议和，一直到1648年10月24日终于签订了和约，史称《威斯特伐利亚和约》（Peace of Westphalia）。

《威斯特伐利亚和约》主要涉及三个方面的内容。其一，和约保证了胜利者获得大片领土。同时，条约正式承认瑞士脱离神圣罗马帝国，成为独立国家，正式承认40年前荷兰从西班牙获得的独

1　[美] 斯塔夫里阿诺斯：《全球通史：从史前史到21世纪》（下），吴象婴、梁赤民、董书慧、王昶译，北京大学出版社2006年版，第397页。

立。其二，和约确定了德意志的宗教关系，规定路德教和加尔文教与天主教具有平等的地位和权利。其三，和约削弱了神圣罗马帝国皇帝的权力，同时还承认各诸侯国享有独立的外交权。

《威斯特伐利亚和约》的签订，开创了以国际会议的形式和平解决国际争端的先例，确立了国家主权、国家领土和国家独立等国际关系基本准则，是国际关系史上新时代开始的重大标志。和约作为欧洲中世纪与近代史交替之际的第一个多边条约，是"国际法发展过程中的一块重要里程碑"，或者可以说，它是近代国际法的源头。历史学家指出："《威斯特伐利亚和约》的领土条款并未能维持很久，但它们总的影响是明确的。此后，单一主权国家被认为是国际政治的基本单元，人们根据外交实践中普遍接受的原则处理国家之间的关系。于是开始了一个由无限制主权的国家组成的、处于无政府状态的国际社会，一个从威斯特伐利亚会议一直延续到今天的国际社会。"[1]

二、格劳秀斯：国际公法之父

在近现代国际法理论的形成过程中，荷兰法学家格劳秀斯做出了开创性的贡献。格劳秀斯 1583 年出生于荷兰的德尔伏特省，他老爸是荷兰一位极其成功的律师。格劳秀斯是个神童，他天资聪慧，少年老成，11 岁进入莱顿大学学习哲学和语言学，不仅用三年完成了大学学习，还出版了一部学术专著。15 岁随荷兰大使赴法兰

1　[美]斯塔夫里阿诺斯：《全球通史：从史前史到 21 世纪》(下)，吴象婴、梁赤民、董书慧、王昶译，北京大学出版社 2006 年版，第 397 页。

西，25 岁担任检察官，后因宗教政治斗争入狱，在被妻子营救后流亡法国。他先后写下《海洋自由论》《战争与和平法》《捕获法》等著作，全面系统地阐述了国际法的基本原理，是国际法领域的经典著作。[1]

在法学史上，早在古罗马时代，就有人开始研究有关战争和条约的问题。中世纪时期，从奥古斯丁、阿奎那到布丹，也都讨论过有关宣战、休战及对敌人维持信义、实行人道主义等问题。但是，真正将国际法作为一门独立学科进行完整系统的理论论述，是从格劳秀斯开始的，而格劳秀斯进入国际法研究，是从他为东印度公司的一次案件代理开始的。

17 世纪初，随着荷兰航海事业的发展，他们把贸易的目光瞄向东方，并且开始尝试打破西班牙和葡萄牙对东南亚地区贸易的垄断。1604 年，荷兰东印度公司的希姆斯柯克将军在马六甲海峡地区捕获了葡萄牙的一艘货船，连船带货进行了拍卖，所得的货款分给了公司股东。一些人士对此行为颇有非议，认为这不仅违背了非战原则，而且也缺乏法律依据。在这种情况下，公司当局就委托律师格劳秀斯为其捕获葡萄牙货船的行为进行辩护。为了完成任务，格劳秀斯系统地研究和查阅了以往的有关法律规定及法学著述。他发现，在古代海洋被视为"大家共有之物"，它与空气一样，不能被任何个人或国家独自占有，《查士丁尼法典》也提到，使用海洋是人类共有的自然权利这样的原则。据此，格劳秀斯为东印度公司的行为进行了辩护：依据大自然的安排，海洋属于人类共有之物，不

---

1   田峰：《严肃点，我们在讲法哲学：法理大师们的趣味史》，中国民主法制出版社 2020 年版，第 68—67 页。

得为任何私人占有，因此，在海道上航行的权利并不是葡萄牙的专利，葡萄牙占领海峡垄断贸易的行为是非法的，而荷兰为了自己利益捕获葡萄牙的船只则是正当行为。[1]

在这个案件代理的过程中，格劳秀斯实际上是在无意中敲开了国际法这门新兴学科的大门。1609 年，格劳秀斯出版了《海洋自由论》一书，提出了系统的海洋自由的原则，包括航行自由、捕鱼自由、贸易自由、无害通过权等。他认为，海洋是取之不尽、用之不竭的，是不可占领的；大海应向所有国家和所有国家的人民开放，供他们自由使用。后来，由于涉及政治及宗教冲突，格劳秀斯被迫逃亡法国。在此期间，他又出版了《战争与和平法》一书，这本书是第一部把国际法作为独立学科进行系统阐述的法学巨著。

在《战争与和平法》中，格劳秀斯指出，国际法是国家之间的法律，它不是为某一国家而是为所有国家的利益而制定的，它不是仅对一国有效，它对所有国家都具有普遍效力。国际法来源于自然法，因此要根据自然法的原则来确定国际法的规则和制度。格劳秀斯强调国家之间的争端可以通过谈判、仲裁等方式解决，而不一定要诉诸战争，应该倡导和平，反对战争。格劳秀斯还批驳了当时所谓的"战时无法律"的观点，他认为，战争期间只是民法、刑法等法律才失去效力，而永恒的自然法依然是普遍有效的，因而，各国即使是在战争期间也要坚持正义，维护公理。为此，格劳秀斯提出了一系列战时应遵守的基本规则：要坚持宣战的原则，反对不宣而战的狡猾行为；要坚持人道主义原则，对非参战人员，尤其是老人、妇女、儿童等应采取保护措施，对放下武器的俘虏，应当尊重

1　　蒋来用、高莉:《法学的故事》，中央编译出版社 2006 年版，第 123 页。

其人格，并要保护他们的个人财产，对战争中的所有伤病员都应毫无区别地给予人道的待遇和照顾；战时要注意保护交战国双方外交代表的人身和财产安全，即"两国交战，不斩来使"；战争中也要讲究诚信，不能用背信弃义的方式欺骗和伤害敌人。[1]

在国际法发展史上，格劳秀斯是一位重要的学者，他第一次全面系统地阐述了国际法的概念，并提出了公海自由的经典理论，对国际法的发展起到了关键性的奠基作用，他也因其杰出贡献获得了"国际法之父"的美誉。

三、现代国际公法的原则

早在公元前 1300 年，古埃及的拉美西斯二世国王和入侵的赫梯（Hittites）国王就曾签订了彼此和平的公约，其中规定："条约由伟大的凯特首领和伟大的埃及统治者签订……平等友爱的条约，使他们之间和平永存。"[2]

孟德斯鸠曾说："国际法是自然地建立在这个原则上的，就是：各国在和平的时候应当尽量谋求彼此福利的增进；在战争的时候应在不损害自己真正利益的范围内，尽量减少破坏。"[3] 为了减少战争和破坏，维持国际秩序与和平，国际公法确立了国家之间进行交往必须坚持的基本原则，其中非常重要的就是和平共处五项原则。

---

1 蒋来用、高莉：《法学的故事》，中央编译出版社 2006 年版，第 125 页。
2 ［美］约翰·H. 威格摩尔：《世界法系概览》（上），何勤华、李秀清、郭光东等译，上海人民出版社 2003 年版，第 11 页。
3 ［法］孟德斯鸠：《论法的精神》（上），张雁深译，商务印书馆 1961 年版，第 5 页。

和平共处五项原则是由中国提出并与印度和缅甸共同倡导的，在建立各国正常关系及进行交流合作时应遵循的基本原则。半个世纪以来，"互相尊重主权和领土完整、互不侵犯、互不干涉内政、平等互利、和平共处"五项原则不仅成为中国奉行独立自主和平外交政策的基础，而且也被世界上绝大多数国家所接受，1970年第25届联大通过的《关于各国依联合国宪章建立友好关系及合作的国际法原则宣言》和1974年第6届特别联大《关于建立新的国际经济秩序宣言》，都明确把和平共处五项原则包括在内。

和平共处五项原则的基本内容包括以下几点。

其一，互相尊重主权和领土完整原则。国家主权是国家独立自主地处理自己的内外事务、管理国家的权力，包括对其领土内的一切人和事以及领土外的本国人进行管理的内政权，排除外来干涉的对外独立权，对外来侵略或威胁进行防卫的自卫权等。国与国之间，应该尊重对方的主权完整，尊重对方的领土完整。

其二，互不侵犯原则。互不侵犯意味着国家在其相互关系中，不得以任何借口进行侵略，不得使用武力或武力威胁以侵犯他国的主权、独立和领土完整，不得以战争作为解决国际争端的手段。当然，一国因遭到别国武装进攻而进行的自卫战争和殖民地人民为了争取民族独立而进行的斗争不在其列。

其三，互不干涉内政原则。根据《联合国宪章》的规定，互不干涉内政是指任何国家都不得以任何借口干涉他国内政和外交。这一原则是由国家主权的性质直接引申出来的，任何国家都有自己管理自己事务、决定自己命运的权利，其他国家不得以任何手段强迫他国接受自己的意志、社会政治经济制度和意识形态。

其四，平等互利原则。这一原则是指在国际交往中国家不分强弱大小，一律平等，任何一国都不能对他国提出强权要求，也不能以损害对方的利益来满足自己的要求，国与国之间应该在平等的基础上寻求互惠互利。

其五，和平共处原则。和平共处原则的含义是，各国不应因社会制度、意识形态和价值观念的不同，而在国际法律地位上有所差别，而应和平地并存，共同发展，并利用和平方法解决相互之间的争端。

四、国际公法与世界和平

在国际交往中，不同国家在涉及自己利益的问题上，由于立场、观点和态度的差异，往往会产生矛盾，引发争端。国际争端不同于其他私人争端，国际争端一般发生在国家与国家之间，可能涉及当事各国的重大利益，因此显得特别复杂和难以处理。

在古代社会，当国家之间发生了争端，在无法通过外交谈判得到圆满解决时，往往要付诸战争，而战争的结果一般是强者的胜利，很多时候并不等同于正义。因此，自国际法产生以来，它就一直倡导通过非战争的方式来解决国际争端，以维护世界和平与国际道义。

现代国际法确立的争端解决方法，主要包括政治解决和法律解决两种。

国际争端的政治解决方法有谈判、斡旋与调停。谈判是解决国际争端的最直接、最主要的方法。谈判可以由争端各方的常驻外交代表或外交部部长、政府首脑，直至国家元首进行。斡旋是第三国通过提供条件、提出建议等方式协助当事国解决争端。调停是第三国以调停者的身份直接参加当事国的谈判。无论斡旋还是调停，第三国都不承担任何法律责任。第三国提出的意见和方法，对当事国没有法律上的拘束力。

国际争端的法律解决方法包括国际仲裁和国际司法。国际仲裁是争端当事国通过订立仲裁条约或约定，自愿把争端交付自己选定的仲裁机构处理，并约定接受裁决内容。仲裁裁决一般不具有法律制裁性质，但当事国出于道义上的责任，必须严格执行。国际司法则是最严肃的争端解决方法，指争端当事国用请求书或特别协定的方式将争端提交世界性或区域性的法院，由法院依据国际法进行审理并做出判决，判决对当事国均具有约束力。设在荷兰海牙的国际法院是联合国的主要司法机构，有权对各国提交的争端做出判决。1984年，国际法院就对"尼加拉瓜诉美国非法军事行动案"进行了审理。

1983年到1984年期间，美国派人在尼加拉瓜的多个港口附近布置水雷，严重威胁了尼加拉瓜的航行安全，并造成了石油设施的重大损失，美国还多次资助尼加拉瓜的反政府集团开展旨在反对和推翻政府的军事行为。针对这些挑衅行为，尼加拉瓜忍无可忍，遂在1984年把美国告上了国际法院。

1986年，国际法院以绝大多数赞成票就本案的几个核心问题做出如下判决。

第一，美国在尼加拉瓜港口设置水雷，出动飞机袭击尼加拉瓜港口和石油设施，这些行动违反了禁止使用武力的国际法原则，构成了对尼加拉瓜非法使用武力和以武力相威胁。

第二，美国以提供财政支持、训练、武器装备、情报、后勤支持的形式支持尼加拉瓜境内的反政府武装，这些行为构成了对不干涉内政的国际法原则的违反。

第三，美国支持尼加拉瓜的反政府武装，直接攻击尼加拉瓜港口、石油设施，在尼加拉瓜港口布设水雷，不仅违反了禁止使用武力原则，也违反了尊重国家领土主权的国际法原则。

最终，法院宣布：美国应当立即停止并再不采取任何上述违反其国际义务的行为，并且有义务对上述行为给尼加拉瓜造成的损害做出赔偿。法院判决还要求争端双方切实履行其国际义务，依据国际法，以和平手段解决它们之间的争端。

与强大的美国相比，尼加拉瓜只是中美洲一个很小的国家，但是，尊重国家主权、不干涉内政、禁止使用武力等国际法原则却是对所有国家均有约束力的。国际法院的判决表明：强权并不等于公理，所有的国家在国际交往中都必须尊重和服从国际规则，没有任何国家可以例外。

在现代社会，以联合国为首的国际组织制定了大量的国际法规则，包括国际条约法、外交关系法、战争与人道主义法、国际人权法、国际海洋法等，这些国际法在维护国际秩序、保障世界和平方面发挥着越来越重要的作用。

太阳与星辰罗列天空,

大地涌起雄壮歌声。

人类同唱崇高希望,

赞美新世界的诞生。

……

人类新世纪已经来临,

我子孙许多自由光荣。

联合国家团结向前义旗招展,

为胜利自由新世界携手并肩。

这首《联合国国歌》(*United Nations on the March*),是在 1945 年由美国诗人罗梅和苏联作曲家肖斯塔科维奇联合创作的,歌中所赞美的自由而和平的新世界,就是现代国际法所追求的理想。

第二节 作为冲突法的国际私法

一、认识国际私法

国际公法是解决国与国之间政治外交事务的法律,那么,国际私法是什么样的法律,它的性质、内容和功能又是什么呢?认识国际私法,可以从著名的"福果案"(Forge's Case)谈起。

福果是其母亲的非婚生子,1801年出生在巴伐利亚,五岁时跟着母亲到了法国并一直在那里定居,直至1869

年死亡。福果在法国留下了一笔动产，但并未订立任何遗嘱。福果没有子女，母亲和妻子也都早已死亡，在这种情况下，来自巴伐利亚的福果母亲的旁系血亲提出了继承这笔财产的要求。

对审理该案的法国法院来说，这是一个典型的涉外继承案件。关于涉外继承，法国相关法律规定："继承依被继承人的本国法。"因而，本案应适用福果的母国巴伐利亚法，巴伐利亚继承法规定："非婚生子女的旁系亲属可以继承非婚生子女的遗产。"但是，巴伐利亚颁布的旨在解决涉外案件法律适用的国际私法则规定："动产的继承依死者住所地法。"这样，反过来就把本案适用的法律又指向了法国法，而法国继承法规定："非婚生子女的旁系亲属无继承权。"

据此，1887年，法国法院在接受了巴伐利亚国际私法对法国法的指向后，最终按法国继承法的规定做出了判决：福果的旁系亲属没有继承权，福果留下的这笔遗产属于无人继承财产，应收归法国国库所有。

在传统社会，由于交通因素和政府管制，民间的涉外交往活动非常少，私人之间的民事纠纷往往都是发生在同一个国家内的公民之间，因而，仅仅依据本国法律就可以得到完满的处理。但是，近代以来，随着国际交往日益频繁，越来越多的民事纠纷是发生在不同地域和不同国家的公民之间，即属于涉外民事案件，这在司法实践中必然会产生"法律冲突"的问题。所谓"法律冲突"，是指在涉外案件中，不同国家的法律内容存在差异但均主张对案件有管辖权，从而导致在法律适用上出现的互相抵触的现象。比如在福果案中，依据巴伐利亚继承法，福果母亲的旁系血亲有继承权，而依据法国继承法，他们则没有继承权，这就是一个法律矛盾或法律冲突。在这种情况下，到底应该适用哪一个国家的法律来处理案件，这就是国际私法要解决的问题。由于国际私法是处理不同国家法律冲突的问题，所以在很多时候，国际私法直接就被人们称为"冲突法"或"法律冲突法"。

在西方，关于国际私法的理论最早出现在意大利。公元11世纪，意大利北部地区凭借其得天独厚的地理位置，逐渐成为东西方交往的中心。国际贸易的繁荣催生了威尼斯、米兰、热那亚等诸多大城市，它们后来逐渐发展成为独立的城邦国家。由于每个城邦都有自己独特的法律并彼此相互冲突，这种法律冲突严重阻碍了商业交往。到了13世纪的时候，意大利法学家巴托鲁斯在前人关于人法、物法、行为法的分类基础上，提出了法律冲突的两个根本问题——法律的域内效力和域外效力。在他看来，城邦法的域外效力与域内效力应依其"人法"与"物法"的性质而定，关于人的法是属人的，比如婚姻法，因此它不仅适用于其管辖范围内的属民，而且也适用于其管辖范围以外的该城邦属民；关于物的法则是属地的，比如土地法，其适用只能及于其管辖范围之内的物。[1]巴托鲁斯提出的法则区分说在公元6世纪传入法国，17世纪在荷兰得到新的发展，法则区分说的出现，标志着真正意义上的国际私法的理论的诞生。

在中国，有关法律冲突及其适用的最早条文出现在著名的《唐

1　　沈涓主编:《国际私法》，社会科学文献出版社2006年版，第23页。

律疏议》中。唐朝是一个富庶发达的帝国，它和周边国家的涉外贸易非常繁荣，文化交流也极其频繁，近则朝鲜、日本，远则波斯、罗马，都有人来到中国。在唐的首都长安还出现了外国人的聚居区。为了有效处理不同国家居民之间发生的各种纠纷，《唐律疏议·名例》规定："诸化外人，同类自相犯者，各依本俗法。异类相犯者，以法律论。"根据这一法律规定，来自同一国家的公民在唐发生纠纷的，依其本国法处理，而不同国家的公民之间发生纠纷的，应依据所在地法即大唐的法律来处理。自唐以后，宋、明及清代的法律中也都有关于"化外人"法律适用的规定。近代以来，1918年，北洋政府曾公布《法律适用条例》，规定关于人法、亲属法、继承法应采取当事人本国法，但这一规定因受制于帝国主义国家的领事裁判权，司法实践中适用的机会并不多。中华人民共和国建立后，中国跟很多国家缔结了关于司法协助的双边协议以解决法律冲突问题，同时还专门制定了《涉外民事关系法律适用法》，并在民事诉讼法中对涉外民事诉讼的法律适用做了特别规定。

二、国际私法的渊源

如何解决法律冲突，如何确定不同涉外案件中的法律适用，这些问题都需要由国际私法做出明确规定。国际私法的法律渊源，就是国际私法相关规定的出处和来源，它包括两个方面：一是各国国内法的规定，二是有关国际公约的规定。

在国际私法发展史上，国内立法是国际私法最古老的渊源之一。1756年《巴伐利亚民法典》是迄今所知的最早规定国际私法规范的国内立法。此后，随着国际交往的日益频繁，关于国际私法的国内立法逐渐增多。在立法模式上，有的国家把冲突规范规定在民法典的有关章节中，1804 年《法国民法典》就是这一模式的代表；有些国家则以专门法典或单行法规的形式制定系统的冲突法规范，比如 1896 年德国颁布的《民法典施行法》就属于专门法典，而 1975 年民主德国的《关于国际民事、亲属和劳动法律关系以及国际经济合同法律适用法》则属于单行法规的形式。在英美法系国家，除议会立法外，法院有关国际私法的判例与日俱增，成为成文法的重要补充。我国《民法典》第 12 条规定："中华人民共和国领域内的民事活动，适用中华人民共和国法律。法律另有规定的，依照其规定。"《涉外民事关系法律适用法》第 2 条规定："涉外民事关系适用的法律，依照本法确定。其他法律对涉外民事关系法律适用另有特别规定的，依照其规定。本法和其他法律对涉外民事关系法律适用没有规定的，适用与该涉外民事关系有最密切联系的法律。"

国际私法的国际法渊源，包括国际条约和国际惯例两种。国际条约是由国际组织或者多个国家之间制定的调整其权利义务的法律协议。有关国际私法的条约数量很多，依其内容可以分为四类：关于外国人民事法律地位的国际条约，关于冲突法的国际条约，关于实体法的国际条约，关于国际民事诉讼和国际商事仲裁的国际条约。在国际私法系统化的过程中，国际组织起着非常重要的作用，相关的国际组织主要有联合国、海牙国际私法会议、美洲国家组织、国际统一私法协会、欧洲联盟等。其中，海牙国际私法会议是目前世界上最主要的统一国际私法的常设政府间国际组织，自 1893 年第一届会议召开以来，海牙国际私法会议已经通过了几十部关于国际贸易、婚姻、家庭、继承、抚养、国际民事诉讼等方面的国际公约，它们构成了现代国际私法的主要组成部分。除国际公约外，被大部分国家和当事人认可和实际上具有法律效力的国际惯例，也是国际私法的重要渊源。比如在冲突法领域，长期以来就形成了不少惯例，"合同的法律适用，依当事人意思自治原则"，"不动产物权适用不动产所在地法"等等，这些惯例对于各国处理法律冲突问题具有普遍的约束力。

第三节 国际经济法：建立国际经济新秩序

一、认识国际经济法

自工业革命以来，随着生产机器和交通工具的日益发达，各国的经济活动逐步打破了国境的限制，呈现出一体化和全球化的格局。经济的全球化，需要有统一的法律规则，也就是国际经济法，它为所有参与国际经济活动的主体提供了交易规则，保证了世界经济交往的正常发展。

　　海豚是一种珍贵的海洋生物，在东热带太平洋地区，海豚和金枪鱼存在一种奇妙的共生现象，而墨西哥渔民普遍使用一种"袋状围网"，这种网在捕获金枪鱼的同时，也导致许多海豚丧命。于是，美国在1990年10月根据自己的国内法《海洋哺乳动物保护法令》发布禁令，禁止从墨西哥进口金枪鱼，包括鲜鱼和金枪鱼制成品。

　　对于美国的禁令，墨西哥持反对态度。1991年2月，墨西哥向世界贸易组织（WTO）的前身"关贸总协定"

（GATT）提出申诉，要求解决美国禁止其金枪鱼进口的问题。这一年的3月，关贸总协定成立了专家组处理此事，专家组在广泛收集材料并听取双方意见后，得出结论：GATT仅规定了可对产品本身引起的污染问题用贸易手段进行限制，但却未对因产品的制造方式引起的污染做任何规定。并且，《海洋哺乳动物保护法令》仅是美国的一项国内法，不能用来约束美国境外的生产过程。最后，专家组认为美国对墨西哥采取的措施违反了GATT相关法律规定，遂裁决美国败诉。[1]

"金枪鱼案"是20世纪末发生在美国和墨西哥之间的经济纠纷，由于涉及巨大的经济利益及其他政治考虑，双方都没有妥协和退让的余地。在古代社会，如此重大的经济纠纷不仅有可能损害当事国的外交关系，甚至引发战争，但是在今天，由于国际社会制定了权威的国际经济法，设计了合理的纠纷解决机制，因此这个问题可以通过和平、理性、公正的方式得到解决。

其实早在中世纪后期，随着商品经济的发展，欧洲地中海沿岸的主要城市就已经出现了一些关于国际商业交易的法律规则，如著名的《海事法典》。19世纪末，一些国际组织开始编撰和制定统一的国际商事法律和惯例，其内容涉及贸易、运输、票据、海商、工业产权保护等。到第二次世界大战后，国际形势发生了很多新变化，各国在经济上的相互合作与相互依赖日益加强，调整国际经济

1　朱榄叶：《关税与贸易总协定国际贸易纠纷案例汇编》，法律出版社1995年版，第166—167页。

的法律急剧增加且内容日趋丰富和完善，国际经济法逐步发展成为一个独立和成熟的法律部门。1995 年，由关税与贸易总协定演化发展的世界贸易组织正式诞生，它的成立推动了国际经济法的进一步发展。

从法律渊源上讲，和国际私法一样，国际经济法也是一个既有国际法规范又有国内法规范的综合性的法律家族。国际经济法的国际法渊源主要包括国际条约、重要国际组织的决议及国际惯例等，其中国际经济条约是国家、国际组织所缔结的国际协议，是国际经济法的主要渊源，如《联合国国际货物买卖合同公约》（1980 年）、《联合国海上货物运输公约》（1978 年）、《保护工业产权巴黎公约》（1883 年）、《多边投资担保机构公约》（1985 年）等；国际经济法的国内法渊源指各国自己制定的调整涉外经济活动的法律，比如中国的《对外贸易法》《外资企业法》等。

二、国际经济法的基本原则

国际经济法的基本原则，是被国际社会普遍接受的、指导国际经济活动的基本准则，它适用于国际经济活动的一切领域，构成了国际经济法的法理基础。

1. 国家经济主权原则

经济主权或者国家对自然资源的永久主权原则，是指每个国家对其全部财富、自然资源和经济活动享有永久主权，包括所有权、使用权和处置权在内，并自由地行使此项权利。为了保护这些自然资源，各国有权采取适合本国情况的各种措施，对本国的资源及其开发加以有效的控制管理，包括有权实行国有化或把所有权转移给本国国民等。任何国家都不应遭受经济、政治或其他任何形式的胁迫，阻挠它自由地、充分地行使这一权利。

2. 公平互利原则

公平互利原则意味着所有国家在法律上一律平等，并作为国际社会的平等成员，有权充分和有效地参加解决世界经济、金融和货币问题及做出国际决定的过程，并公平地分享由此产生的利益。公平互利原则要求主权国家在相同层面的国际经济关系中均为平等主体，各国均有权自主参与国际经济规则的制定，参与国际经济交往，自主管理涉外经济活动。同时，国家间的经济交往和管理涉外经济活动的结果，对国际经济法的所有主体不但是平等互利的，而且是公平互惠的，国际经济法的所有主体均公平分享由于其参与这些活动而产生的利益。

3. 国际合作谋发展原则

发展权是一项集体人权，每一个国家都有发展的权利，而国际合作是实现所有国家特别是贫困落后国家的发展的重要手段，因此也是各国尤其是发达国家的国际责任。因此，《各国经济权利义务宪章》规定："国际合作以谋发展是所有国家的一致目标和共同义务，各国都应对发展中国家的努力给予合作，提供有利的外界条件，给予符合其发展需要和发展目标的积极协助，要严格尊重各国的主权平等，不附带任何有损它们主权的条件。"

今天，人类不仅面临着一个不公平、不正义和贫富差距严重的国际经济格局，而且面临着越来越紧迫的资源枯竭、环境恶化、生物灭绝、气候变化等全球性问题。因此，建立公平的、可持续发展的国际经济新秩序，符合全人类的根本利益，在实现这个目标的过程中，国际经济法的作用和地位至关重要且无可代替。

第四篇 走进法治时代

对这块土地上的每一个臣民，不论他的力量多么强大，我都要奉献托马斯·富勒三百多年前说过的一句话：无论你的地位有多高，法律总要高过你。

——[英]丹宁勋爵

第十六章 迈向法治国家

什么样的统治才是优良的统治，什么样的国家才是理想的国家？对于这个问题，思想家争论了千年，政治家摸索了千年。终于在进入近代工商业社会后，法治代替了人治，成为现代社会主流和通行的国家治理模式。法治兴起于西方，同时被传播到世界其他地方，各国人民基于自己的现实国情和历史传统，发展出了具有共性又独具特色的法治发展道路。

第一节 国王在万人之上，但在宪法法律之下

一、从人治到法治

"历史上，不同国家和民族为了生活有序、治理有方，曾经尝试过各种治道。其中有诉诸敬畏与超越的神治，追求和谐与崇高的德治，满足激情与归属的人治，达成庄严与一致的法治。各种治道均生发于世情和人心，彼此既无高下之别，也无优劣之分。然而自现代以来，知识科学化和思维理性化解构了神灵的魔力，关系陌生

化和价值多元化颠覆了道德的威力，精神自由化和行动自由化否思了君主的魅力。鉴于神治失据、德治失灵、人治失信，各国逐渐选择了法治之路。不是法治选择了现代社会，而是现代社会选择了法治；各国选择法治，不在于它是完美之治，而在于它持之有据、行之有效和践之有信。法治并非万能，但在现代社会，舍法治而长治久安者，迄今并无先例。"[1]

那么，什么是法治呢？为了形象而直观地感悟法治，让我们先来回顾历史上一个重大的法律案件——美国的"水门事件"。

1972年6月17日深夜，就在美国总统大选如火如荼进行之际，有五个人因潜入位于华盛顿特区的美国民主党竞选总部——水门大厦——而被捕。随后，这五个人被指控在民主党办公大楼内安装窃听器和偷拍民主党文件，并因此被法院判处监禁。此时，离尼克松以共和党候选人身份参加1972年总统选举的时间还有几个月。

6月20日，《华盛顿邮报》称白宫顾问与该案中的窃听人物有关联，其中一个叫霍华德·亨特的人是尼克松的助手科尔森的顾问。民主党据此发动了政治攻势，对尼克松的"争取总统连任委员会"提出诉讼，控告它侵犯私人秘密，违反人权。

时任美国总统尼克松矢口否认他和他的竞选团队曾插手这种"不可饶恕的行为"。但是，随着事态的发展，人们发现尼克松很可能是在撒谎。法院要求尼克松交出了白宫电话

1 　高鸿钧：《认真对待英美法》，《清华法学》2010 年第 6 期。

录音带，却发现录音带中有18分钟是空白的。法院怀疑白宫为了掩盖真相而将它故意抹去，因此判决要求白宫将全部录音带的原件立即呈交法院，但白宫以总统享有绝对的保密特权为由，把案子上诉到了美国联邦最高法院。

1974年7月8日，联邦最高法院开庭审理此案，针对白宫律师提出的"总统保密特权"，首席大法官伯尔格尔明确指出："总统特权并非绝对。"并最终驳回了尼克松的上诉。在这种情况下，尼克松别无选择，只能服从法院判决，交出了64盘录音带，而这些录音带确凿无疑地表明他本人确实与"水门事件"有瓜葛。显然，总统此前确实是在撒谎。

随后，众议院司法委员会启动了针对尼克松的弹劾案，指控他妨碍司法公正、滥用总统职权。为了避免被弹劾的悲惨下场，毫无退路的尼克松决定辞职，8月9日早上，尼克松在"我谨此辞去美国总统之职"的文件上签字，然后黯然神伤地走出了白宫。[1]

什么是法治？即使贵为总统或国王，也必须服从和尊重法律，如果做了违法行为，也要和普通民众一样受到法律的惩罚，法律面前人人平等，没有任何人可以拥有超越法律之上的特权，这就是法治。

历史上人类最早的社会治理模式，基本可以归为人治的范畴。人治的统治形态下，国家事务被交给国王、皇帝或者贵族集团，他们的行动和选择直接影响到国家运行和民众生活。在中国，孔子推

1　余定宇：《寻找法律的印迹：从古埃及到美利坚》，法律出版社2004年版，第188—190页。

崇"仁政"，期望皇帝和百官以道德礼教为最高准则，以德服人、以德治民。在古希腊，柏拉图主张理想的国家应由哲学家来当国王，统治者的智慧、仁慈和个人魅力可以让国家实现盛世和大治。

人治把国家的命运托付给统治者，而法治则将其交给法律。按照法治的设计，人民才是国家真正的主人，人民参与制定宪法和法律，并通过这些法律来约束官员权力，保护公民自由。法律在国家政治生活中具有最高的权威，"国王在万人之上，但在神灵和法律之下"，所有人都必须服从法律，所有的国家机关都应当依法办事。

在思想史上，最早的法治理论是由古希腊思想家亚里士多德提出来的。亚里士多德的老师柏拉图终生追求智慧之王统治下的理想国，可是，这个浪漫主义的理想在人性和政治现实面前总是被撞得粉碎。为了避免柏拉图式的失败，亚里士多德指出，一个以法律为基础的国家才是达到"善的生活"的唯一可行路径。在亚里士多德看来，对于国家治理而言，法治要优于人治，这是因为：第一，法治代表理性的统治，而人治则难免使政治混入非理性的因素，即使最好的贤人也不能消除欲望、热忱和私人情感，这就往往在执政时引起偏见与腐败，而法律则是免除一切情欲影响的理性；第二，法治以民主共和为基础，由众人一起参与立法，能够汇集各方意见，最大程度体现公共利益，实现各个阶层的和谐相处，促进城邦的幸福与繁荣；第三，法律内含平等、自由、善德等社会价值，遵从法律去生活，可以促进个体和城邦的正义，因而，"法律不应该被看作是奴役，法律毋宁是拯救"。在此基础上，亚里士多德提出："法治应包含两重含义：已成立的法律获得普遍的服从，而大家所服从的法律又应该本身是制定得良好的法律。"[1]

文艺复兴以来，随着商品经济的繁荣及与之相适应的自由、平等、人权等民主意识的发展，法治的观念开始广泛传播。洛克提出，"应该以正式公布的既定的法律来进行统治"，这样，"一方面使人民可以知道他们的责任并在法律范围内得到安全和保障，另一方面，也使统治者被限制在他们的适当范围之内"。[2]孟德斯鸠把法治归结为"法律之下的自由和权利"，没有法律，自由便不会存在，权力就会为所欲为，而为防止权力的滥用，必须对权力进行分工和制衡。卢梭指出，实行法治的国家必须是也只能是民主共和国，在民主共和国，法律是社会公意的体现，具有至上的权威，而统治者仅仅是法律的臣仆，他们的一切权力来源于法律并须依法行使。

英国法学家戴雪，第一次比较全面地阐述了法治的概念。他指出，"法治"应该有三层含义：首先，法治意味着，与专横权力的影响相对，法律至高无上或居于主导地位，并且排除政府方面的专断、特权乃至宽泛的自由裁量权的存在；其次，法治意味着法律面前的平等，或者说，法治意味着所有的阶层都平等地服从由法院执掌的国家法律；最后，宪法为法治之体现或反映，宪法源于公民的自然权利，因而，个人权利乃是法律之来源而非法律之结果。[3]

可以看出，思想家对法治的理解各异，但从不同见解中可以归

1　[古希腊]亚里士多德：《政治学》，吴寿彭译，商务印书馆 1965 年版，第 199 页。

2　[英]洛克：《政府论》（下篇），瞿菊农等译，商务印书馆 1964 年版，第 86、88 页。

3　Albert. v. Decey, *Introduction to the study of Law of the Constitution*, Adamant Media Corporation,1960, p202—203.

纳出法治最基本的内涵：宪法法律至上、尊重和保障人权、约束国家权力、严格依法办事、司法公正，等等。大约从 17 世纪开始，西方国家开始按照法治的标准设计政治格局和法律体系，法治作为一种现代治国模式，先在西方得到实施，并不断向其他地区传播。

二、法治的要求

1955 年 6 月，国际法学家委员会在雅典举行会议，并通过了著名的"雅典条例"（Act of Athens），庄严地提出了法治的要求：（1）国家必须服从法律；（2）政府应当根据法治尊重个人权利，并提供尊重个人权利的有效手段；（3）法官应当受法治的指导，毫无畏惧且毫无偏袒地保护和实施个人权利；（4）律师应当维护其职业的独立性，应当根据法治捍卫个人权利，并应当主张任何被告都须得到公正的审判。[1] 基于"雅典条例"，结合世界各国的法治实践，我们可以把法治的要求或标准归纳为如下几个方面。

其一，法治要求法律至上。

在神治的时代，神灵至上；在人治的时代，君主至上；而在法治的时代，则是法律至上。法律至上，意味着所有的社会成员、所有的社会组织、所有的国家机关，都要遵守宪法和法律，没有人拥有超越宪法法律的任何特权，任何人违反了法律，都应受到制裁。[2]

1　Report of the International Congress of Jurists (The Hague, 1956), p9.

2　例如，2022 年 5 月，时任英国首相的约翰逊违反相关规定，与首相府部分工作人员在新冠疫情防控期间举办和参加了多起违规聚会。伦敦警方在调查后，对约翰逊及其他参与人予以处罚，共开出了 126 张罚单。

坚持法律至上，第一需要国家机关及其工作人员在执行职务中行使法定职责，遵循法定程序，不做违法之事，自觉捍卫宪法法律的权威；第二，需要全社会学法守法，需要全体公民把遵法守法作为一种共同追求和自觉行动，自觉抵制和反对以言代法、以权压法、逐利违法、徇私枉法，为捍卫宪法法律权威夯实社会基础。

其二，法治是良法之治。

法治应当是良法之治，这种思想来源于亚里士多德。在治理国家的过程中，法律的好坏对于政治至关重要，如果一个国家只强调依法办事而不考虑法律本身的善恶优劣，那么这个国家就有可能走入歧途，陷入灾难，希特勒时代的德国就是典型的代表。

那么，什么样的法律才算是良法呢？霍布斯说："良法就是为人民的利益所需而又清晰明确的法律。"[1] 也就是说，良法既要内容良好，还要形式美好。良法在内容上应当以追求正义为目标，以保障公民人权和自由为核心，以公众的利益和幸福为归宿，而在形式上，良法应当是明确清楚的法，严谨完备的法，体系统一的法。

其三，法治强调尊重与保障人权。

人权是人之所以为人的基本权利。法国 1789 年通过的《人权宣言》开篇讲道："不知人权、忽视人权或轻蔑人权，乃是公众不幸和政府腐败的唯一根源。"而美国的《独立宣言》也指出："人人生而平等，造物主赋予他们若干不可转让的权利，其中包括生命权、自由权和追求幸福的权利。"在现代社会，尊重和保障人权，乃是法治的初心和目的。《中华人民共和国宪法》第 33 条明确规定：

1　[英] 霍布斯：《利维坦》，黎思复、黎廷弼译，商务印书馆 1985 年版，第 270 页。

"国家尊重和保障人权。"

法治国家应该确保每个公民的政治权利、人身权利和财产权利不受侵害，确保所有人平等地享有法律规定的各项自由。只有切实地规定和贯彻这一人的"目的性"，肯定人在法律上的主体地位，而不是把人当成无足轻重的客体甚至工具，法律的存在才是"合目的"的、有价值的和合法的。

其四，法治要求制约公权力。

法治强调法律至上，而为了实现这一要求，就必须对国家公权力进行控制与约束。柏拉图曾指出："如果一个国家的法律处于从属地位，没有权威，我敢说，这个国家一定要覆灭；然而，我们认为如果一个国家的法律在官吏之上，而这些官吏服从法律，这个国家就会获得诸神的保佑和赐福。"[1] 权力是否对法律展现服从和谦卑，这是衡量一个国家是法治还是人治的核心指标。

从本源上说，法治本身来自对公权力的警惕与不信任。孟德斯鸠断言："一切有权力的人都容易滥用权力，这是万古不易的一条经验。"[2] 而阿克顿勋爵则说得更干脆："权力导致腐败，绝对权力导致绝对腐败。"[3] 那么，如何防止权力腐败呢？解决办法之一就是"以法律约束权力，以权力约束权力"，通过法律授予国家机关以权力，为权力规定界限和运行程序，并在不同权力类型之间形成相互制衡与监督的关系。只有国家机关及其官员的权力被限制在宪法和

1　[古希腊] 柏拉图：《法律篇》，转引自《西方法律思想史资料选编》，北京大学出版社 1983 年版，第 25 页。

2　[法] 孟德斯鸠：《论法的精神》（上），张雁深译，商务印书馆 1961 年版，第 154 页。

3　[英] 阿克顿：《自由与权力》，侯健等译，商务印书馆 2001 年版，第 342 页。

法律的范围内，任何权力滥用和权力腐败都能得到公正、及时的制裁，这个国家才会有法治。

其五，法治以公正的司法为保障。

奥古斯丁曾说："国家一旦没有了正义，就沦落为一个巨大的匪邦。"[1]在法治国家，法律的规定要得到实施，其正义的目的要得到实现，就离不开公正的司法。

法治国家主张依法治国，当人们对法律的理解产生争议、因法律问题发生纠纷时，最终的裁决者就是法院。法院掌握着司法大权，它对于具体案件的裁判，一方面保护了当事人的合法权益，另一方面维护了法律的权威。因此，唯有司法机关严格依据法律和事实进行审判，才可以支撑起法治的大厦，不辜负人们对法治的期待。

同时，公正的司法，除了需要法官和检察官，也需要优秀的律师。律师是自由职业者，受雇于当事人，以其专业知识和技能为当事人服务。如果没有自由的律师，普通公众在面对司法时便会手足无措，而审判最终可能会沦落为财富和权力的游戏。

第二节 实现法治的条件

一、市场经济：法治的经济基础

纵观人类历史，法治总是与市场经济密切相关。法治是市场经

1　[德]古斯塔夫·拉德布鲁赫:《法律智慧警句集》，舒国滢译，中国法制出版社 2001 年版，第 49 页。

济的必然选择，市场经济也为建立法治社会提供了良好的土壤与环境。换句话说，市场经济是法治的"创造者"和"催生剂"。

在以农业为主的自然经济下，人和人之间的关系相对简单和稳定，血亲、宗法和伦理道德就可以把社会管理得很好；在依赖政府权力的计划经济下，行政命令和长官意志也可以让日常生活井井有条。但是，在一个高度复杂和多元化的市场经济中，竞争的广泛性和剧烈程度使道德显得软弱，而平等的市场本身又先天排斥权力干预，要求意思自治。在这样的经济社会中，除了法律，没有别的社会规范可以承担起维持秩序和保障公平的责任。

市场经济如果缺乏完备而公平的法律，商人的长远投资便无法实施，公平的交易秩序不能得到有效维护，而竞争中不断涌现的纠纷与冲突会增加社会交易成本，耗费社会资源。因此，市场经济的健康发展客观上呼唤着法律的完善，要求树立法律的最高权威。反过来，良好的法律体系，高效的法律实施，能为市场经济提供优良的条件，促进经济的可持续发展。所以说，法治是最好的营商环境。市场实践也反复证明，哪一个国家或地区，越是依法办事，越是有规矩守规矩，哪里的投资就越活跃，经济就越繁荣。

更重要的是，市场经济的实施有助于在社会形成一种自由、平等、契约的观念，而这种观念对法治建设至关重要。英国历史法学派代表人物梅因曾说：古代法到现代法的转化表现为一个"从身份到契约的运动"。以自然经济为基础的传统社会强调身份和等级，不同的人在法律上有不同的地位和待遇，而市场经济是天生的平等派，它主张所有的人在市场面前平等，平等地出价，平等地合作，平等地竞争，人和人之间不再有身份和等级关系，而是平等的契约关系。有了这样的平等基础和平等观念，社会主体就能够实现从

"臣民"到"公民"的身份转换，能够正视自己的权利与义务，通过自己的行动参与建设法治国家。

二、民主政治：法治的政治基础

哪里没有民主，哪里就一定没有法治。就像植物的成长离不开阳光和水，法治作为一种现代治国模式，也离不开民主政治。对此，法学家拉德布鲁赫指出："民主的确是一种值得赞赏之善，而法治国则更像是每日之食、渴饮之水和呼吸之气，最好是建立在民主之上：因为只有民主才适合保证法治国。"[1]

唯有充分发扬民主，才能制定出优良的法律。良法是法治的前提，法律本身如果有问题，那么政府越是依法办事，越会背离法治的宗旨和目的。为了制定优良的法律，必须充分发扬民主，让人民参与法律制定的全过程。立法机关在制定法律时，必须牢记立法的目的在于促进公共利益和民众福祉。在法律的规划、起草、论证中，要倾听民众的意见，让利益相关方有机会参与和表达，立法机关要在各种意见中进行沟通协调，寻求共识。实践证明，只有遵循民主的原则，才能集中人民的智慧，避免立法的偏差和失误，最大程度保障法律的质量，为法治打好制度的基础。

唯有在民主的社会，法律的权威才能得到维护，法律的价值才能最大程度实现。法治意味着法律至上，法律在国家公共生活中具有最高权威。从实践看，对法律权威的侵害往往来自公权力的任性

1　[德]古斯塔夫·拉德布鲁赫：《法律智慧警句集》，舒国滢译，中国法制出版社 2001 年版，第 49 页。

和腐败。因此，为了约束公权力，就必须实行充分的民主，以人民为国家的主人，坚持和完善人民当家作主的政治制度，让民众对公共事务有参与权和表达权，对公权力运行有知情权和监督权。只有全面且真实的民主，才可以有效督促国家机关依法办事，捍卫法律的权威，推动法律保障人权和维护公正等核心价值的实现。

总之，民主是法治的基础，而法治是民主的保障。在现代社会，法律规定了公民的各项政治权利，为公民参与公共事务管理提供途径和救济，从而保障着民主的健康发展；民主则将人民置于国家主人的中心地位，协调了人民和国家的关系，对公权力形成了有效的制约，从而保障了法律的有效实施，推动了法治的全面实现。

三、理性文化：法治的文化基础

法治是社会发展的必然结果，它以科学和理性为其文化基础。在神治时代，人们将超自然的神灵奉为最高权威，经由巫师和僧侣阶层沟通上天揣摩神意，依据神意来安排社会制度和生活方式，制定判断是非的价值标准和社会规范。在人治时代，统治者即天子或皇帝，号称"君权神授，奉天承运"，他们高高在上，拥有神秘的光环和绝对的权威，普通民众心甘情愿地接受其自上而下的统治。在法治时代，这种基于天意和身份的臣服和迷信被彻底打破，理性的文化得以滋生，为法治的发展提供了基础和支撑。

法治赖以存在的理性文化，以主体精神、平等观念、人权思想、程序意识、公共精神等为核心。主体精神意味着要尊重和认可个体的地位和价值，承认个人不仅是自我生活的主宰，也是国家和社会的主人，自己的命运要由自己来掌控，不迷信和仰赖任何权贵；平等观念意味着每一个人，无论其客观方面存在多大的差异，但在政治地位、基本权利和人的尊严方面，都是一样的，都应该得到平等的尊重和对待；人权意识意味着每一个人都享有天赋的不可剥夺的基本权利，政治和法律的存在不是用来约束人和奴役人，而是要为人的自由、权利和个性发展提供保障和条件；程序意识意味着公共交往必须按照既定的程序规则进行，良好的目的必须依赖正当的程序予以实现，无论是私人还是政府，违反程序的行动及其结果都是不可被接受的；公共精神要求人们认识到自己和他人、社会之间密不可分，公共生活应遵守作为公共规则的法律，在行使自己权利的同时要承担义务，在享有自由的时候不逾越边界，在满足自我的时候不得伤害他人、社会和国家，在追求自我幸福的同时要关心公益，积极参与公共事务，承担社会责任。

在西方近代史上，文艺复兴和启蒙运动之后才有民主政治和依法治国，如果没有思想、观念、价值观、生活方式的现代化转型，没有理性的文化环境和土壤，民主和法治根本无法实现。

四、法律信仰：法治的精神基础

最坚固的法律在哪里？不在铜板上，也不在大理石上，而是在最柔软的人心之中。如果法律被民众尊重并信仰，它将具有神圣的地位和巨大的力量，而当法律在民众心中失去了权威，被人弃之如敝履，法治社会便会成为一个永远都无法实现的幻想。

对于皇权专制社会的臣民而言，他们选择相信神灵或皇帝，而对于现代民主法治国家的公民而言，我们选择相信宪法和法律。美国法学家伯尔曼说："没有信仰的法律将退化成为僵死的教条。"[1]法律必须被信仰，否则它将形同虚设。法律信仰是人们有关法律的知识、情感和意志的高度统一，它不仅是人们对法律的认知，还包含了人们对社会生活依法而治的情感体验以及激发自身参与其中的意志努力。

春秋战国时期，秦孝公励精图治，任用商鞅进行变法，制定了大量的法律。秦孝公问商鞅：这些制定出来的法律，如何才能让老百姓遵守呢？这一提问被称为"孝公难题"或"孝公之问"。在现代社会，"孝公难题"的解决，即法律如何才能得到普遍遵守和有效实施的问题，在深层次上，需要普通民众发自内心地尊重法律与信仰法律。正如伯尔曼所指出的："法律只在受到信任，并且因而并不要求强制力制裁的时候，才是有效的；依法统治者无须处处都仰赖警察。……总之，真正能阻止犯罪的乃是守法的传统，这种传统又植根于一种深切而热烈的信念之中。"[2]"徒法不能以自行"，唯有全社会学习法律、理解法律、亲近和认同法律，守法才能成为一种习惯，法治的目的才能得到全面的实现。相反，如果公众不信任法律，不接受法律的规范与价值，那么再精妙的法律制度也是无用的。

全社会法治信仰的培育，首先需要法律本身是良法，能够体现主流民意和现代文明价值，其次需要政府坚持依法办事，以身作则，引导民众认识到法律的功能和意义，最后需要开展广泛的法治教育，引导民众认识法律、亲近法律并最终认同法律。

---

1   [美]伯尔曼：《法律与宗教》，梁治平译，三联书店1991年版，第64页。

2   [美]伯尔曼：《法律与宗教》，梁治平译，三联书店1991年版，第43页。

第三节 中国百年法治之路

一、近代以来的法治努力

在传统中国，儒家文化主张道德治国或礼教治国，其本质是人治。"'其人存，则其政举。其人亡，则其政息。'这句儒家箴言表达了中国人的基本信条：征召有才能的人较之西方所进行的依靠法律和制度，能更好地解决国家的种种问题。"[1]

在中国近代史上，鸦片战争之后接连不断的失败和灾难，打破了"帝国富庶强大"的幻象，也使得传统治理模式走入穷途末路，政治家和思想家终于开始为这个衰弱的国家寻找新的出路。

面对内外交困的时局，梁启超曾经大声疾呼："法治主义为今日救时唯一之主义。"[2]为了践行其主张，在光绪皇帝支持下，康有为、梁启超等人倡导和发动了清末最重大的法律改革，其目标就是要把中国改造为一个有法度有规则的新国家。"戊戌变法"虽然只有百日，但无疑是当时中国政治当局谋求民主法治的朦胧开端。

1901年，面对时局的压力，清王朝开始"变法自强"。1902年，清政府任命沈家本、伍廷芳为修订法律大臣，要求他们"将一切现行例律，按照交涉情形，参酌各国法律，悉心考订，妥为拟议，务期中外通行，有裨治理"。自此以后，轰轰烈烈的清末"修律运动"

1　[美]斯塔夫里阿诺斯：《全球通史：从史前史到21世纪》(下)，吴象婴、梁赤民、董书慧、王昶译，北京大学出版社2006年版，第360页。

2　梁启超：《中国法理学发达史论》,《饮冰室合集·文集之十五》中华书局1989年版，第43页。

拉开了序幕，延续千年的封建法制被逐渐抛弃，起码在形式上，中国开始有了现代意义上的法律体系。

但是，清王朝的政治法律改革并没有挽救其灭亡的命运，革命党人用炮火摧毁了大清帝国，建立了具有资产阶级性质的中华民国，也建立了相应的资产阶级法律制度。《中华民国临时约法》规定，"中华民国之主权，属国民全体"，承认人民有广泛的权利和自由。南京政府颁布了一系列法律法规，第一次在中国确立了"帝制非法""共和合法"的观念，开创了中国法治化的先河。

中华民国在法治方面的努力，经历了北洋军阀和国民政府两个时期。总体而言，这两个时期在形式方面进一步补充和完善了资产阶级法律体系，形成了包括宪法、民法、刑法、行政法、民事诉讼法和刑事诉讼法在内的"六法体系"，但在法律的内容和价值理念上，还继承和保留了一些中国封建法律文化的成分，某些方面甚至吸收了一些法西斯主义的法律制度。

在中华民国三十八年的历史中，尽管法治的思想相当活跃，法律体系建设也得到一定程度的发展，但是基于历史的局限，包括宋教仁在内的法治先行者提出的法治方案最终无法施行，因而也未能解决当时中国的问题。

当武昌起义的消息传到上海时，宋教仁兴奋异常，在其主持的《民立报》上刊文呐喊："今日之形势，以天下言之，重在武昌；以东南言之，重在金陵。"1911年10月，宋教仁与黄兴乘船从上海沿江上溯直抵武昌。作为同盟会一武一文的领导精英，黄兴立即受命指挥阳夏保卫战，而宋教仁则承担起为新政权起草临时宪法——《鄂州约法》——的重任。在宋教仁看来，通过暴力可以推翻专制，但建立共和必须仰赖宪法。"宪法者，共和政体之保障也。中国为共和政体与否，当视诸将来之宪法而定，使制定宪法时为外力所干涉，或为居心巨测者将他说变更共和精义，以造成不良之宪法，则共和政体不能成立。"在借鉴美国宪法的基础上，宋教仁耗时半月起草了《中华民国鄂州临时约法》，由湖北军政府于1911年10月16日颁布。根据约法，"凡具有鄂州政府法定之资格者，皆为鄂州人民"，人民一律平等地享有言论、集会、结社、宗教等自由，人民享有选举和被选举权。

《鄂州约法》是宋氏法治实验的第一步，但因时局动荡并未得到实施。1912年南京临时政府成立，为宋教仁提供了更加广阔的天地，他被任命为法制院院长，参与起草了著名的民初政治大宪章——《中华民国临时约法》，还主持拟定了《修正中华民国临时政府组织大纲》《中华民国临时政府中央行政各部及其权限》等一系列法律文件，这些法律均一以贯之地延续了他在《鄂州约法》中展现的民主精神和法治理想。

然而，民国初年的时局，根本提供不了宋氏实施法治的土壤和契机。于是，《鄂州约法》也好，《临时约法》也罢，相继都被架空，而立宪者的命运则更为悲惨。民国二年春天，31岁的宋教仁在接到袁世凯急电由上海乘火车去北京时，遭刺杀遇难，成为民国初"为宪法流血第一人"。[1]

1　李红勃：《书生宪法梦》，《财经》2014年第4期。

民国时期制定宪法、推进法治的努力，值得被后人永远铭记，但中国未能摆脱传统政治走向现代民主法治。对此，当时的法学家蔡枢衡指出："从历史观点言，今日中国显然彷徨于法治之门，而不得入。四十年来的中国史似乎启示我们：到法治之路是条迷津。目前社会现实，似乎还没有发现迷津中的正确路线，更谈不到有效的实践。法治之于明日的中国，当然非常渺茫。"[1]

二、我国法治的探索前行

从清末到民国，法治依然未能在古老的东方大地上开花结果。于是，建设"法治中国"这个历史任务，自然就在 1949 年后交到了中国共产党领导的中华人民共和国的手中。

对于中国共产党而言，早在延安时期，在毛泽东与黄炎培关于"兴亡周期律"的讨论中，就有了关于中国法治的最初思考。

1945年7月，造访延安的民主人士黄炎培对毛泽东讲道："我生六十多年，耳闻的不说，所亲眼看到的，真所谓'其兴也勃焉，其亡也忽焉'，一人，一家，一团体，一地方，乃至一国，不少单位都没能跳出这周期律的支配力……"

毛泽东听后，自信地回应："我们已经找到新路，我们能跳出这周期律。这条新路，就是民主。只有让人民来监督政府，政府才不敢松懈。只有人人起来负责，才不会人亡政息。"

1 　蔡枢衡：《中国法理自觉的发展》，清华大学出版社 2005 年版，第 135 页。

"其兴也勃焉，其亡也忽焉"，对于中国历史上这个似乎颠扑不破的怪圈，毛泽东认为可以依靠民主政治得到破解。毛泽东讲的民主政治，从法律的角度讲就是实施法治，只有实行法治，才能集中人民智慧确立治理国家的基本规则，才能保障人民当家作主的地位，也才能约束和监督当政者，防止权力腐败和异化，实现国家的长治久安。

中华人民共和国的成立，开启了中国法治建设的新纪元。从1949 年到 20 世纪 50 年代中期，是社会主义法制的初创时期。这一时期中国制定了具有临时宪法性质的《中国人民政治协商会议共同纲领》和其他一系列法律、法令，对巩固新生的共和国政权，维护社会秩序和恢复国民经济，起到了重要作用。1954 年第一届全国人民代表大会第一次会议制定的《中华人民共和国宪法》，以及随后制定的有关法律，规定了国家的政治制度、经济制度和公民的权利与自由，规范了国家机关的组织和职权，确立了国家法制的基本原则，初步奠定了中国法治建设的基础。[1] 但是，1957 年之后，此起彼伏的阶级斗争和"文化大革命"的十年浩劫，打破了法治发展的进程，中国的法治事业跌入低谷。

1978 年改革开放以来，邓小平等中国政治家开始认识到，国家治理必须依靠法律制度，唯有实施民主和依法办事，才能实现国家治理的现代化。在这一时期，中国共产党形成了"有法可依，有法必依，执法必严，违法必究"的法治思想。

依法治国，前提是建立完善的法律体系，核心是制定合身的宪法并推进宪法实施。1982 年，中华人民共和国历史上的第四部宪

1　国务院新闻办公室：《中国的法治建设》白皮书，2008 年 2 月。

法得以颁布和实施，这部宪法全面规定了公民的基本权利与义务，完善了以人民代表大会制度为核心和基础的国家机构。1999年和2004年，宪法的两次重大修改分别把"建设法治国家"和"尊重和保障人权"载入宪法，这是中国迈向法治的信心和决心的明确表达。2014年，《中共中央关于全面推进依法治国若干重大问题的决定》出台，明确指出："依法治国，是坚持和发展中国特色社会主义的本质要求和重要保障，是实现国家治理体系和治理能力现代化的必然要求，事关我们党执政兴国，事关人民幸福安康，事关党和国家长治久安。"《决定》的出台，提出了中国法治建设的目标、原则和实施方案，吹响了"法治中国"建设最嘹亮的号角。2018年，现行宪法进行了又一次重大修改，为法治中国建设提供了有力支持，指明了前进方向。

路漫漫其修远兮，展望未来，中国法治之路"道阻且长"，还会面临很多困难，可能还会有很多曲折，但是，中国人民已经选择了法治的道路，就会一直走下去，有着悠久历史和灿烂文明的中华民族，必将在民主与法治的道路上阔步前进，开创人类政治文明发展的新境界。

第十七章 以法律为职业

公元前 399 年的苏格拉底审判，完全是由普通民众主导的，没有专业的法官、检察官，也没有律师。在某种意义上，与其说苏格拉底可能并非死于雅典的法律，毋宁说是葬身于非专业的广场化、群众性司法。进入法治时代，法律的实施要有严格的流程，要靠专业的法律职业，经过专门训练、具有法律知识和职业道德的法律职业者，负责操作法律的机器，他们解释法律，裁判案件，保证法律的公平正义在社会生活中得到落实和体现。

第一节 法律的职业

一、什么是法律职业

法律职业（Legal Profession）是现代社会众多职业中的一类，是受过专门法律教育或训练、拥有专业法律知识和技能、从事专门法律工作的职业群体，即一个以法官、检察官、律师、公证员、仲裁员和法学家为主体的法律人共同体。

在人类历史上，与医生、教师、演员等职业相比，法律职业的出现较晚，它是社会分工和法律发展到一定阶段的结果。在西方，最早的法律职业大概出现在古罗马时期。当时，随着罗马法的产生，出现了职业法学家阶层，他们出身贵族，参与审判，著书立说，以讲授和解释罗马法为业，代表人物包括西塞罗、盖尤斯、乌尔比安等，他们对罗马社会的政治和法律发展有着重大影响。

近代的法律职业，首先出现在西方资本主义国家。比如在英国，最早的职业律师出现在 13 世纪亨利三世时期的伦敦市，14 世纪还逐渐形成了专门培养职业律师的中殿、内殿、格雷、林肯等四大律师公会。[1] 17 世纪以后，随着立法和司法的发展，法律活动的专业化和职业化成为世界性趋势，律师、法官、检察官、法学家组成的职业群体日益庞大，成为一个声名显赫的社会阶层。

古代中国一直没有形成独立的法律职业，法官只不过是行政官员的附属身份和兼任职业，而助人诉讼的律师则常被称为"讼棍"，是个近乎非法的灰色职业。虽然中国历史上也出现过伟大的法律人，如收费替人打官司的邓析、清廉公正的法官狄仁杰、包拯、宋慈、海瑞等，但真正意义上的法律职业，即经过专门训练、专业从事法律工作的群体，则是到 19 世纪之后才出现的。

在今天的法治时代，法律职业是一个种类繁多、职能多样、地位重要的职业阶层。就世界范围来看，一般意义上的法律职业，可以分为如下几类：第一类是对法律冲突或纠纷做出裁判的人，包括法院的法官、仲裁机构的仲裁员、其他准司法机构中的官员如行政

1　　陈绪纲：《法律职业与法治——以英格兰为例》，清华大学出版社 2007 年版，第 140、160 页。

复议人员；第二类为代理人，即代表国家或当事人出席各类裁判活动的人员，包括公诉人、律师及其他代理人；第三类为法律顾问，即主要为当事人提供法律咨询服务的人员，如公司法律顾问、政府法律顾问等；第四类为公证员，代表国家对法律事务的真实性、合法性进行审核和证明；第五类为法律学者，他们从事法学教育和研究，培养法律人才，参与国家立法。具体到中国，广义上的法律职业包括法官、检察官、监察官、律师、仲裁员、公证员、行政复议人员和法学家等，而狭义上的法律职业一般主要指法官、检察官、律师三种。

二、法律职业的特点

法律职业是现代社会众多职业的一种，它与其他职业有很多共性，与此同时，由于法律职业是以法律为业，而法律的运作又与人权、民主和社会正义紧密相关，所以，法律职业又具有和医生、教师、作家、艺术家等职业不同的特点。

其一，法律职业的专业性。

随着法律日渐复杂，法律工作已经成为普通公众无法胜任的工作，司法需要实现从群众主导的"广场化司法"向法律职业主导的"剧场化司法"的转化。法律工作，要由行业专家来承担。"司法并不是每个人都能胜任的轻松活，由普通人直接来执法或者直接操纵审判过程就像由普通人直接行医或控制治疗过程、由普通人指挥军队控制军事专门技术一样，都是不大可能的。"[1]

1　[美]罗斯科·庞德:《普通法的精神》，唐前宏等译，法律出版社2001年版，第57页。

在近代法律职业出现较早的英国，13世纪以前，法院的法官就是普通的行政官员（Civil Servant），而由于法律和宗教密切关联，由神职人员直接担任法官的情况也非常普遍。直到1200年之后，法律职业才从一般行政官员中分离出来成为一个专业的行当，有两点因素推进了法律职业的独立和专业：一是法庭使用的语言是诺曼法语（Norman French），普通人不懂；二是地理原因，很多当事人没办法离开家乡跑去遥远的皇家法院，因此人们开始需要专业的代理人替自己打官司。[1]

法律职业的专业性表现在多个方面：专业的知识，法律学问是社会科学中一个独立而复杂的学科，法律人必须掌握法学知识；专业的技能，法官和律师在办理案件中必须具备特殊的判断、表达、沟通和论证的技能；专业的思维，法律职业强调逻辑思维、程序思维和理性思维，既反对民众的情绪化，也反对艺术家的浪漫和政治家的空洞；专业的信念，法律职业是保守的"卫道士"，他们以捍卫宪法和法律的尊严为自己的责任。

对于法律职业共同体的专业性特征，有学者做了非常形象和传神的描绘："这个共同体是由这样的一群人构成的：他们是一群刻板而冷峻的人，如同科学家一样，他们孜孜研究自己的发明工具，努力提高这种工具的性能和技术，他们希望这个工具扶助弱者保护好人，但即使服务强者放纵坏人，他们也无动于衷，他们称之为形式理性；……他们是一群虔诚的人，如同教士信守圣典一样，他们也信守自己的圣典和教条，他们小心翼翼地解释这些圣典上的文

---

1   John N Adams and Roger Brownsword, *Understanding Law*, Sweet and Maxwell, London 2003, p255.

字，即使这种解释似乎显得不合时宜……；他们是一群神秘的人，如同秘密社会，有自己的切语和暗号，有自己的服饰和大堂，他们不屑于使用日常语言，他们把鸡毛蒜皮的小事上升在神圣的原则层面上来讨论，外人并不知道他们在说什么，为什么这样说，他们把这种以远离日常生活的方式来关注日常生活称之为'专业化'。"[1]

其二，法律职业的公共性。

近现代以来，经济市场化导致社会分工的规模迅速扩大。这一分工将社会从业者分为公共职业者和私人职业者，前者从业的目标是实现社会公益，后者从业的目标是实现个人自利。

法律职业就是典型的公共职业，法律职业的公共性表现在两个方面：第一，法律职业的服务对象是不特定的社会公众，任何人都有权利获得平等的法律帮助和法律救济，而这种法律帮助和救济是由法律职业来提供和实施的，即使是对那些无恶不作的坏人，法律职业也必须为其提供同等的服务；第二，法律职业的服务目的不是获取经济利益或者实现政治意图，而是要捍卫宪法法律尊严，实现社会公平正义，即使像律师这样的法律职业者，在提供法律服务以获取报酬养家糊口的同时，也要担负起维护民主、保障人权的社会责任。

在西方，随着商业主义的发展，高质量的法律服务向有钱人或者大公司转移，进一步加固了社会贫富阶层的分化，对此，哈佛大学法学院的一位毕业生提出了严厉的批评：

"一九八六到八九年间，我在哈佛法学院念书。我原

1　强世功：《法律共同体宣言》,《中外法学》2001年第3期，第329页。

先的自愿是公共利益，但是三年后，我和大多数的同学一样，跑到大型商务法律事务所去执业，那是个名利双收、具有挑战性，而且永不知足的职场生涯。"

"……每年这样的事都会发生。许多学生进入法学院时，都希望自己未来成为阿提克斯·芬奇，却在毕业后变成了雅尼·贝克。你可以责怪这些人违背了自己的良知，他们当初之所以研读法律，为的不是金钱，而是想做好事。你也可以责怪哈佛法学院违背了教育的承诺，也就是刻在法学院建筑物墙壁上的主张：法律是为正义而设置的。然后营造出伪善的气氛。但是无论谁究竟该为现状负责，悲哀的事实是，每当充满理想的法学院学生最后变成为虎作伥的冷酷律师时，他也就撕毁了社会与法律所订立的契约。"[1]

上述针对法律职业的批评，虽不免刻薄和偏激，但也确实指出了法律职业存在的一个问题，即对社会公益、弱势群体的忽视。其实，不仅仅是美国，在世界其他国家，法律职业尤其是律师职业也有着从公共职业变成为少数人服务的私人职业的趋势。对此，法律行业应该采取措施，保证社会上每个阶层都有机会获取法律服务，否则，诚如上面所讲，法律职业者事实上可能就撕毁了他与社会和法律所订立的契约。因此，所有的法律人应该牢记："法律职业者不应该是唯名利是从的市侩，而应该是社会正义的追求者、社会制

1　　[美]李察·卡伦伯格：《毁约：哈佛法学院回忆录》，林婷、李玉琴译，商周出版社 2006 年版，第 4、333 页。

度的'工程师'。法律职业应该是一个对社会、对人生负责、尽职的群体。为社会服务，应该成为法律职业的核心理念，成为法律职业最根本的价值追求。在法律职业的精神境界中，应该特别强调的是利他主义的伦理性。在现代法治社会中，法律职业甚至被作为制衡庸俗的商业文明和喧嚣的平民政治的'法律贵族'或'学识贵族'，并因此而由国家彰显其地位。"[1]

其三，法律职业的自主性。

在法治社会，人们认为，要让法律职业真正担负起自己的责任与使命，就必须保证法律职业的自主性或自治性，使其独立于舆论和民意，独立于外部权力的干预。

法律职业的自主性表明，法律职业严格区别于其他职业，它不受行政机关的直接领导，不是政治家的附庸，也不是实现多数人目的的工具。法律职业是一个自主、自律、自治的职业群体，有着自己的标准、规则和理念。法律职业通过共同的训练，参加共同的考试，具有共同的知识背景和业务技能，因此，他们在知识层面上是一个独立而自治的统一体。同时，法律职业实行一定程度的自我管理和自我服务，并拥有各种重要的自主、自律的手段，包括建立职业社团、确定职业准入的条件、制定职业伦理规则、规定收费标准、进行纪律惩戒，等等。

只有实行严格的职业自治，法律职业者在操作法律机器、裁判案件纠纷时才能不受法律之外因素的干预，真正做到"以事实为依据，以法律为准绳"，依法、独立裁判，维护法律的权威与尊严，

1　张志铭：《法治社会中的法律职业》,《人民法院报》2001 年 11 月 23 日，第 3 版。

捍卫社会的公平与正义。

第二节 法律职业的素质与德性

一、法律职业素质

优秀的法律人，要具有职业素养，掌握职业技能。美国律师协会发布的《麦考利特报告》提出了法律职业的十项基本技能，具体包括：问题的解决，法律分析和推理，法律检索，事实调查，交流，咨询，谈判，起诉和其他纠纷解决程序，法律事务的组织与管理，确认并解决道德困境。[1]法律人不具备职业所需的素养和技能，就像不懂医学的人给人动手术一样，结果是可想而知的。

在美国作家马克·吐温的小说《镀金时代》中，负责罗拉杀人案的检察官把案子拖了差不多一年才起诉，而他的冗长的起诉书竟然是这样写的：

> 她可能是用枪把他打死的，可能是用左轮枪、霰弹枪、来复枪、速发枪、后膛枪、连珠枪、六响枪、步枪，或是某种别的凶器；再不然就是振打弹、打头棒、切肉刀、猎刀、削笔刀、擀面杖、车钩、短剑、簪子，或是用的铁锤、螺丝刀、钉子，或是其他任何凶器，各式各样的家

1　转引自李傲：《互动教学法：诊所式法律教育》，法律出版社2004年版，第74—75页。

伙；地点可能是在南方饭店，或者是其他任何饭店，不知什么地方；日期可能是3月13日，或是耶稣纪元以来其他任何一天。[1]

小说中描述的检察官，显然是一个彻头彻尾的糊涂虫，缺乏一个法律人起码的能力和素质，假如让这样的人从事法律工作，那么司法审判就会变成一场闹剧甚至噩梦。

西方法谚说："如果你要进行审判，就要了解案情、懂得法律、理解人情世故。"[2]换句话说，法律职业者必须具备从事该职业所必需的知识、技能和经验。正如英国柯克法官所说："法律是一门艺术，它需经长期的学习和实践才能掌握，在未达到这一水平前，任何人都不能从事案件的审判工作。"[3]

1. 法律人的学识

法律人必须是有学识的智者，因为他既要判断事实真相，又要解释和运用法律，还要考量和权衡具体案件背后复杂的利益关系，唯有具备丰富的知识和广阔的视野，他才不会在复杂的冲突中失去理智的判断。

第一，法律人应当具备扎实的专业知识，对法学的各个领域、各个部门、各个层次都有相当的研究。法学是一个有机的整体，公法和私法之间、实体法和程序法之间、法条和法理之间都是紧密联

1　余宗其：《外国文学与外国法律》，中国政法大学出版社2003年版，第262—263页。

2　孙笑侠编译：《西方法谚精选》，法律出版社2005年版，第69页。

3　［美］罗斯科·庞德：《普通法的精神》，唐前宏等译，法律出版社2001年版，第42页。

系不可分离的，法律人应当熟悉局部又总揽全局，把握制度又理解精神，是一个真正的法律方面的行家里手。

第二，由于法律问题和社会生活息息相关，法律人还应当了解有关社会、自然的知识，美国的布兰迪斯大法官曾说："一个法律人如果不曾研究过经济学和社会学，那么他就极容易成为社会的公敌。"[1]在法律人的职业生涯中，他可能遇到形形色色的案件，而每个案件都可能涉及法律之外的东西，如果对这些知识和信息有足够的了解，就有可能成为一个像林肯那样成功的法律人。

　　林肯在担任美国总统之前，曾经是一名执业律师。在一起谋杀案中，他担任了被告人小阿姆斯特朗的二审辩护律师。这个案子在一审被定罪，是因为一位关键证人福尔逊发誓说：案发当天晚上十一点，他在月光下清楚地看到小阿姆斯特朗用枪击毙了死者。

　　围绕这一关键证词的真实性，林肯和证人福尔逊在法庭上进行了一场面对面的对质。

　　林肯："你发誓说认清了小阿姆斯特朗？"

　　福尔逊："是的。"

　　林肯："你在草堆后，小阿姆斯特朗在大树下，两处相距二三十米，能认清吗？"

　　福尔逊："看得很清楚，因为月光很亮。"

　　林肯："你肯定不是从衣着方面认清的吗？"

————————

1　[美]李察·卡伦伯格：《毁约：哈佛法学院回忆录》，林婷、李玉琴译，商周出版社2006年版，序言。

福尔逊："不是的，我肯定认清了他的脸蛋，因为月光正照在他脸上。"

林肯："你能肯定时间在十一点吗？"

福尔逊："充分肯定。因为我回屋看了时钟，那时是十一点一刻。"

询问到此结束，林肯转过身，面对陪审团说："我不得不告诉大家，这个证人是个彻头彻尾的骗子。"

林肯解释说：证人说他于10月18日晚11点钟在月光下看清了被告阿姆斯特朗的脸，但历书证明那天晚上是上弦月，11点钟月亮已经下山了，哪来的月光？退一步说，就算证人记不清时间，假定稍有提前，月亮还在西边，而草堆在东大树在西，月光从西边照过来，被告如果脸朝大树，即向西，月光可以照到脸上，可是由于证人的位置在树的东面的草堆后，那他就根本看不到被告的脸；如果被告脸朝草堆，即向东，那么即使有月光，也只能照着他的后脑勺，证人怎么能看到月光照在被告脸上，而且能从二三十米的草堆处看清被告的脸呢？

在林肯有理有据的反驳面前，福尔逊无话可说，灰溜溜地低下了头并承认自己是被人收买陷害被告的。最终，小阿姆斯特朗获得了清白，被当庭释放。[1]

在这场审判中，林肯辩护成功的关键在于他对相关天文学知识的掌握，他用强有力的事实和分析，推翻了证人的证词，澄清了真

1　《巧问》，《语文世界》2003年第3期。

相，为小阿姆斯特朗洗清了不白之冤。

2．法律人的经验

法律职业不仅强调学识，而且强调经验，"经验是法律举世无双的领袖"。[1]法律职业处理的是人和人之间的矛盾和纠纷，其中涉及相当多的利益，牵扯相当多的关系，存在相当多的不确定因素。所以，对于法律人而言，一个案件的判决要考虑很多方面的因素，这在很大程度上取决于其人生经验和职业经验。成熟的法律人要有丰富的人生经验，唯有如此他才能深入体会到当事人的想法和考虑，从而找到解决问题的最佳方案；成熟的法律人更要有丰富的职业经验，唯有如此他才能准确判断出证据的真实性和诉求的合法性，并在此基础上对案件做出最佳处理。对司法审判深有体会的霍姆斯大法官说：自始至终，法律的生命不在于逻辑，而在于经验。

与学识不同，法律职业的经验不是在课堂上学来的，而是在实践中琢磨出来的，是在一次又一次的失败和成功中总结出来的，而这需要时间，需要积累。柏拉图在其《理想国》一书中说："一个好的法官一定不是年轻人，而是年纪大的人。他们是多年后年龄大了学习了才知道不正义是怎么回事的。"[2]在很多国家，由于一系列条件的限制，能披上法袍走上法庭的往往都是年龄较大的长者，刚从法学院毕业的年轻人一般是不可能做法官的，因为你的经验和积累不足。而且，法院的级别越高，法官的年龄也越大，比如美国联

1　Tom C. Clark, Students Advocates in the Courts, *Seton Hall Law Review*, Vol.1, pp.1-6（1970).

2　[古希腊] 柏拉图：《理想国》，郭斌和、张竹明译，商务印书馆1986年版，第119页。

邦最高法院，在过去很多年，一直都是被七个或九个"老男人"主宰着。"法官老的好"，英国的法官之所以戴上假发，或许原因之一就是想让自己显得老态龙钟，给人感觉很有经验的样子。

3．法律人的思维

除了深厚的知识、丰富的经验，法律人还应具备专业的法律思维。拉德布鲁赫说："法律职业人的工作是一种理智的工作，它通过概念的条分缕析来调整混乱模糊的人际关系。"[1]法律思维不同于艺术思维、经济思维和政治思维，它是一种典型的理性思维。

法律思维是一种程序思维，程序优先于实体，通过违反程序的手段，不可能实现任何正当的目的；法律思维是一种规则思维，它尊重已经制定的法律规则的权威性，以国家法律为判断行为对错的基本标准；法律思维是一种逻辑思维，它坚持按照演绎、归纳、类比等逻辑规则进行推理和判断，警惕和反对在法律领域运用道德标准和意识形态；法律思维是一种平衡思维，不像自然科学区分绝对的真和假，法律人面对的是对错和是非，而这本身是个价值判断，是一个权衡利弊与追求妥当的问题；法律思维还是一种论证性思维，法律领域得出的任何结论，都必须提供充足的证据和法理依据，必须开展内部证成和外部证成，法律人没有资格给别人下命令，没有理由支持的观点在法律人眼中毫无价值可言。[2]

---

1   [德] 古斯塔夫·拉德布鲁赫：《法律智慧警句集》，舒国滢译，中国法制出版社 2001 年版，第 132 页。

2   郑永流教授将法律思维的特征概括为：合法律性优于合道德性、普遍性优于特殊性、复杂优于简约、形式优于实质、程序优于实体、严谨优于标新、论证优于结论、逻辑优于修辞、推理优于描述，等等。见郑永流《法学野渡》，中国人民大学出版社 2010 年版，第 67—70 页。

二、法律职业道德

法律职业是一种特殊职业，法律人的行为在某种程度上代表了法律，并深深影响着法律的实施。因此，法律职业家不仅应具备娴熟的技能与经验，还要具有高尚的职业道德。古人言：其身正，不令而从；其身不正，虽令不从。法律人作为执掌司法、呵护正义的使者，必须以身作则，弘扬正气，像白天鹅爱惜自己的羽毛一样珍惜自己个人的和行业的名誉。

在法律职业领域，法官和律师的身份、职能完全不同，因而其职业道德也存在较大差异。

1. 法官职业道德

英国上诉法院大法官培根曾说：一次不公正的审判比多次犯罪为祸尤烈。因为这些犯罪不过弄脏了水流，而不公正的审判则直接把水源败坏了。恶劣的歹徒会杀人放火犯罪，而违背了职业道德的法官则会制造冤假错案。在著名的元杂剧《窦娥冤》中，楚州太守出场时唱道："做官都说要清名，偏我要钱不要清。纵有清名没钱使，依旧连官做不成。"[1]寥寥数字形象地道出了这位大老爷的为官之道，由这样的法官审理案件，出现窦娥冤案就一点也不意外了。

在法治的时代，司法是维护社会公平正义的最后防线，而法官的职业道德对司法正义的实现至关重要。一般说来，法官职业道德的内涵主要包括如下方面。

其一，忠于宪法和法律。法官是法律帝国中的王侯，他的职责和使命在于维护宪法法律的权威。因而，法官不仅应在职业行为上

1　余宗其:《中国文学与中国法律》,中国政法大学出版社2002年版,第67页。

严格遵守法律的规定，还应在精神和理念上认同法律、尊敬法律、信法为真，愿意为法律权威和司法正义而坚守和奋斗，就像拉德布鲁赫所说的："法官的品行应该是不惜一切代价，甚至包括牺牲生命，以正义为本。"[1]

其二，保障司法独立与公正。司法是裁判活动，法官是裁判者，对于裁判而言，公正是其追求的最高目标，而为了实现这一目标，裁判者必须保持身份的中立和独立。"一个公正的法官是一个冷冷的中立者。"法官应当"贫贱不能移，威武不能屈"，只认可事实，只服从法律，在身份独立和利益中立的基础上做出公正的裁判。

其三，珍惜职业荣誉，维护职业形象。在现代法治社会，法律是不说话的法官，法官是会说话的法律。法官的职业光荣而神圣，因此应严以律己，珍视和爱惜自己的名誉，在司法审判中兢兢业业，清廉公正，在生活中也要做诚信、仁爱、善良和高尚的公民。

2. 律师的职业道德

律师是自由职业者，通过收取律师费为委托人提供法律服务，因而，其职业道德和法官、检察官等国家司法官员的职业道德存在一定的差异。

其一，诚信履行合同，忠于委托人利益。律师受人之托，自然应忠人之事，这是最起码的职业道德。律师应当诚实信用、勤勉尽责，这也是由律师业务的法律性质和职业特点所决定的。律师的工作内容，取决于当事人的托付，律师在工作中享有的权利，除开法律直接规定外，主要来源于当事人的授予，因此，从合同必须履行

---

1 [德]古斯塔夫·拉德布鲁赫：《法律智慧警句集》，舒国滢译，中国法制出版社 2001 年版，第 135 页。

的要求出发，律师应当诚实信用，"言必行，行必果"，尽职尽责，善意而谨慎地承担代理事务，尽最大努力维护当事人的合法权益。

其二，保守秘密。律师和当事人之间，存在高度的信任关系，正是因为这种信任，当事人才会向律师透露很多私密的信息，律师对这些信息的使用应仅限于执行业务所必需的范围，不得向外泄露，更不得利用这些信息从事商业或其他活动。唯有如此，才能维系律师和当事人之间的信任关系，维护律师的专业形象。美国法律史上著名的"波希尔案件"是为人们津津乐道的一个关于律师保密的典型案件。

> 波希尔（Purcell）先生在与他的律师进行了多次接触之后，感到这位律师不仅十分不称职，而且令人不可理喻。于是他对这位律师说："我将要烧掉你的律师楼。"律师立刻奉劝波希尔先生说："如果你焚烧掉我们的律师楼，那会是非常糟糕的事情，你将因此受到法律的制裁。"尽管如此，在波希尔先生离开律师楼后，这位律师仍然十分紧张，担心波希尔先生会做出过激的举动，于是拨通"911"报了警。警方当即拘捕了波希尔先生，但到了法庭调查取证的时候，戏剧性的场面出现了：报警的律师拒绝向法官透露波希尔先生与他谈话的一切内容，理由是他必须为当事人与自己的所有谈话保密。就这样，波希尔先生被无罪开释。[1]

1　《美国名律师谈职业道德——我的嘴巴是密封的》，《中国青年报》2002年1月16日，第3版。

其三，服务社会，维护人权。律师是公共性职业，其任务之一在于服务社会利益，而在各种社会利益中，尤其要以维护人权为重。历史经验表明，对人权的侵犯往往来源于公权力的滥用，而在利用法律机制维护人权的斗争中，律师是最重要的力量之一，是保护人权的斗士。律师对人权的贡献，首先体现在律师参与刑事诉讼，维护被告人的合法权益，同时在其他诉讼及非诉讼活动中，律师的介入促进了法律公平正义的实现，保护了弱者的利益；而在当事人处于贫困或其他艰难境况中时，律师提供的无偿法律援助，更是人道主义的体现。

第三节 建设法治中国：法律人的时代使命

一、遇见法治的时代

法治兴则国兴，法治强则国强。一个国家走向现代化，必然要走向法治化。中国人对于法治的探索，始于清末鸦片战争之后对传统治国模式的反思，并且通过预备立宪、创办资政院、修改刑律、制定民律、设置专门司法机构等诸多措施进行了最初的尝试。经过一个多世纪的前行和坚持，到了今天，法治已经渐行渐近，逐步成为国家的治国方略和发展目标。

法治是人类文明进步的重要标志，是治国理政的基本方式。中国人民为争取民主、自由、平等，建设法治国家，进行了长期不懈的奋斗，深知法治的意义与价值，倍加珍惜自己的法治建设成果。一国的法治总是由一国的国情和社会制度决定并与其相适应。依法治国，建设社会主义法治国家，是中国人民的主张、理念，也是中国人民的实践。[1]中华人民共和国成立以来，探索出了一条符合国情、适应时代的中国特色社会主义法治道路。

进入新时代，国家坚定推进依法治国方略，并且提出了在2050年全面建成现代化法治国家的总体目标。关于法治国家的标准和内涵，《法治中国建设规划》提出："建设法治中国，应当实现法律规范科学完备统一，执法司法公正高效权威，权力运行受到有效制约监督，人民合法权益得到充分尊重保障，法治信仰普遍确立，法治国家、法治政府、法治社会全面建成。"

"治国凭圭臬，安邦靠准绳。"当今中国，正处于历史的关键节点，比以往任何时候都更需要法治提供根本性、全局性、长期性的护航和保障。无论是法律的创制还是法律的实施，都需要专业的法律职业来参与和承担。因此，法治的时代，注定是一个属于法律人的时代，是一个法律人可以大有作为的时代。

二、法律人的历史使命

在迈向法治的路上，我们曾经走入过误区，经历过曲折，付出过代价。今天，我们终于迎来了高扬民主、自由、人权的法治时代。

在这个时代，所有的法律人，包括法官、检察官、监察官、律师、公证员以及法学院的教师和学生，我们组成了一个法律人的共同体。共同的知识、共同的语言、共同的思维、共同的认同、共同的理想、共同的目标、共同的风格、共同的气质，使得我们这些受

1　国务院新闻办公室：《中国的法治建设》白皮书，2008年2月。

过法律教育的法律人构成了一个独立的共同体:一个职业共同体、一个知识共同体、一个信念共同体、一个精神共同体、一个相互认同的意义共同体。[1]这个共同体,对于推进法治承担着无可推卸的责任,建设法治中国,就是我们的历史使命。

我们要捍卫宪法和法律的权威。宪法和法律,是人民共同意志的体现,也是国家治理的基本规则。作为法律人,我们在社会分工中承担的基本责任就是严格执行和适用宪法法律,我们要对宪法和法律充满敬畏,在具体的案件中解释它、运用它、守护它,坚定捍卫宪法法律的权威。

我们要捍卫人的权利和尊严。法治的核心目的之一,就是要让每一个个体,无论贫富,无论男女,都能平等地享有权利,都能活得体面。因此,法律人要牢牢记住宪法"尊重和保障人权"的原则和初心,运用法律的武器,保障公民的各项法律权利,尤其是社会弱势群体的权利,让每个人都能享有尊严。

我们要坚守社会的公平正义。"正义就如同真、善、美一样是一种绝对的价值,它以自身为根基,并非从更高的价值中推导出来。"[2]公平正义,如同阳光和空气一样重要,一个充满公平正义的社会,才会有活力,有未来。法律人要在自己的本职工作中,恪尽职守,铁肩担道义,以事实为依据,以法律为准绳,在一个一个的执法活动和司法裁判中,让受害者获得救济,让作恶者得到制裁,让人民群众感受到公平正义。

1　　强世功:《法律共同体宣言》,《中外法学》2001年第3期。
2　　[德]古斯塔夫·拉德布鲁赫:《法哲学入门》,雷磊译,中国政法大学出版社2019年版,第28页。

在这个法治的时代，所有崇尚法律的人，让我们团结起来，共同努力，不懈奋斗，用自己的肩膀撑起法治的天空，用自己的行动催生法治的时代，一起见证和迎接中国法治的春天。

第十八章 法治与美好生活

提起法治，人们常常会想起思想家关于法治的深刻探讨，政治家为了法治的卓绝斗争，会回忆起历史上发生过的重大法律事件。然而，这只是法治的一个面向和维度。事实上，法治不仅是宏大叙事，也是细节和生活，法治不仅在庙堂之上，更在市井小民的平凡日子里。法治可以让我们的生活更美好，这也是我们向往和追求法治的根本原因。

第一节 法治是一种现代生活方式

对国家而言，法治是一种治国模式，而对民众而言，法治就是一种现代生活。作为一个现代人，不仅要掌握现代科技，还要学会过法治的生活。作为一种现代生活方式，法治生活与传统生活有着根本性的区别。

一、法治生活是一种平等生活

从社会结构的角度讲，在传统社会，基于种种原因，社会成员之间存在等级差别。在金字塔式的社会里，人们被按照出身、性别、种族等标准分为三六九等，普通平民必须服从于某些地位高贵的权威阶层。在欧洲，这个权威主要是由贵族和僧侣集团来承担的；在东方，这个权威主要是由官员和士绅阶层来扮演的，他们在乡民的生活中扮演权威，发挥着指导和教化的作用。

随着现代社会的到来，权贵坍塌，而个体日渐崛起，人和人彼此平等，每个人在法律和政治上都拥有同等的地位和尊严，都有权利来决定自己的人生。在这样一个人人平等的时代，能够成为公共生活权威依据的，不再是鬼神或权贵，而是宪法和法律。宪法和法律是全体人民一起为自己制定的，它以国家意志的面目出现，以国家强制力保障实施，它超越了任何个体，作为卢梭意义上的"公意"，它是全体民众开展公共生活和国家进行社会治理的基本规则和最高依据。

二、法治生活是一种陌生人生活

从生活方式的角度讲，从传统社会向现代社会的转变，表现为一个从乡村生活向城市生活的转化。乡村生活是一个熟人社会，以自我为圆心，向外延伸，形成一个通过血缘和亲戚关系联结起来的社群。在这个社群中，调整彼此关系的基本规则是习俗和道德。像《白鹿原》中白嘉轩治理下的白鹿村，如果没有外部力量的侵入和外来人口的流动，这个村庄可以依据其自生自发的乡土规则形成一种"无须法律的秩序"（The Order Without Law）。

然而，在近代工商业的推动下，城市快速崛起，成为现代人生活的主要物理空间。城市生活的突出特征就是大家都是陌生人，无论是在北京还是东京，抑或柏林和巴黎，来自天南海北的人聚集在一起。城市里的居民是相互陌生的，无法形成一个基于血缘的亲情共同体，城市居民还是快速流动的，也无法形成一种建立在风俗习惯基础上的规则共同体。在此背景下，当习俗因社会流动而无法形成，当道德因每个人的观点而很难统一时，现代人生活的规则和秩序便只能由法律来保障和供给。法律由受委托的立法者经由严格的程序制定，它有着清晰的条文和严谨的逻辑，它由以警察、法官、律师为代表的职业人士负责执行和适用，它能够为个体提供行动指引，能够保障公共生活的安全、有序和公平正义。

三、法治生活是一种理性生活

从社会观念的角度看，传统社会比较强调某些道德价值，以此作为社会共同体的精神信仰，凝聚众人的意志，形塑共同的生活。在西方，为社会提供价值引导的就是基督教以"罪"和"爱"为核心的价值体系；在东方，为公众提供价值指引的就是以"忠孝""仁义""和谐"为核心的儒家价值观。这些价值观念由僧侣或士人予以解释，拥有不容置疑的道德正当性，成为政治制度、社会生活的基础和依据。

然而，进入现代社会以来，科学和商业的兴起，不断侵蚀着传统社会的道德价值根基，最终推动了社会生活的世俗化和理性化转型，从而出现了马克斯·韦伯所说的"除咒祛魅"的社会变革，源于宗教或儒学的道德价值体系被不断破除，人们开始进入一个形式理性主宰的现代社会。在这个社会里，在自然领域，人们用科学解释这个世界，而非求助神灵或某种先验的信条，也因此让世界变得越来越清晰；在社会领域，人们主要依靠确定、清晰、统一的法律来调整公共生活，界定权利和义务，认定法律责任。清晰的法律规则、专业的法律职业，为公共生活和国家管理提供了可预测、可计算的制度依据，从而推动了社会生活从人治转向法治。

第二节 法治让生活更美好

一、法治让人和人相互信任

人人都有家庭生活和公共生活两个方面，家庭生活涉及家人之间的关系，依靠的是血缘和亲情；公共生活涉及陌生人之间的关系，依靠的是人与人之间的信任。陌生人之间互相信任，各种合同和商业行为才得以有序进行；公民和政府之间互相信任，国家管理和公共事务才得以正常开展。在现代社会，信任是过公共生活的前提，也是法律和社会必须保护的公共利益。

在一些法治发达的地区，行走于城市之中，最大的感受就是城市的开放，这个开放不是社会风气的时髦或无所顾忌，而是它对每个人的高度信任及因此给予的充分自由。除了重要的国家机关和中小学校外，大多数小区和机构都是开放的，没有围墙，没有保安，没有无处不在的摄像头，没有人询问你是谁，从哪里来，到哪里去。在一个一个的居住区和商业区漫步走过，过大街走小巷，会油然想起中世纪的一句话："城市的空气使人自由。"

有些地区的公共交通系统也令人印象深刻：一是其确定性，公交车基本是准点到达每一站；二是其不设防，公交系统对乘客完全信任和开放。以地铁为例，乘客进站出站完全自由，没有安检，没有闸机，没有售票员。乘客自己购票，自己打卡，随便乘车，随便下车，高度地自治和自律。当然，偶尔也会有查票的，如果你逃票被抓住，就可能受到高额的处罚。

个人有信用，社会有信任，在让市井生活更安心、有序、和谐的同时，也让老百姓到政府办事省去了很多麻烦，最突出的一点就是不需要开太多证明，不需要找很多部门盖章。你要办什么事，登录相关政府部门网站，下载申请表格，逐项填写真实的信息，最后签上自己的名字，邮寄出去，可能就算办完了。没有足够的证明材料，没有权威的机构盖章，难道就不怕申请人弄虚作假吗？不用怕，政府相信你，你也得尊重自己，要对自己填写内容的真实性负责，如果弄虚作假，就要承担一切法律后果。

那么，信任是如何建立的？无论对个人还是对社会，信用和信任的建立都不是一件简单和容易的事。人与人之间的高度信任，是个人、社会和国家长期努力的结果，其背后有着深刻的法律制度层面的原因。

首先是完善的法律制度。信任不仅是一种美德，也是法律追求和保护的公共利益。良好的法律，惩罚失信，保护诚信，不断提升社会的信誉。比如合同法，要求甲乙双方都要忠实履行契约，税法规定公民必须如实申报和纳税，质量法要求商家必须保障产品质量，诉讼法要求原被告和证人在法庭上说真话。违背诚信义务的人，不仅要受到道德的谴责，更要受到法律的制裁。

其次是有效的社会信用机制。对一个自由平等的工商业社会而言，个人和企业最重要的资产之一就是其良好的信用记录。因此，社会形成了一套科学合理的信用机制，对个人和企业的行为进行信用评价。信用记录良好的个人和企业，可以靠这种好信誉和好名声获得社会的认可，并在利益分配和商业活动中获利。而信用记录不良者，则需要付出相应代价，个人上大学、找工作、买保险，都会受到影响；企业的品牌价值会缩水，股票价格会下跌。

最后是发达的新闻媒体。独立而专业的媒体，在守护社会信用方面发挥着不可替代的作用。那些被称为"扒粪者"的调查记者，时刻盯着大型企业、政府部门和社会名流，一旦发现他们有诸如坑蒙欺骗、数据造假、销售伪劣产品的丑闻，就会向社会公布，作假者会因此遭受谴责或调查，甚至身败名裂。强大的新闻舆论，有力地捍卫了诚实信用这一最基本的社会价值。

因此，当社会的每一个成员，都能以诚相待、遵守约定、恪守法律，珍惜自己的名誉和信誉，我们就有可能拥有一个真诚、友善、和谐的好社会，这个社会将让每个人从中获益，让每个人都能活得更体面，更舒心，也更有尊严。

二、法治让人和自然更加和谐

环境生态问题，既是一个科学问题，也是一个社会治理从而是法治的问题。一些法治发达国家的经验证明，维护良好的自然环境、多样的生态系统，从而实现人与自然的和谐相处，需要合理完备的法律制度，需要全社会严格依法办事。

比如垃圾治理的问题。随着工商业的发展，人类每天消费的东西越来越多，与此同时也产生了越来越多的垃圾，垃圾围城，垃圾成山，垃圾污染水源、土壤和海洋，已经成为一个突出的环境问题。在一些法治发达国家，这些问题受到高度重视，垃圾减量、垃圾分类和垃圾回收利用的法律得到了很好的执行，尤其是那些无法自然化解、严重影响生态环境的塑料垃圾，得到了严格的控制。一方面，政府制定了详细的法律，对垃圾治理做出了严格的规定，企业和公民必须努力减少垃圾的产出，同时对垃圾进行严格的分类和回收，违反规定者，轻者要罚款，严重的话还会被追究刑事责任。另一方面，相关法律规定在生活中被人们很好地遵守，大家自觉进行垃圾分类，尽量减少塑料制品的使用。去超市购物，很多人会自带购物袋，在地铁或公交车上，年轻的姑娘和小伙子背着大袋子，里面装满了用过的饮料罐和啤酒瓶，这些会被他们送去超市回收或去垃圾回收点分类投放。

再比如野生动物保护的问题。为了保护野生动物的家园，在北欧挪威，国家通过立法，以保留地和国家公园等方式，把大片的林地隔离出来，严格禁止一切商业开发。国家替野生动物们看守的森林中，树木郁郁葱葱，河水清澈见底，春日落英缤纷，秋天五彩斑斓，各类野生动物在这里自由自在地觅食、嬉戏，繁衍生息。人类与野生动物相伴相生，互不打扰，早上出门，你会在树下遇到窸窸窣窣爬行的刺猬，在湖边见到唧唧呱呱聊天的野鸭，而在人来人往的地铁站出口，有时竟然能碰见探头探脑的野鹿。

1972年的《斯德哥尔摩人类环境宣言》提出："人类有权在一种能够过有尊严和福利的生活环境中，享有自由、平等和充足的生活条件的基本权利，并且负有保护和改善这一代和将来的世世代代的环境的庄严责任。"今天，世界上很多国家都面临着严峻的环境问题和生态危机，因此，个人、企业、社会组织需要在法律指引下采取联合行动。公众需要转变观念，改变生活习惯，树立绿色生态理念。需要警惕商业主导下的消费主义价值观和文化形态，需要用更深远的眼光和更博大的智慧来思考幸福的标准何在，人应该如何去生活，如何协调消费欲望和生态之间的紧张和冲突；企业需要转变生产经营模式，走绿色发展和均衡发展的道路。在此过程中，大型企业和跨国企业要积极承担起维护生态的社会责任，在推动科技进步、分享环保技术、优化经济秩序方面发挥积极作用。中小企业要转变观念，抛弃高能耗、高污染的生产模式，走可持续发展之路，实现生态和发展的平衡；媒体、行业协会、非政府组织在环境问题上要有所作为，宣传环保理念，规范行业活动，强化舆论监督，推动全社会在节能减排、保护环境和生态多样性方面承担起各自的责任。[1]总之，通过良好的法律制度及其有效实施，可以让水更清、天更蓝，让人与自然和谐相处，让子孙后代有美好的未来，让人类文明可以永续发展。

第三节　法治的常识与观念

法治的实现，不仅需要官方的设计和部署，更需要民众的参与和行动。对于每个公民而言，过法治的生活，需要拥有法治的能力，这种能力最基本的表现就是认识、理解和认同法治的观念，使

1　李红勃：《环境权的兴起及其对传统人权观念的挑战》,《人权研究》2020年第 1 期。

它成为一种基本的生活常识。拥有法治的观念和常识，会让我们更有力量，不仅能在众声喧哗中判断出是谁在胡说八道，而且能够让我们在面对困境时避免做出最糟糕的选择。

一、平等观念

古代社会的等级制度，在某种意义上是由于知识的垄断造成的，知识就是权力。现代社会，义务教育全面普及，知识的平等促进了政治的平等。平等是法治的社会基础，反过来，法治要捍卫和实现人人平等。

对于公民而言，平等应当成为内心一种坚定的信念和价值追求：人和人之间存在财富、能力、长相、健康、宗教信仰、价值观念等诸多方面的差别，然而，在权利、义务从而在法律地位和人格尊严上，我们每个人都是平等的。

平等观念首先要求公民在面对权贵时不畏惧、不自卑，以健康而自信的心态看待权力和面对权力。官员有权力，有资源，但庶民有权利，有尊严，官员是公务员，即在公共事务中提供管理服务的专业人员，而非在地位和道义上高高在上的权威，在官员面前，要堂堂正正做公民；平等观念还要求公民在面对其他公民时能够平等对待，尊重他人。尤其是当自己具有某种财富、能力、声望方面的优势时，更要平等对待他人，不滥用自己的优势侵害他人权益，包括在拥有人数的优势时，要懂得尊重少数人的权利和尊严，不可因为人多势众而放任"多数人的暴政"。

二、权利意识

人的权利即人权，它是人之所以为人的道德和法律基础，人因为是人，所以有人权，人因为有人权，才可能活出人的风采。法治的终极目标，就在于尊重和保障人权。

在法治社会，每个公民都应具备权利意识。拥有人权或权利意识，意味着每个人要珍惜和尊重自己的权利，并且采取积极行动行使自己的权利，维护自己的权益。

第一，权利意识意味着公民要了解自己的各项权利，并努力实现和捍卫自己的权利，尤其是在自己的权利遭受到来自政府和邻人的侵害时，要勇于拿起法律的武器，为权利而斗争。在德国法学家耶林看来，为权利而斗争，不仅是公民对自己的义务，也是对社会的义务。毕竟，在资本集团和政府官员侵犯自己权利时保持沉默，那么我们就是在纵容和助长一个坏的世道。

第二，权利意识还意味着要尊重他人的权利。己所不欲，勿施于人，这不仅是道德要求，也是法治要求。每个人在享有自己权利的同时，也要注意承担相应的义务，尊重他人的权利。比如，养狗的人在行使养狗自由的同时，必须承担起给狗打疫苗、出门遛狗系狗绳、收拾狗粪便的义务；司机在行使开车自由的同时，必须遵守不酒驾、红绿灯等交通规则，不能将车停放在人行道甚至盲道上让别人无路可走；网民在上网的时候，可以对公共事件自由发表看法，但不能泄露他人隐私，不能发布仇恨言论，不能煽动暴力和战争。唯有每个人都珍惜自己的权利并尊重他人的权利，才能造就一个人人都享有权利和尊严的美好社会。

三、契约精神

在法治社会，除了一些需要官方管理的公共事务外，个人的事情一般都由自己做出决定。自己做出的决定，就要坚守承诺，对自己和他人负责，这就是广泛意义上的契约精神。

对个人而言，契约精神意味着自己的事情自己决定。法律承认每个人是自己事务的最佳决策者，并赋予个体决定自己事务的权利，这是对每个人主体性的尊重。因而，每个人要学会对自己的命运负责，拥有选择的能力，在自己与外部发生各种利益关系时，理性地做出判断，谨慎地做出决定。契约精神还意味着自己对自己的决定负责。在社会交往中，每个人和其他人是通过契约进行联系的，比如参与一个活动，购买一件商品，组建一个家庭，都是自我选择的结果，自己的决定自己要负责，没有正当的理由，不能随意推卸自己的义务，不应拒绝承担自己的责任。尤其在市场经济中，契约精神维系着合同的执行，捍卫着社会的信任，是实现社会合作的观念基础。如果人们在价格上涨时争先恐后抢购房子，而在价格下跌后却想方设法退货毁约，以这种投机心态进行交易，那就不会有任何一个赢家。

四、程序正义

在古代社会，公平正义的实现往往依靠神灵或者清官，在法治社会，公平正义的实现则要靠法律。法律要实现正义，必须依靠一套确定的流程或程序，因而，所谓法律的正义，首先就是程序的正义。通过严格的法律程序，不仅能够最大程度保障结果的公正，也能让参与者对于处理结果心服口服，从而实现定分止争。

法治需要保障社会公平正义，而社会公众也需要准确理解正义的内涵、标准及其生产过程，树立程序正义的观念。以纠纷解决为例，程序正义的内涵和标准主要包括这几个方面：首先，裁决者必须保持独立和中立地位，即法官不得和当事人有利益关系，应独立公正行使司法权力，不受政府、社会组织和个人的干涉；其次，当事人应得到平等对待，即争讼的双方，原告和被告都拥有同等的诉讼权利和诉讼义务，都有机会充分表达自己的观点并回应和反驳对方的观点；最后，处理过程公开透明，除非涉及国家机密或个人隐私等特殊情况，纠纷解决的整个过程应该公开，接受外部的检阅和监督，以公开实现结果的公正。

在现代社会，矛盾化解和纠纷解决，都要讲法律，讲证据，要遵循正当的法律程序。"正义不仅要实现，而且要以看得见的方式实现"，一个处理结果之所以是正义的，不是因为它符合了某种权威观点或多数人的期待，而是因为这个结果是通过公开、公正的流程得出的，因为有了正当的程序，我们才能不断地接近实质正义。

卢梭说，最伟大的法律不是刻在铜板或者石头上，而是铭刻在人民的心里。对今日中国而言，法治建设既需要国家统筹推进，更需要全体民众积极参与。唯有每个公民都具备了法治的常识，理解了法治的理念，拥有了过法治生活的能力，法治才能从一种构想变成现实，这种法治的生活，会让个人更有尊严，社会更加和谐，国家长治久安。

后 记

在过去多年的教书生涯中，我曾经不止一次被读者和大学新生问到，能否为他们推荐一本法学方面的入门读物。这本应是一件简单的事情，操作起来却感到左右为难。

图书馆里有很多法律书，专业期刊学术水平很高，但是并不适合刚入门的读者看；大众读物既轻松又有思想，却未能展现法学的全面性和系统性；有些法学导论类书籍，法律条文的堆积较多，法学理论和法律文化的阐释相对不足，而有些引进的国外法学导论类读物，又和中国的法律体制乃至阅读及思维习惯存在较大差异。

在这种情况下，我萌生了为大众和学生编写一本法学入门读物的想法。这本书应该好读，使学习的过程变得有趣味，能够让读者对法律产生兴趣和好感。这本书应该全面，能够让读者对法律和法学有一个初步但全景式的了解。这本书应该侧重于法律文化的阐释而非法律制度的简单介绍，使阅读者对法律的把握和认知达到一个较高的程度。

经过一年多的写作，本书的第一版由法律出版社在 2008 年出版发行。书稿面世后，得到了读者的认可，但也有读者通过不同方式提出了中肯的批评和建议，这些鼓励和批评，促成了本书在十多年后的修订。这次修订，优化了全书的叙述逻辑，提升了文字表达，删除了一些不合适的内容，增加了一些新的法律制度和法学理论。

作家钱锺书曾经把作者和作品的关系比喻为母鸡和鸡蛋的关系。我很喜欢这个比喻。作为作者，为这本书付出了感情和劳动，真心希望这本书是一枚好鸡蛋，又好看又好吃，能够增进读者的法律知识，能够带给大众阅读的乐趣，衷心希望它对大家了解法律和亲近法律有所助益。

李红勃

2022 年 10 月 31 日

李红勃

陕西西安人，法学博士，现为中国政法大学教授，挪威卑尔根大学、美国东北大学、香港中文大学访问学者。

主要研究方向为法理学、人权法和教育法。学术研究之余，长期关注并参与公众法治教育，在《法治日报》《检察日报》《人民法院报》、凤凰网、澎湃新闻等媒体发表多篇法学评论、随笔。著有《简明法理学》，译著《法律的成长》等。

法律通识

作者 _ 李红勃

产品经理 _ 张晨　　装帧设计 _ 董歆昱　　产品总监 _ 应凡

技术编辑 _ 顾逸飞　　责任印制 _ 梁拥军　　出品人 _ 贺彦军

营销团队 _ 毛婷　孙烨　石敏　郭敏

果麦

www.guomai.cn

以 微 小 的 力 量 推 动 文 明

图书在版编目（CIP）数据

法律通识 / 李红勃著 . -- 昆明 : 云南人民出版社 ，
2023.7
ISBN 978-7-222-22006-5

Ⅰ . ①法… Ⅱ . ①李… Ⅲ . ①法律—基本知识—中国
Ⅳ . ① D920.4

中国国家版本馆 CIP 数据核字（2023）第 133019 号

责任编辑：刘　娟
责任校对：和晓玲
责任印制：马文杰

法律通识
FALV TONGSHI

李红勃　　著

出　　版	云南出版集团　云南人民出版社	
发　　行	云南人民出版社	
社　　址	昆明市环城西路 609 号	
邮　　编	650034	
网　　址	www.ynpph.com.cn	
E-mail	ynrms@sina.com	
开　　本	880mm×1230mm　1/32	
印　　张	10.5	
字　　数	244 千字	
版　　次	2023 年 7 月第 1 版第 1 次印刷	
印　　刷	北京世纪恒宇印刷有限公司	
书　　号	ISBN 978-7-222-22006-5	
定　　价	59.80 元